WOLFRAM WEISSE

T0119084

Reich Gottes
Hoffnung gegen Hoffnungslosigkeit

Ökumenische Studienhefte 6

V&R

VANDENHOECK & RUPRECHT
IN GÖTTINGEN

BENSHEIMER HEFTE
Herausgegeben vom Evangelischen Bund
Heft 83

Ökumenische Studienhefte 6

Im Auftrag des Konfessionskundlichen Instituts
hg. von Hans-Martin Barth und Reinhard Frieling

Die Deutsche Bibliothek – CIP-Einheitsaufnahme

Weisse, Wolfram:
Reich Gottes / Wolfram Weisse. – Göttingen: Vandenhoeck
und Ruprecht, 1997
  (Bensheimer Hefte; H. 83: Ökumenische Studien-
  hefte; H. 6)
  ISBN 3-525-87172-4
NE: Bensheimer Hefte / Ökumenische Studienhefte

Göttingen · Vandenhoeck & Ruprecht · 1997
Umschlaggestaltung: Reinhart Braun, Berlin
Herstellung: Ph. Reinheimer, Darmstadt
ISSN-Nr. 0522-9014
ISBN 3-525-87172-4

INHALTSVERZEICHNIS

VORWORT DER HERAUSGEBER

Die ökumenische Situation ist gegenwärtig schwer über-
schaubar. Zu einer Vielzahl von Themen haben unterschied-
lichste Kommissionen gearbeitet; vielfältige Papiere wurden
vorgelegt; Verlautbarungen und Vereinbarungen wurden ver-
öffentlicht und teilweise dann doch nicht rezipiert. Noch
unübersichtlicher ist die Lage dadurch geworden, daß zu den
klassischen konfessionellen Positionen – Orthodoxie, römi-
scher Katholizismus, Protestantismus – neue regional oder
kulturell bedingte Strömungen wie feministische und ökolo-
gische Denkansätze oder Befreiungstheologien getreten sind,
die sich den überkommenen Mustern schwer zuordnen lassen. Wo steht die Ökumene heute? Was ist erreicht? Welche
Aufgaben gilt es anzupacken?

Die Antworten auf diese Fragen hängen ganz von dem
jeweiligen Problemfeld ab, auf das hin sie gestellt werden.
Die BENSHEIMER ÖKUMENISCHEN STUDIEN-
HEFTE möchten in dieser Situation über das bisher
Erreichte informieren, indem sie wichtige Texte vorstellen
und interpretieren. Sie möchten auf diese Weise zur Weiter-
arbeit ermutigen. Es wurden diejenigen Themen ausgewählt,
die entweder zum klassischen Bestand ökumenischer Diskussion gehören oder durch jüngste Entwicklungen, insbesondere den konziliaren Prozeß, ins Zentrum ökumenischer
Aufmerksamkeit geraten sind.

Die einzelnen Hefte sind jeweils so aufgebaut, daß sie in
einem TEIL A konfessions- und kontextspezifische Positionen darstellen, in einem TEIL B die relevanten Dialoge wür-
digen und die wichtigsten ökumenischen Prozesse beschrei-
ben und schließlich in einem TEIL C eine vorläufige Bilanz

ziehen bzw. weiterführende Perspektiven aufzeigen. Ein ausgewogenes Verhältnis von Dokumentation und Darstellung soll ein sachgemäßes Urteil ermöglichen. Die Gewichtung der einzelnen Elemente, die in jedem Heft Berücksichtigung finden, wird freilich von Thema zu Thema variieren.

Die Bensheimer Ökumenischen Studienhefte können auf diese Weise im universitären Lehrbetrieb, aber auch im Religionsunterricht und in der Erwachsenenbildung sinnvoll verwendet werden. Sie werden darüber hinaus Pfarrerinnen und Pfarrern, Mitgliedern kirchlicher Gremien und allen ökumenisch Interessierten eine verläßliche Gesprächsgrundlage bieten.

Die Autorin und die Autoren haben es sich zur Aufgabe gemacht, die Hefte, soweit möglich, in einem doppelten Arbeitsgang gemeinsam zu beraten: Nach der Sammlung des Materials und der Präsentation einer Skizze zum Aufbau des jeweiligen Heftes wird auch die Endfassung des jeweiligen Textes gemeinsam diskutiert und verabschiedet. Die Darstellung erfolgt im Geist unseres Leitwortes: evangelisch und ökumenisch.

Marburg/Bensheim, den 1. Dezember 1992

Professor Dr. Hans-Martin Barth
Professor Dr. Reinhard Frieling

VORWORT

Das Schreiben eines Buches wäre ein einsamer Prozeß, wenn er nicht mit Gesprächen und Diskussionen verbunden wäre. Da die vorliegende Publikation seit langen Jahren geplant war, ergaben sich viele Möglichkeiten des Austausches.

Die Kollegenschaft, die sich seit 1990 zweimal im Jahr in Bensheim trifft, um die Themen der „Ökumenischen Studienhefte" von Anfang bis Ende zu diskutieren, hat viele produktive – und manchmal auch nicht leicht umsetzbare – Impulse gegeben.

Im September 1996 hatte ich die Gelegenheit, Grundgedanken dieses Buches in Südafrika vorzutragen und mit den Kolleginnen und Kollegen an der UNISA in Pretoria und an der Universität Stellenbosch zu diskutieren.

Intensive Auseinandersetzungen entwickelten sich in zwei Seminaren, die ich zur Frage nach dem Reich Gottes an den Fachbereichen Theologie und Erziehungswissenschaft der Universität Hamburg angeboten habe. Dabei gab es beachtliche Voten, u.a. die beiden folgenden aus dem Wintersemester 1994/5:

„Obwohl ich Schwierigkeiten habe, meine Vorstellungen von Reich Gottes klar zu definieren, bedeuten Gott und sein Reich mir sehr viel ... Lebensgemeinschaften, einfacher vorbildhafter Lebensstil, Sorge für die Elenden (ganz praktisch und auch politisch), Einsatz für Gerechtigkeit, Frieden und die Bewahrung der Schöpfung, ganzheitlich leben mit Gott im Mittelpunkt: das sind die Stichworte, die ich mit Gottes Reich in Verbindung bringe." (Student)

„Wir, die in einer der westlichen Industrienationen leben, haben g elernt, im Alltag die Angst vor den nicht greifbaren Mächten, die uns bedrohen (Atom, Overkill) zu verdrängen ... Jeder baut sich sein per sönliches Reich. Gerade diesem gesellschaftlichen Abstumpfungsprozeß (dem ich mich persönlich auch nicht entziehen kann), ist die Per spektive vom Reich Gottes als Korrektiv entgegenzuhalten. Das Reich Gottes will den Blick für den Anderen und für die Welt öffnen." (Studentin)

Wichtige Anstöße erhielt ich durch die Hamburger Kollegenschaft, besonders durch meinen befreundeten Kollegen Dr. Thorsten Knauth, der das Manuskript konstruktiv-kritisch gegengelesen hat. Thematisch und technisch außerordentlich unterstützt hat mich der Student Erhard Klein – ein Visionär im Horizont von "Reich Gottes" und gleichzeitig ein naturwissenschaftlich ausgebildeter Realist! Ein Dank für Schreibarbeiten gebührt Frau Sylvia Kahouaji, Frau Ursula Blümer und Frau Britta Klein.

Ich hoffe, daß unsere Töchter Tanja und Anna nach skeptischen Anfragen, warum mich dieses Thema so stark fasziniere, mein Anliegen auf der Grundlage dieses Buches besser verstehen und vielleicht auch Verbindungen zu ihrem Engagement auf den Gebieten von Ökologie und Gerechtigkeit sehen. Engagement und Hoffnungsvisionen, Zuspruch und Anspruch gehören – wie auch die folgenden Zitate zeigen – notwendig zusammen:

„Wer nicht zu träumen wagt, hat keine Kraft zu kämpfen." (Transparent von Bauern bei gewaltfreiem Protest in Gorleben)

„Die Vorstellung, daß Hoffnung allein die Welt verändern wird und Aktionen, die in einer solchen Naivität unternommen werden, sind ein ausgezeichneter Weg zu Hoffnungslosigkeit, Pessimismus und Fatalismus. Aber der Versuch, im Kampf um die Verbesserung der Welt ohne Hoffnung auskommen zu wollen, als ob dieser Kampf allein auf geplante Handlungen oder auf eine rein wissenschaftliche Herangehensweise reduziert werden könnte, ist eine frivole Illusion." (Paulo Freire)

„Darum sage ich euch: Sorgt nicht um euer Leben. Trachtet zuerst nach dem Reich Gottes und nach seiner Gerechtigkeit, so wird euch das alles zufallen." (Mt 6, 25+33)

Gewidmet ist dieses Buch meinem Lehrer, Kollegen und Freund Prof. Dr. Matthias Kroeger mit guten Wünschen für eine Zeit freierer Gestaltung von Leben und Arbeit.

Hamburg/Oehe im Mai 1997

Prof. Dr. Wolfram Weiße

EINLEITUNG

Hoffnung rinnt durch die Finger. Erfahrungen der Hoffnungslosigkeit werden bei uns stärker. Reale Utopien, z.B. die
des Sozialismus, sind gebrochen. Hoffnung will gelernt sein,
sagt uns Bloch. Aber woran?

In christlicher Tradition wird die Fülle des Hoffnungspo-
tentials im Terminus „Reich Gottes" ausgedrückt. Er ist für
Kirchen wie für evangelische und katholische Theologie bei
uns immer mehr in den Hintergrund getreten. Die Sprache
der Hoffnung ist für viele nicht mehr Muttersprache, sie erscheint fremd.

Das war nicht immer so: In deutscher bzw. europäischer
Theologie hat es Zeiten gegeben, in denen „Reich Gottes" im
Zentrum des Interesses stand und den Kern grundsätzlichen
Nachdenkens bildete.

Das ist nicht überall so: Für viele Christen in anderen
Teilen der Welt, vor allem der Dritten Welt, bildet die Hoffnung auf das „ganz Andere" des Reiches Gottes auch gegenwärtig den Nerv des Lebens und die Mitte theologischer
Reflexionen.

Das muß nicht so bleiben: Wer kann entscheiden, ob „Reich
Gottes" für tragfähige theologische Entwürfe und Visionen bei
uns nicht doch eine entscheidende Rolle spielen wird? Wie
sollen Menschen leben ohne Bilder, die bedrückenden Wirk-
lichkeitserfahrungen entgegenstehen? Die Visionen des Alten
Testaments und die Zusagen des Neuen Testaments weisen auf
befreiende Alternativen: „Da werden die Wölfe bei den Lämmern wohnen ..." (Jes 11, 6) und: „Er hat mich gesandt, zu
predigen den Gefangenen, daß sie frei sein sollen ..." (Jes 61,
1 und Lk 4, 18), oder: „Selig sind die Armen, denn ihrer ist
das Reich Gottes" (Mt 5, 3).

Das vorliegende Buch soll diesen drei Dimensionen nach-
gehen. Es wird Positionen aus der Ökumene, von Christen in

Europa und der Dritten Welt darstellen, die vom Ringen um ein Verstehen von Reich Gottes getragen waren und sind. Es wird Dialoge und Auseinandersetzungen um „Reich Gottes" nachzeichnen, bei denen es um Kernfragen des Selbstverständnisses und der Zielvorstellungen von Christen geht, die im Forum ökumenischer Versammlungen zusammentreffen. Und es wird schließlich nach Ansätzen fragen, die gegenwärtig einen lebendigen Zugang zu dem eröffnen, was „Reich Gottes" bei uns heißen und wo es für uns wichtig werden könnte.

Ziel dieses Buches ist eine Klärung und Erschließung des Reich-Gottes-Symbols. Die Fülle und Vielgestaltigkeit der in der Reich-Gottes-Verkündigung angelegten Hoffnungsperspektive soll zum Tragen kommen. Hierzu wird in besonderer Weise das Forum der Weltchristenheit einbezogen. Die Ökumene bietet die singuläre Möglichkeit, unterschiedliche Akzente und Intensitäten im Verständnis von Reich Gottes in authentischer Form wahrzunehmen, Auseinandersetzungen über ein angemessenes Verständnis von Reich Gottes nachzuvollziehen und unterschiedliche Positionen in ihrem Recht, aber auch in ihren Vereinseitigungen kennenzulernen. „Reich Gottes", so werden wir z. B. sehen, ist nicht denkbar ohne politische Implikationen; es *wirkt* auf Erden, aber *wird* nicht auf Erden, ist also nicht im politischen Rahmen durchzusetzen. In der Darstellung kann begriffen werden, warum dieses Symbol politisiert, warum es aber auch einseitig verinnerlicht worden ist. Im Forum der Ökumene treten diese unterschiedlichen Positionen zutage und treffen aufeinander. Auseinandersetzungen und auch harter Streit über das Verständnis von „Reich Gottes" werden in diesem Buch dargestellt. Dispute über „Reich Gottes" sind, so wird deutlich werden, nicht Störfaktoren, sondern notwendige Elemente für Kirchen auf dem Weg des Verstehens der umfassenden und z. T. auseinanderstrebenden Dimensionen von „Reich Gottes". Der Ökumene fiel und fällt dabei die Aufgabe zu, auch die zu wenig beachteten Dimensionen von „Reich Gottes" im Bewußtsein zu halten. Unterschiedliche Positionen zu „Reich Gottes", auch extrem anmutende Standpunkte, die in diesem Buch zur Sprache kommen, sind nicht Ausdruck theoretischen Mißverstehens, das durch eine systematische begriffliche Richtigstellung ausgeräumt werden könnte, sondern gründen in Lebenskontexten und Tiefendimensionen, die durchschritten und durchgestanden wurden und die erst im Nachvollziehen dieses Prozesses verstanden werden können. Dies ist wiederum nur im Rahmen weltweiter Christenheit möglich. Die Ökumene ist die Gemeinschaft derer, die unterschiedliche Verankerungen von zentralen Begriffen wie dem des „Reiches Gottes" nicht nur in Texten, sondern auch über Personen wahrnehmen können, die sich über ihre Bedeutung im geschwisterlichen Streit auszutauschen vermögen und sich damit auf einen Verstehensprozeß, was in der Perspektive des „Reiches Gottes" zum Klingen gebracht wird, einlassen können. In den ökumenischen Dialogen zu „Reich Gottes" wird deutlich, daß dieser Verstehensprozeß die Wahrnehmung verdeckter Unterschiede erlaubt, zu offenen Kontroversen auf internationalen Versammlungen der Kirchen führt und – neben Unterschieden, die bestehen bleiben – in Ansätze der Verständigung mündet. Auf dem Hintergrund der darzustellenden Positionen und ökumenischen Dialoge sollte es auch für uns wieder in stärkerem Maße möglich sein, uns in die Hoffnungsperspektive des „Reiches Gottes" zu stellen.

Vorfragen

Im folgenden wird das Feld tastend beschritten, das mit dem Terminus „Reich Gottes" verbunden ist. Das Sperrige, Gefährliche und Abgenutzte soll dabei nicht unerwähnt bleiben. Der Schwerpunkt liegt allerdings darauf, den Gründen nachzugehen, warum und inwiefern es wichtig ist, sich mit den Visionen von „Reich Gottes" zu befassen.

Sehen wir zunächst auf die Schwierigkeiten: Der Begriff des „Reiches" erscheint als antiquiert und nichtssagend. Er taucht im heutigen Sprachgebrauch kaum mehr auf, wirkt gedrechselt („dies ist mein Reich") oder verstaubt („Reichspost", „Reichsbahn"). Er ist mit vordemokratischen Strukturen verbunden („Königreich") oder mit oberflächlichen Illusionen (Disney-Land als „Magic Kingdom").

Der Begriff „Reich Gottes" hat die Konfessionen nicht stark bewegt. Er hat in der Kirchen- und Theologiegeschichte zudem eine nicht zu unterschlagende Nacht- bzw. Schattenseite. Reich Gottes ist mißbraucht worden, um politisch aufgeladen die nationalsozialistische Ideologie und das „Dritte

Reich" zu legitimieren und kirchlich zu stützen. Es wird bis heute in kleinen religiösen Gruppierungen benutzt, um Einzelne zu entwerten und sie dem „übergeordneten" Ziel des Reiches Gottes zu opfern (z. B. bei den destruktiven „Davidianern" oder anderen religiösen Zwangsgemeinschaften).

Und doch muß auch die andere Seite zur Geltung kommen. Was sind die Gründe, die für eine weitere Arbeit und ein Suchen nach Perspektiven im Horizont von „Reich Gottes" sprechen? Gehen wir dafür die genannten, mit dem Reich-Gottes-Begriff verbundenen Schwierigkeiten unter anderer Perspektive durch und ergänzen Argumente, die für eine Verwendung dieser zentralen Vision sprechen:

„Reich Gottes" paßt sich nicht in unsere moderne westliche Gesellschaft ein. „Reich Gottes" muß deswegen aber nicht als antiquiert gelten, sondern kann als Gegenbegriff verstanden werden: gegen ein Wirtschaftssystem, das mehr auf Konkurrenz denn auf Gerechtigkeit zielt, gegen weltweite Ausbeutungsstrukturen, gegen eine Fragmentierung des gesellschaftlichen Bewußtseins, das die zunehmende sozio-ökonomische Spaltung in Reich und Arm überdecken hilft, gegen eine rückhaltlose Ausbeutung der Natur für kurzfristigen Profit. „Reich Gottes" ist bei genauerem Hinsehen kein in sich geschlossener, sondern ein hoch komplexer Begriff, der unterschiedliche Fragestellungen in sich birgt, der auf Hoffnungsperspektiven anderer Religionen und Weltanschauungen hin offen ist und der ein unterschiedliches Licht auf unsere ausdifferenzierten Lebenswirklichkeiten wirft.

Die Tatsache, daß die verschiedenen christlichen Kirchen keine Veranlassung sahen, in Form offizieller Lehrmeinungen den Begriff des Reiches Gottes festzulegen, erweist sich als vorteilhaft, wenn sich Christen auf die Eröffnungs- und Tragfähigkeit dieses Terminus besinnen. Ohne historischen Ballast von offiziellen Abgrenzungen kann gemeinsam den Anstößen, die im „Reich Gottes" liegen, nachgegangen werden.

Die Nacht- und Schattenseite der Verwendung von „Reich Gottes" steigert die Aufmerksamkeit für den möglichen Mißbrauch dieses Begriffes. Das Bewußtsein darüber bildet eine Warnung, die gegenwärtige geringe Aufladung des Reich-Gottes-Begriffes nicht ungerichtet und naiv überwinden zu wollen. Die Tendenzen, die zu einer inneren Entkräftung des

Reich-Gottes-Begriffes geführt haben, weisen auf die Notwendigkeit umfassender Dialoge, in denen Vereinseitigungen erkannt und aufgebrochen werden können. Dies hat sich besonders in ökumenischen Dialogen als produktive Möglichkeit erwiesen.

Zusätzlich spricht folgendes dafür, sich mit dem Begriff des Reiches Gottes auseinanderzusetzen und an ihm festzuhalten: Die Fülle dieses Begriffes ist zu wahren, damit er nicht willkürlich zurechtgestutzt und für bestimmte Zwecke instrumentalisiert wird. Hoffnung darf nicht in Jeans-Werbung aufgehen[1], „Reich Gottes" nicht für Weltmarkt-Interessen eingespannt werden, wie dies vom geschäftsführenden Direktor des Internationalen Währungsfonds, Michel Camdessus, bereits versucht wurde.[2] Das Symbol des Reiches Gottes muß von Theologie und Kirche bei uns stärker beachtet werden, weil ansonsten die Gefahr besteht, daß es von anderer Seite annektiert, verkleinert und entkräftet wird.

Das Symbol des Reiches Gottes ist umfassend genug, um verschiedene, z. T. als gegensätzlich angesehene Dimensionen von Hoffnung in sich aufnehmen zu können. Hoffnungen auf das Diesseits und Jenseits, Hoffnung auf die Gegenwart und auf das Ende, Hoffnungen auf die Kirche und die Welt, aktive und passive Hoffnung, innerlich-individuelle Hoffnung und äußerlich-soziale Hoffnung. Dem Begriff des Reiches Gottes eignet die Qualität, diese auseinanderstrebenden Perspektiven nicht gegeneinanderzusetzen oder gegeneinander auszuspielen, sondern zusammenzuhalten.

Der Begriff des Reiches Gottes spiegelt in vielfältiger Weise die Wurzeln christlicher Hoffnung, die bis heute in vielen Teilen der Welt direkt und indirekt nachwirken. Die ganz verschiedenen Potentiale von „Reich Gottes" sind ausfindig zu machen, um beurteilen zu können, welche von ihnen uns anrühren, anziehen, anstoßen und welche nicht.

Die Beschäftigung mit „Reich Gottes" übt in das Lernen einer Sprache der Hoffnung ein. Voraussetzung dieses Lernens

---

[1] Vgl. E. Gottwald, Jesus, die Jeans und das Gottesreich, in: Der Evangelische Erzieher 46 (5/1994), 423ff.
[2] Vgl. H. Pawlowski, Letzte Ölung für die Profitmaschine? Der Weltwährungsfond und seine kapitalistische Befreiungstheologie, in: Publik-Forum Nr. 16, 30.8.1996, 22-24.

ist die Wahrnehmung der Dimensionen von Angst und Hoffnungslosigkeit im individuellen, sozialen und politischen Bereich. Das Nachsprechen christlicher Hoffnung und der Umgang mit dem im Reich Gottes liegenden Hoffnungspotential trägt zur Überwindung religiöser Sprachlosigkeit bei. Der Zugang zur Sprache der Hoffnung kann so gewählt werden, daß die Hoffnungspotentiale anderer Religionen und Weltanschauungen gleichsam mit ins Schwingen kommen und weder die Termini noch die Inhalte christlicher Auffassungen von Hoffnung den weiteren Weg präformieren.

Die aus der Ökumene stammenden Ansätze zu „Reich Gottes" können Theologie und Kirche bei uns eine neue Ausrichtung geben und ihnen ein dringend notwendiges Profil verleihen. Nicht die Gegensätze zwischen den Konfessionen, sondern die Gemeinsamkeiten im Blick auf Überlebensfragen der Menschheit können hierbei bestimmend werden. Ohne die individuell-innerlichen Dimensionen (die von unseren Kirchen überbetont sind) aufzugeben, kann Reich Gottes den Blick darauf richten, die politisch-öffentliche Dimension in Theologie und Kirche zu stärken. Die im Reich-Gottes-Begriff liegenden Herausforderungen mögen die Kirche dazu herausfordern, sich von einem „Hinterweltlertum" (Bonhoeffer) zu lösen. Ein Weg dafür könnte darin bestehen, tragfähige Elemente des in Vergessenheit geratenen religiösen Sozialismus herauszuarbeiten und herauszustellen.

„Reich Gottes" ist vor allem auf individuellem, kirchlichem, gesellschaftlichem und politischem Gebiet ein Kontrastbegriff gegen Selbstgenügsamkeit, Machtförmigkeit und Resignation. Die in ihm aufbewahrte Hoffnung

• setzt gegen scheinbar unüberwindbare Mechanismen des vordergründigen Eigennutzes die Perspektive notwendiger Veränderungen,

• bietet gegen scheinbar nicht zu reduzierende soziale und ökonomische Gewalt den Kontrapunkt möglicher und notwendiger Alternativen (im kleinen: z. B. solidarische Lebens- und Wohnformen, im großen: Kirche als Kontrastgesellschaft),

• zeigt eine Perspektive für Ansätze von Hoffnung gegen Hoffnungslosigkeit und widersetzt sich damit einer generellen Tendenz von Utopieverlust.

„Reich Gottes" ist der zentrale Begriff der Verkündigung Jesu und findet sich vielfach im Neuen Testament (122 mal), vor allem in den synoptischen Evangelien (99 mal). Der griechische Begriff, auf den dieser Terminus zurückgeht, heißt „basileia tou theou" und kann außer „Reich Gottes" übersetzt werden mit „Herrschaft Gottes", „Königreich Gottes" oder „Königsherrschaft Gottes". Die griechischen Varianten „basileia ton ouranon" (Reich der Himmel) oder „basileia tou patros" (Reich des Vaters) sind nur Umschreibungen für „basileia tou theou", um den Gottesbegriff, der in jüdischer Tradition nicht ausgesprochen werden durfte, zu vermeiden; sie sind in ihrer Bedeutung identisch. Die angeführten deutschen Übersetzungen sind nicht alternativ zu verstehen, sondern akzentuieren Bedeutungen von basileia tou theou, die zusammengehören. Die Herrschaft Gottes über die Welt, die sich in einer kommenden Zeit vollenden wird, ist ein Hintergrund, der besonders in der Hebräischen Bibel und vom Judentum der damaligen Zeit betont wurde und auch im Hintergrund der Verkündigung Jesu stand. Dieser Begriff unterstreicht die Macht- resp. die Beziehungsstruktur zwischen dem Göttlichen und den Menschen. „Herrschaft Gottes" zielt ebenso auf die Erfahrungen der Unbedingtheit und der schlechthinnigen Abhängigkeit, die auch autonome Menschen zu lernen haben.

Der Begriff des Reiches beinhaltet diesen strukturellen Aspekt und verbindet ihn mit der Vorstellung eines Bereiches, in dem Gottes Macht gilt. In der Übersetzung von basileia sind die Begriffsfelder von „Reich" und „Herrschaft" zusammenzuhalten, so daß die Wahl für den einen oder den anderen Begriff inhaltlich keine Alternative darstellt. Der Zusatz der *Königs*-herrschaft ist als Attribut der Machtfülle zu verstehen, die in neutestamentlicher Zeit ihren höchsten innerweltlichen Ausdruck in der Position des Königs sah. In heutiger Zeit kann die Qualifikation *König*-Reich/*Königs*-Herrschaft entfallen, zumal es eher vordemokratische Assoziationen weckt, und „Herrschaft" oder „Reich" im Deutschen stark genug ist, um die Außergewöhnlichkeit Gottes herauszustellen. Im Englischen ist dies schwieriger, weil hier die gängige Übersetzung „Kingdom of God" lautet, so daß das „King" schlecht abgetrennt werden kann. Versuche, bessere Äquivalente zu finden, etwa Queendom of God oder Commonwealth of God, haben sich aus guten Gründen nicht durchsetzen können.

Was bedeutet nun „Herrschaft Gottes"? Aus der Perspektive christlicher Theologie muß eine Antwort auf diese Frage im Rückgriff auf die entsprechenden Aussagen im Neuen Testament gesucht werden. Wer auf dieser Grundlage allerdings eine eindeutige Definition erwartet, wird enttäuscht. Statt einer in sich geschlossenen Systematik findet sich in den Worten Jesu eine Fülle verschiedener, teilweise in Spannung zueinander stehender Gleichnisse und Bildworte mit verschiedenen Aussagen, Warnungen und Zusagen: Statt auf Einheitlichkeit treffen wir auf Vielgestaltigkeit. Dies mögen diejenigen beklagen, die nach einer greifbaren Definition von „Reich Gottes" suchen. Die Uneinheitlichkeit birgt aber eine Fülle, die Licht auf ganz verschiedene Aspekte des Lebens, Glaubens, Hoffens und Tuns wirft.

Einige Hinweise mögen – ohne Anspruch auf Vollständigkeit – diese verschiedenen Aspekte sichtbar machen. In den Wachstumsgleichnissen (selbstwachsende Saat Mk 4, 26-29; Senfkorn Mk 4, 30-32) tritt das Erstaunliche, das Unerwartbare, das von selbst Kommende, das Gegensätzliche im Blick auf „Reich Gottes" hervor. In der Feldpredigt (Lk 6, 20-25) steht der Adressatenbezug im Zentrum: Den Armen ist das Reich zugesprochen. Die gegenwärtigen Leiden werden im Angesicht des Reiches Gottes in Befriedigung und Glück verwandelt. Und umgekehrt werden die Reichen mit Leiden und Mangel konfrontiert. Dies wird an anderer Stelle noch zugespitzt: *„Wie schwer ist's, ins Reich Gottes zu kommen! Es ist leichter, daß ein Kamel durch ein Nadelöhr gehe, als daß ein Reicher ins Reich Gottes komme."* (Mk 10, 24-25).[3]

Die Radikalität, mit der „Reich Gottes" in das Zentrum der neutestamentlichen Verkündigung gestellt wird, tritt in der Bergpredigt zutage. Die Zusage des Reiches Gottes für die Armen wird hier verbunden mit dem uneingeschränkten Eintreten für Gerechtigkeit.

---

[3] An dieser und an anderer Stelle dieses Buches greifen wir auf die Bibelübersetzung Martin Luthers in der revidierten Fassung von 1984 (hg. v. d. Ev. Kirche in Deutschland) zurück.

„Darum sage ich euch: Sorgt nicht um euer Leben, was ihr essen und trinken werdet; auch nicht um euren Leib, was ihr anziehen werdet. Ist nicht das Leben mehr als die Nahrung und der Leib mehr als die Kleidung? Trachtet zuerst nach dem Reich Gottes und nach seiner Gerechtigkeit, so wird euch das alles zufallen.“ (Mt 6, 25+33).

Die Frage nach dem Ort von „Reich Gottes“ wird von Jesus ebenso wie die Nachfrage nach weiteren Konkretionen abgewiesen. Der Gemeinschaftsaspekt, der gerade die ansonsten Ausgestoßenen zusammenführt, findet seinen Ausdruck in der Mahlgemeinschaft, die gerade nicht auf berechnender Gegenseitigkeit beruht, sondern sich im Zugehen auf die Benachteiligten und ihren Einbezug in das kommende Reich Gottes zeigt (Lk 14, 12-24).

„Reich Gottes“ heißt schließlich: Zeit der Krise, Zeit der Wende, richtiger Zeitpunkt, um sich in Buße und im Glauben an das Evangelium auf das nahe bevorstehende Reich Gottes einzulassen:

„Die Zeit ist erfüllt, und das Reich Gottes ist herbeigekommen. Tut Buße und glaubt an das Evangelium!“ (Mk 1,15).

Die Interpretationsgeschichte von „Reich Gottes“ in christlicher Theologie hat im Laufe von 2000 Jahren ganze Bibliotheken gefüllt. Lassen wir diese Ansätze getrost hinter uns: Wir werden den Haupttendenzen in dem von uns gewählten Zeitraum des 20. Jahrhunderts ohnehin wiederbegegnen (und diese lassen sich dann mit Rückgriff auf entsprechende Literatur in die Theologiegeschichte zurückverfolgen). Im folgenden wird es sowohl um Positionen gehen, die das Reich Gottes als eine nur innerlich wahrnehmbare, zukünftige und allein von „Gott“ heraufzuführende Größe ansehen, als auch um Ansätze, die die Gegenwärtigkeit vom Reich Gottes betonen, die sich in äußeren Strukturen durch menschliche Aktivität niederschlagen muß. Um diese Alternativ-Fragen, nämlich ob das Reich Gottes gegenwärtig oder zukünftig, ob es diesseits oder jenseits, innerlich oder äußerlich, nur von Gott oder nur von den Menschen zu befördern sei, ist hart gerungen worden. In diesem Zusammenhang ging es u. a. um die Fragen, in welchem Verhältnis „Reich Gottes“ und Kirche, „Reich Gottes“ und staatliche Institutionen, „Reich Gottes“ und Strukturen der (Un-) Gerechtigkeit stünden. Wir werden die Hintergründe für verschiedene Positionen und Debatten kennenlernen. Das, was „Reich Gottes" bedeutet, kann nicht in einer abgeschlossenen oder abschließenden Form dargelegt werden. Die Pluripotentialität des Anfangs (K. Rahner) läßt unterschiedlichen Ansätzen im Verständnis von „Reich Gottes" Raum. Es ist keine Verlegenheit, Unfähigkeit oder Willkür, daß die Betrachter ganz unterschiedliche Aspekte von „Reich Gottes" als für sie besonders wichtig erkennen. Je nach Zeitlage, Region, sozialen Problemen bzw. Zugehörigkeiten, politischen Strukturen und religiösen Stimmungslagen werden besondere Gleichnisse oder Textstellen zum Reich Gottes in den Vordergrund treten und andere weniger zu beachten sein.

Dieses Argument ist vor der Freigabe willkürlicher Auslegung zu schützen: Die Zusammenschau der verschiedenen biblischen Referenzstellen kann mit dazu beitragen, daß aus notwendigen unterschiedlichen Akzenten keine gefährlichen Vereinseitigungen werden. Und die Möglichkeit, Dialoge und Debatten von Personen und Gruppen kennenzulernen, die theoretisch und praktisch ganz unterschiedliche Aspekte von „Reich Gottes" in den Vordergrund rücken, ist in besonderer Weise möglich durch die ökumenische Bewegung im 20. Jahrhundert. Die Ökumene bietet ein Forum für ganz unterschiedliche theologische Ansätze, die auf dem Hintergrund verschiedener Situationen, Zugehörigkeiten und Traditionen zu unterschiedlichen Ansätzen im Verständnis des Reiches Gottes gelangen. Die Möglichkeit des lebendigen Austausches bietet die beste Voraussetzung, eigene Positionen mit denen anderer zu vergleichen, Vereinseitigungen zu erkennen, die eigenen Ansätze zu stärken, zu verändern, zu bereichern.

Vorhaben

Das Hauptanliegen dieser Veröffentlichung ist es, Positionen zum Reich Gottes in ihren Hauptakzenten darzustellen sowie Dialoge, die zu diesem Thema in der ökumenischen Bewegung ausgetragen worden sind, nachzuzeichnen und den Blick auf Diskussionsprozesse zu lenken, in denen sich Positionen zugespitzt, weiterentwickelt, verändert oder angeglichen haben. Auf dieser Grundlage soll es möglich sein, Antworten auf die folgenden Fragen zu finden:

Wie ist es zu verstehen, daß die Intensität, mit der auf die

Vision von „Reich Gottes" zugegangen wird, stark wechselt? Ist aus einer Schwächung von Reich-Gottes-Hoffnungen in jedem Fall die Forderung an die Theologie abzuleiten, ein Gegengewicht zu bilden, um den Begriff des Reiches Gottes wieder zu stärken?

Welche Möglichkeiten bestehen, über den Nachvollzug der entsprechenden Debatten in der ökumenischen Bewegung auf die Grundzüge, die Komplexität und zugleich auf notwendige Schwerpunktsetzungen für das Verständnis von „Reich Gottes" vorzustoßen? Welche Herausforderungen ergeben sich aus ökumenischen Ansätzen für die Ekklesiologie, welche Anfragen resultieren daraus für die ökumenische Bewegung und das Ziel der Kircheneinheit?

Welche zusätzlichen Ebenen müssen beachtet werden und welcher Ansatz ist geeignet, um auf dem Hintergrund der ökumenischen Debatten über das Reich Gottes einen Zugang zu dem zu finden, was für uns „Reich Gottes" heißen könnte?

Die Unterteilung in „konfessionelle" und „kontextuelle" Positionen markiert eher eine unterschiedliche Perspektive als eine trennende Unterscheidung. In den ersten drei Kapiteln des Teiles A wird den unterschiedlichen konfessionellen Rückgriffen auf „Reich Gottes" nachgegangen. Damit soll nicht suggeriert werden, daß diese abgehoben von Raum und Zeit entworfen worden seien und verstanden werden könnten. Aus diesem Grunde wurden im Teil der konfessionellen Positionen Ansätze aus verschiedenen Zeiten – nämlich aus dem ersten und dem zweiten Teil unseres Jahrhunderts – und verschiedener Regionen – nämlich Europa und der Dritten Welt – ausgewählt. In den darauf folgenden Kapiteln des Teiles A tritt die kontextuelle Perspektive im Verständnis von „Reich Gottes" in den Vordergrund. Hierbei werden unterschiedliche konfessionelle Hintergründe nicht unterschlagen, aber es wird stärker darauf geachtet, daß es oft mehr die jeweilige historische, soziale oder kulturelle Situation ist, die das Interesse am Reich-Gottes-Begriff leitet und seinen Interpretationshorizont absteckt.

Im Gegensatz zu so gut wie allen im deutschen Sprachraum veröffentlichten Darstellungen zum Reich Gottes wird keine Begrenzung auf die Denkbewegungen deutscher Theologie vorgenommen, sondern es werden die im Bereich der Weltchristenheit bedeutenden Positionen berücksichtigt – und in diesem Rahmen auch der Beitrag deutscher Theologie und Kirche.

Teil B dieser Publikation befaßt sich mit Dialogen zur Reich-Gottes-Frage. Dieser Teil zeichnet die wichtigsten Auseinandersetzungen zur Frage nach dem Reich Gottes im 20. Jahrhundert nach. In diesem Rahmen werden auch unterschiedliche theologisch-systematische Ansätze zum Tragen kommen. Die Diskussion über „Reich Gottes" ist in diesem Jahrhundert in Wellenbewegungen verlaufen, deren Höhepunkte entsprechend berücksichtigt werden sollen. Als Konsequenz hieraus sollen zwei Zeiträume und Konferenzen genauer dargestellt werden, nämlich die Stockholmer Weltkonferenz von 1925 (Life and Work) und die Weltmissionskonferenz von 1980 in Melbourne. Nicht die Tatsache, daß diese Konferenzen für die Entwicklung der ökumenischen Bewegung von Bedeutung waren, führte zu dieser Entscheidung, sondern der unschätzbare Vorzug, daß auf diesen Konferenzen in gebündelter Form Positionen zur Reich-Gottes-Frage zum Ausdruck kamen und aufeinanderstießen, die ansonsten kein gemeinsames Forum hatten. In den Jahren vor 1925 hatte sich im europäisch-nordamerikanischen Raum das Interesse an einer Auseinandersetzung zur Frage nach dem Reich Gottes so verdichtet, daß diese Themenstellung auch gegen den Willen der Organisatoren der Konferenz, die Streit fürchteten, zum zentralen Thema wurde. Das Konferenzforum 1980 in Melbourne hatte mit dem Leitwort der zweiten Vater-Unser-Bitte die Reich-Gottes-Thematik ins Zentrum gerückt. Getragen war sie im wesentlichen von Repräsentanten aus der Dritten Welt. In Europa hatte sich das abflauende Interesse bzw. der mangelnde Zugang zu diesem Thema bemerkbar gemacht – und doch sorgte die Konferenz schon im Vorfeld z. B. in der Bundesrepublik für erheblichen Wirbel und zog in den beiden deutschen Staaten einen gründlichen Studienprozeß nach sich (wir werden auf beides zurückkommen). Der Blick auf Diskussionen im Rahmen der ökumenischen Bewegung ist nicht von einer distanzlosen Sicht der Ökumene geleitet, sondern bezieht auf dem Hintergrund der thematischen Beschäftigung auch Kritik an der ökumenischen Bewegung selbst mit ein. Diesem Anliegen und der Entwicklung einer für unsere Theologie tragfähigen Perspektive im Verständnis von „Reich Gottes" soll Teil C nachkommen.

Der Verfasser möchte nicht suggerieren, selber den Schlüssel für einen Zugang zum eindeutigen Verstehen des Reiches Gottes liefern zu können oder zwingende Motive zur Beförderung der Überzeugung ins Feld führen zu können, intensiver auf eine Erwartung des Reiches Gottes zuzuleben oder auf diese hinarbeiten zu müssen. Aber die sich ergänzenden ökumenischen Stimmen sind mehr als jeder einzelne Zugang; sie repräsentieren die menschheitlich existentiellen Zugänge und definieren das Reich-Gottes-Symbol in seiner möglichen Fülle. Dabei stehen wir vor einem Hintergrund, den Kurt Marti in dem folgenden Gedicht tendenziell zutreffend skizziert hat.

reich gottes in der schweiz?
fragte der gast
aus bobrowskiland:
»... und wie steht es
mit dem reich gottes
bei euch
in der schweiz?«
    bruder ach bruder
ragaz ist tot
karl barth ist tot
und auch uns
ist schon ganz elend
    denn längst hat gott
seinen boden
unter unseren füssen
verloren
(an immobilienfirmen ...)
    bekümmert
tuscheln die kirchen
am grünen tisch
mit konzernen
    inzwischen
verwerfen wir
beispielhaft demokratisch
ein mitbestimmungsrecht
nach dem andern
    gleichzeitig
ruft immer mehr angst
nach immer mehr polizisten

und nach verschärfung
des strafrechts
(»zusammen mit IHM
wurden gekreuzigt
zwei räuber ...«)
    so ungefähr
bruder
und was das reich gottes betrifft?
ein glimmender docht
in den herzen den köpfen
von spinnern rebellen
und einiger stiller im lande[4]

Vor diesem Hintergrund kann es schwer sein, einen Zugang
zu dem Terminus und der Sache des Reiches Gottes zu gewinnen. Die entscheidenden Anstöße hierfür habe ich durch die
ökumenische Diskussion erfahren, im Nachzeichnen des harten, lebendigen Ringens auf den Konferenzen in Stockholm
1925 und Melbourne 1980. Hieraus haben sich erst Rückfragen an Traditionen und Positionen ergeben, die meine Auseinandersetzungen mit der Thematik des Reiches Gottes zur
Frage geführt haben, wo denn für uns heute „Reich Gottes"
eine Rolle spielen kann.

Dieses Buch soll für Pfarrer und Lehrer, für Studierende
und interessierte Oberstufenschüler anregend und lesbar sein.
Positionen und Diskussionen kommen durch verschiedene
Textgattungen zum Tragen: durch Reden, Interviews, Ge-
dichte und Originalpassagen, die authentischen Aufschluß
über jeweilige Ansätze vermitteln. Deswegen wird im folgenden reichlich zitiert. Um Unterschiede im Reich-Gottes-Verständnis nicht vorschnell einzuebnen und den Lesern ein ei-
genständiges Urteil zu ermöglichen, mag es als angemessen erscheinen, verschiedene Ansatzpunkte von „Reich Gottes" als
Positionen von innen darzustellen und nicht von vorneherein
durch eine Systematik unterschiedlicher Reich-Gottes-Typen
zu filtern und zu stutzen. Um schließlich nicht den Rückgriff
auf vergangene Positionen überlastig werden zu lassen, wird

---

[4] Kurt Marti, in: ders., Schon wieder heute, 3. Aufl. Darmstadt 1984,
82f.

verstärkt auf gegenwärtige Stimmen in außereuropäischen Ländern zugegangen. Eine solche Schwerpunktsetzung bietet sich zudem an, weil im Gegensatz zur geringen Beachtung bei uns der Reich-Gottes-Begriff in vielen anderen Ländern eine wichtige Rolle spielt. Dies mag auch dazu anstoßen, die gegenwärtige Lage bei uns nicht zum weltweiten Maßstab zu erheben und für alle Zeiten absolut zu setzen.

A. POSITIONEN:
KONFESSIONELL UND KONTEXTUELL

Da es keinen starken Strom offizieller kirchlicher Lehrmeinungen zum Thema Reich Gottes gibt, werden im folgenden neben offiziellen Dokumenten auch „inoffizielle" Positionen aufgenommen, die für die jeweiligen Bereiche von Bedeutung waren. Die Frage der Repräsentativität dieser teils „offiziellen", teils „inoffiziellen" Standpunkte muß dabei offen bleiben; ebenfalls kann es für die vorliegende kleine Publikation nicht um Vollständigkeit gehen. Um zeitgebundene Ansätze zu berücksichtigen, wurden Voten aus drei Hauptströmungen des Christentums aufgenommen, die im Vorfeld oder in Nacharbeit zu den „Knotenpunkten" der Diskussionen im 20. Jahrhundert, nämlich den Weltkonferenzen in Stockholm 1925 und Melbourne 1980, formuliert wurden. Nicht allein aus europäischer Sicht formulierte Ansätze waren zu berücksichtigen. Dies schien notwendig, um den falschen Eindruck zu überwinden, als ob die tonangebenden oder gar bindenden Voten aus den Konfessionen selbstredend europäisch seien, die Abweichungen dagegen aus Ländern der Dritten Welt kämen. Eine Ausnahme stellt der Abschnitt zu Positionen aus dem reformatorischen Bereich dar. Hier wird wesentlich auf die deutschen Kirchen eingegangen. Dies schien vertretbar, weil in den kontextuellen Positionen wesentlich Ansätze aus dem internationalen Spektrum evangelischer Kirchen vertreten sind.

Viele Positionen, die im Zusammenhang mit der Frage nach dem Reich Gottes hätten einbezogen werden können, wurden aus Platzgründen nicht, oder nicht gesondert aufgenommen: So blieben z. B. die Zeugen Jehovas oder Pfingstkirchen gänzlich unberücksichtigt. Ansätze der Anglikaner, der Freikirchen oder der sog. Quäker finden sich zwar nicht gesondert, werden aber an anderer Stelle dieses Buches berücksichtigt, vor allem im Kapitel über „Dialoge".

I. KONFESSIONELLE ANSÄTZE

1.) Positionen im Bereich der Römisch-Katholischen Kirche

Im Bereich der Römisch-Katholischen Kirche nehmen im Zusammenhang mit der Frage nach dem Reich Gottes drei Themenfelder eine prominente Stellung ein: Die Ekklesiologie, die Christologie und die Soteriologie (die Lehre von der Kirche, von Christus und vom Heil). Eine geschlossene Linie ergibt sich dabei nicht. Die Ekklesiologie nimmt im Bereich der Katholischen Kirche den vordersten Platz ein. Eine Betonung liegt auf der engen Verwobenheit von „Reich Gottes" und (Römisch-Katholischer) Kirche. Dies spiegelt sich selbst in folgenden, auf der Basis profunder Kenntnisse ökumenischer Theologie formulierten Sätzen: *„Die Kirche ist Zeichen des Reiches Gottes wie die Worte, die Jesus sprach, und die Taten, die er wirkte. Die Kirche steht ferner im Dienst des Reiches Gottes, als sie die in Jesus erfüllte Ankunft des Reiches Gottes, die Herrschaft des erhöhten Herrn gewährt, als sie das Werk Christi in Wort und Sakrament, zumal in Taufe, Buße und Eucharistie, vermittelt. So wird die Kirche das Ursakrament des Reiches Gottes, das Mittel, an ihm Anteil zu haben, so wird sie zur Vorgestalt und Vorläufigkeitsgestalt des Reiches Gottes. Die Kirche ist die Gemeinschaft derer, die an das Reich Gottes glauben, es bezeugen, erwarten und erhoffen."* [5]

In ganzen Perioden der Katholischen Kirche zeigte sich eine Ekklesiozentrik, wonach die Römisch-Katholische Kirche mit dem Reich Gottes als identisch angesehen wurde oder zu werden drohte. Gegen solche gefährlichen Vereinheitlichungstendenzen hat es aber immer auch von innen Widerspruch gegeben. Der bekannteste und prägnanteste stammt von Alfred Loisy, der über eine selbstzufriedene Gleichsetzung von kirchlicher Institution und „Reich Gottes" spottete: „Jésus annonçait le royaume, et c'est l' Église qui est venue"[6] (Jesus verkündigte das Reich Gottes und [heraus-] gekommen ist [nur] die Kirche). Welche Wirkung eine solch beißende Kritik auf die Spitze der Katholischen Kirche hatte, ist nicht mit Sicher-

---

[5] H. Fries, Art. Reich Gottes, V. Systematisch, in: LThK, Bd. 8, hg. v. J. Höfer/K. Rahner, Freiburg 1963, 1117-1120, Zitat 1119.
[6] Vgl. A. Loisy, L' Évangile et l' Église, 3. Aufl. Bellevue 1904, 155.

heit zu sagen. Sehen wir auf päpstliche Enzykliken rund 20 Jahre nach der entsprechenden Publikation von Loisy, so erhärten sich eher Zweifel daran, ob das Papsttum einen Ekklesiozentrismus überwinden wollte.

In der am 11. Dezember 1925 veröffentlichten Enzyklika „Quas primas" wurde die Römisch-Katholische Kirche mit dem „Königreich Christi" gleichgesetzt. In einem Verständnis von „Reich Gottes", das in Christus schon angebrochen sei und als „Reich Christi" bezeichnet wird, findet sich die exklusive, zentrale Stellung der Römisch-Katholischen Kirche herausgestellt. Beklagt wird, daß der Kirche das ihr „vom Rechte Christi selbst zustehende Recht" bestritten werde, „die Menschheit zu lehren, Gesetze zu erlassen, die Völker, die zur ewigen Seligkeit geführt werden sollen, zu leiten".[7] Im selben Atemzug wird beklagt, daß die „Religion Christi falschen Religionen ... in durchaus unwürdiger Weise" gleichgestellt werde.

Die „Heilung der Gesellschaft" sei nur möglich – so die Enzyklika „Ubi arcano Dei consilio" vom Dez. 1922 – wenn die *„Kirche in jenem Rang der Würde steht, in den sie von ihrem Urheber selbst eingesetzt worden ist, nämlich der einer vollkommenen Gesellschaft und einer Lehrerin wie Führerin der übrigen Gesellschaften...".* Friede gebe es nur, wenn die *„Kirche in Verwaltung ihres göttlichen Amtes alle Rechte Gottes selbst sowohl über die einzelnen Menschen als auch über die Gesellschaft der Menschen hütet. Darin nämlich besteht, was wir kurz das Reich Christi, die Herrschaft Christi, nennen: Es herrscht Jesus Christus in den Geistern der einzelnen Menschen durch seine Lehren, er herrscht in den Herzen durch die Liebe, er herrscht in jedem Menschenleben durch die Beobachtung seines Gesetzes und die Nachahmung seiner Beispiele. Er herrscht ebenso in der häuslichen Gemeinschaft, wenn diese, begründet durch das Sakrament der christlichen Ehe, wie eine heilige Sache unverletzt besteht, in welcher die elterliche Gewalt die göttliche Vaterschaft abbildet, aus der sie stammt, und von der sie den Namen hat, wo die Kinder dem Gehorsam des Jesuskindes nacheifern und die ganze Lebenshaltung die Heiligkeit der Familie von Nazareth atmet. Es*

---

[7] Zit. nach E. Staehelin, Die Verkündigung des Reiches Gottes in der Kirche Jesu Christi, Bd. VII (Mitte des 19. bis Mitte des 20. Jahrhunderts), Basel 1964, 72.

herrscht endlich der Herr Jesus in der bürgerlichen Gesellschaft, wenn in ihr Gott in höchster Ehre steht und von ihm der Ursprung und die Rechte der Autorität hergeleitet werden, damit weder die Norm des Herrschens noch die Pflicht und Würde des Gehorchens fehle, und wenn überdies die Kirche in jenem Rang der Würde steht, in den sie von ihrem Urheber selbst eingesetzt worden ist, nämlich der einer vollkommenen Gesellschaft und einer Lehrerin wie Führerin der übrigen Gesellschaften." [8]

In dieser Vorstellung von Reich Gottes/Christi tritt eine solche Dominanz der Kirche gegenüber der Christologie und der Soteriologie auf, daß wir für die Zeit der 20er Jahre von einem ekklesiozentrischen Verständnis der Reichsvorstellung in den offiziellen römisch-katholischen Verlautbarungen sprechen können. Äußere Faktoren begünstigten diese Einstellung: Da der Vatikan alles daran setzte, ein unabhängiger Kirchenstaat zu werden, was 1929 von Mussolini zugestanden wurde, zentrierte sich das Denken im Umkreis des Papstes auf den Ausdruck von Macht und Einfluß der Katholischen Kirche.

Ohne auf andere, am Rande der römischen Kirche auftretende, beachtliche Ansätze eingehen zu können[9], ist festzustellen, daß sich diese Form von hierarchisch-statischer Kirchenzentriertheit nicht halten ließ. Karl Rahner und andere Professoren für Katholische Dogmatik, wie z. B. Michael Schmaus, brachen dieses starre Kirchenverständnis in den 50er Jahren auf, indem sie auf die „Pilgerschaft" als wesentlichem Attribut der Kirche verwiesen und die Betonung auf die Differenz zwischen „Reich Gottes" und Kirche legten: *„So ist die Kirche nicht völlig mit dem Reich Gottes identisch; denn sie existiert in den vorläufigen Formen dieser Welt, im Wort, im sakramentalen Zeichen, in den vergänglichen Formen der menschlichen Gemeinschaft".* [10]

Diese Vorarbeit wurde auf dem Zweiten Vatikanischen Konzil z. T. fruchtbar gemacht, das von Papst Johannes XXIII. Anfang der 60er Jahre einberufen wurde und einen umfassen-

---

[8] A.a.O., 69.
[9] Vgl. z. B. den bis heute hochinteressanten Ansatz von Teilhard de Chardin, der Reich-Gottes-Vorstellungen in einer Zusammenschau von Religion und Naturwissenschaft verstand.
[10] Schmaus, Art. Kirche und Reich Gottes (§ 175), in: Katholische Dogmatik, 1. Halbband des 3. Bandes, 3. bis 5. Auflage 1958, 686.

den katholischen Aufbruch markierte. In der „Konstitution über die Kirche" wurde der Ausdruck der „pilgernden Kirche zum Heile"[11] übernommen und damit der Prozeßcharakter, in dem sich die Katholische Kirche befindet, betont. Statt einer rigiden Abgrenzung gegenüber anderen Konfessionen wurde die Verschiedenheit christlicher Kirchen akzeptiert, ohne damit allerdings die Vorrangstellung Roms aufzugeben: „Darum gibt es auch in der kirchlichen Gemeinschaft zu Recht Teilkirchen, die aus ihren eigenen Überlieferungen leben, unbeschadet des Primats des Stuhles Petri, welche der gesamten Liebesgemeinschaft vorsteht ...".[12] In deutlicher Rangfolge, aber ohne Verurteilungen wie noch in den päpstlichen Enzykliken der 20er Jahre wurden auch Nichtchristen zur „katholischen Einheit des Gottesvolkes" gezählt: „Auf verschiedene Weise gehören ihr zu oder sind ihr zugeordnet die katholischen Gläubigen, die anderen an Christus Glaubenden und schließlich alle Menschen überhaupt, die durch die Gnade Gottes zum Heil berufen sind".[13] In dieses Verständnis von Kirche eingebettet findet sich in den Dokumenten des Zweiten Vatikanischen Konzils eine klare Zuordnung zwischen „Reich Gottes" und Kirche, die auf den ersten Blick wie eine Fortsetzung früherer enger Verbindungen aussehen könnte, die aber durch das veränderte Selbstverständnis der Römisch-Katholischen Kirche und eine größere Akzeptanz sowohl anderer Kirchen als auch von Nichtchristen einen deutlich veränderten Charakter trägt. Die Zentralstellung der Ekklesiologie und der Christologie für das römisch-katholische Verständnis von „Reich Gottes" tritt im entsprechenden Konzilsdokument allerdings deutlich zutage:

„Das Geheimnis der heiligen Kirche wird in ihrer Gründung offenbar. Denn der Herr Jesus machte den Anfang seiner Kirche, indem er frohe Botschaft verkündigte, die Ankunft nämlich des Reiches Gottes, das von Urzeiten her in den Schriften verheißen war: »Erfüllt ist die Zeit, und genaht hat sich das Reich Gottes« (Mk 1,15; vgl. Mt 4,17). Dieses Reich aber leuchtet im Wort, im Werk und in der Gegenwart Christi den Menschen auf. Denn das

---

[11] Zweites Vatikanisches Konzil, Konstitution über die Kirche, 7./8. Aufl. Münster 1966, Nr. 14, 51.
[12] Ebd.
[13] Ebd.

Wort des Herrn ist gleich einem Samen, der auf dem Acker gesät wird (Mk 4,14): die es im Glauben hören und der kleinen Herde Christi (Lk 12.32) beigezählt werden, haben das Reich selbst angenommen; aus eigener Kraft sproßt dann der Same und wächst bis zur Zeit der Ernte (vgl. Mk 4,26-29). Auch die Wunder Jesu erweisen, daß das Reich schon auf Erden angekommen ist: »Wenn ich im Finger Gottes die Dämonen austreibe, ist wahrlich das Reich Gottes zu euch gekommen« (Lk 11,20; vgl. Mt 12,28). Vor allem aber wird dieses Reich offenbar in der Person Christi selbst, des Gottes- und Menschensohnes, der gekommen ist, »um zu dienen und sein Leben hinzugeben als Lösegeld für die Vielen« (Mk 10,45). Als aber Jesus nach seinem für die Menschen erlittenen Kreuzestod auferstanden war, ist er als der zum Herrn, zum Gesalbten und zum Priester auf immerdar Bestellte erschienen (vgl. Apg 2,36; Heb 5,6; 7, 17-21) und hat den vom Vater verheißenen Geist auf die Jünger ausgegossen (vgl. Apg 2,33). Von daher empfängt die Kirche, die mit den Gaben ihres Stifters ausgestattet ist und seine Gebote der Liebe, der Demut und der Selbstverleugnung treulich hält, die Sendung, das Reich Christi und Gottes anzukündigen und in allen Völkern zu begründen. So stellt sie Keim und Anfang dieses Reiches auf Erden dar. Während sie allmählich wächst, streckt sie sich verlangend aus nach dem vollendeten Reich; mit allen Kräften hofft und sehnt sie sich danach, mit ihrem König in Herrlichkeit vereint zu werden." [14]

Sehen wir uns neuere, für den Vatikan repräsentative Ausführungen zum Thema „Reich Gottes" an, sind die Unterschiede zu systematisch theologischen Positionen evangelischer Provenienz in Deutschland relativ gering. Dies gilt z. B. für die Ausführungen von Kardinal Ratzinger, dessen Übersicht zur Bedeutung der Reich-Gottes-Verkündigung Jesu in der „Kleinen kirchlichen Dogmatik" [15] sich im Rückgriff auf theologische Literatur und inhaltliche Prioritäten nur wenig von entsprechenden Artikeln aus dem protestantischen Bereich unterscheidet. [16] J. Weiß und A. Schweitzer, R. Bultmann und H. Conzelmann werden gleichermaßen als Gewährsleute

---

[14] Konstitution über die Kirche, a.a.O., 25f.

[15] J. Ratzinger/J. Auer, Eschatologie, Tod und ewiges Leben. Kleine katholische Dogmatik IX, Regensburg 1977, 33ff.

[16] Z. B. Chr. Walther, Art. Herrschaft Gottes/Reich Gottes, VII. Systematisch-theologisch, TRE 15 (1986), 228ff.

für die theologische Fundierung von Positionen herangezogen. Die Notwendigkeit einer auf die jeweilige Wirklichkeit geöffneten Interpretation von „Reich Gottes" ebnet zudem den Weg für kontextuelle Ansätze: „Die Spannung von altem Wort und neuer Wirklichkeit bleibt aber die Grundform des christlichen Glaubens und immer ist nur durch sie hindurch die verborgene Wirklichkeit Gottes zu erkennen."[17] Durch diese Spannung zwischen „Schema und Wirklichkeit" werde „der Leser selber in das Abenteuer des Wortes mit hineingenommen und kann es nur als Teilhaber, nicht als Zuschauer verstehen".[18]

Ratzinger ebnet damit den Weg für einen situativ bedingten Zugang zu Grundaussagen der Bibel und ist sich darin – ohne seinen extremen Kirchenbegriff zu lockern – mit den meisten protestantischen Theologen einig. Vielleicht verlaufen die Grenzlinien aber auch anders; führt nicht die Aussage Ratzingers konsequent weiter hin zu einer Position (die dieser aber nicht mehr vertreten würde), wonach die entscheidenderen Unterschiede im Verständnis des Reiches Gottes nicht durch die konfessionellen Scheidelinien, sondern durch die sozialkulturell-ökonomische Einbindung von Christen herrühren? Dann wäre der ganz andere Ton zu verstehen, der von katholischen Bischöfen in Lateinamerika auf dem Hintergrund der Umkehr-Botschaft angesichts des herannahenden Reiches Gottes (Mk 1,15) angeschlagen wird. In einer Erklärung von 1968 formulierten in Ermutigung durch das II. Vatikanische Konzil 15 katholische Bischöfe Südamerikas:

„Die Kirche weiß, daß das Evangelium die erste und radikalste Revolution fordert, die den Namen Bekehrung trägt, als totale Umkehr, von der Sünde zur Gnade, vom Egoismus zur Liebe, vom Hochmut zu demütigem Dienst. Diese Bekehrung ist nicht nur innerlich und geistlich; sie zielt auf den ganzen Menschen, sie ist leiblich und sozial ebenso wie geistlich und personal. Sie hat einen Gemeinschaftsaspekt, der für die ganze Gesellschaft von schwerwiegender Bedeutung ist, nicht nur für das irdische Leben der Menschen, sondern darüber hinaus für das ewige Leben in Christus, der, über die Erde erhöht, die ganze Menschheit zu sich

---

[17] Ratzinger, a.a.O., 48.
[18] A.a.O., 47.

erhöht. Das ist in den Augen der Christen die vollkommene Ent-
faltung des Menschen. So ist das Evangelium bis auf den heutigen
Tag, sichtbar oder unsichtbar, durch die Kirche oder ohne die Kir-
che, das stärkste Ferment in den tiefgreifenden Umwandlungen
der Menschheit seit 2000 Jahren. In ihrer irdischen Wanderschaft
in der Geschichte jedoch ist die Kirche praktisch immer mit einem
politischen, sozialen und ökonomischen System liiert, das als Teil
der Geschichte das Gemeinwohl sicherstellt oder doch wenigstens
eine gewisse soziale Ordnung. Es kommt vor, daß die Kirchen sich
so sehr mit einem bestimmten System verbünden, daß man glau-
ben kann, sie seien ein Fleisch wie in der Ehe. Aber die Kirche hat
nur einen Paten, das ist Christus. Sie ist niemals mit irgendeinem
System verheiratet, am wenigsten aber mit dem »internationalen
Imperialismus des Geldes« (Pop. Prog.). Sie war auch nicht iden-
tisch mit der Monarchie oder dem Feudalismus des Ancien ré-
gime, und sie wird es morgen nicht sein mit diesem oder jenem So-
zialismus. Es genügt, die Geschichte zu betrachten, um zu sehen,
daß die Kirche den Verfall all der Mächte überlebt hat, die zu
einer bestimmten Zeit glaubten, sie müßten sie beschützen oder
könnten sie gebrauchen. Heute löst die Soziallehre der Kirche, wie
sie auf dem 2. Vatikanischen Konzil erneut bestätigt worden ist,
die Bande mit dem Imperialismus des Geldes, mit dem sie eine
Zeitlang sich verbunden hatte. Nach dem Konzil erheben sich in
allen Teilen der Welt energische Stimmen, die fordern, daß mit
diesem zeitweiligen Bündnis zwischen Kirche und dem Geld
Schluß gemacht werde." [19] Die Schärfe ihrer Forderungen ergibt
sich aus der Analyse der eigenen Wirklichkeit, die folgendermaßen gesehen wird: *„Eine unwiderstehliche Kraft zwingt die*
Armen der Welt, ihre Befreiung von allen Kräften der Unter-
drückung zu betreiben. Auch wenn die meisten Nationen inzwi-
schen ihre politische Freiheit erobert haben, sind die Völker doch
selten ökonomisch frei. Ebenso selten ist die Zahl derer, bei denen
soziale Gleichheit herrscht, die unverzichtbare Bedingung wahrer
Brüderlichkeit; denn der Frieden kann nicht bestehen ohne Ge-
rechtigkeit. Die Völker der Dritten Welt bilden das Proletariat der
gegenwärtigen Menschheit. Sie werden ausgebeutet von den

---

[19] Vgl. Plädoyer für die Dritte Welt. Erklärung von 15 Katholischen
Bischöfen, in: T. Rendtorff/H. E. Tödt (Hg.), Theologie der Revolution.
Analysen und Materialien, 2. Aufl. Frankfurt/M. 1968, 157ff, Zitate
158f.

*Großen und in ihrer Existenz durch diejenigen bedroht, die sich
das alleinige Recht anmaßen, nur weil sie die Stärkeren sind, auch
die Richter und Polizisten der materiell weniger reichen Völker zu
sein. Aber unsere Völker sind nicht weniger weise und gerecht als
die Großen dieser Welt.* "[20]

Als „Teilhaber", nicht als „Zuschauer" formulierten die katholischen Bischöfe auf dem Hintergrund der radikalen Umkehrforderung der herannahenden Herrschaft Gottes ein Manifest, das auf Befreiung von Abhängigkeit, auf die Pflicht zum
Teilen lebenswichtiger Güter, auf die Verurteilung eines Klassenkampfes „von oben", auf die Überwindung weltweiter Ausbeutung drängte.[21] Eine Theologie der Befreiung hielt Einzug
in die Katholische Kirche. „Reich Gottes" fand sich hier entschieden anders aufgenommen als in der päpstlichen Zentrale,
die sich nach dem Aufbruch in den 60er Jahren in der Zwischenzeit fast schon vom Erbe des II. Vatikanischen Konzils
geschieden zu haben scheint. Beide markieren spannungsvoll
gegeneinander gerichtete Positionen aus dem römisch-katholischen Bereich zur Frage nach dem Reich Gottes.

Eine Art Mittelstellung zwischen beiden Polen nimmt das
Grundsatzdokument der „Gemeinsamen Synode der Bistümer
in der Bundesrepublik Deutschland" mit dem Titel „Unsere
Hoffnung. Ein Bekenntnis zum Glauben in dieser Zeit" von
1975 ein.[22] In dieser Erklärung wird die Gefahr „einer schlei-
chenden Anpassung an die herrschenden gesellschaftlichen Erwartungen, [die] Gefahr, als Kreuzesreligion zur Wohlstands-
religion zu werden" (57) gesehen. Weiterhin wird für die Frage
der Nachfolge eindringlich auf die Armen verwiesen und gefordert, daß sie die „Privilegierten in der Kirche" sein müßten:
*„Sie vor allem [die Armen] müssen sich von uns vertreten wissen.
Deshalb sind in unserer Kirche gerade alle jene Initiativen zur
Nachfolge von größter Bedeutung, die der Gefahr begegnen, daß
wir in unserem sozialen Gefälle eine verbürgerlichte Religion wer-*

---

[20] Vgl. a.a.O., 157.
[21] Ratzinger, a.a.O., 162f.
[22] Vgl. den Text dieses Dokumentes in Herder Korrespondenz 30
(4/1976), 201-211 und im Materialdienst des Konfessionskundlichen Instituts Bensheim, 27 (3/1976), 49-60. Die nachfolgenden Zitate beziehen sich auf die zuletzt angegebene Veröffentlichung, die Seitenzahlen
finden sich eingeklammert im Text.

den, der das reale Leid der Armut und Not, des gesellschaftlichen Scheiterns und der sozialen Ächtung viel zu fremd geworden ist, ja die diesem Leid selbst nur mit der Brille und den Maßstäben einer Wohlstandsgesellschaft begegnet" (57). Auch wenn der Primat der Römisch-Katholischen Kirche durch diese Erklärung durchscheint (54), wird hier keine selbstgefällige Ekklesiologie vertreten. In Aufnahme des II. Vatikanischen Konzils wird eine Gleichsetzung von „Reich Gottes" und Kirche abgelehnt (55) und drastisch auf den gesellschaftsrelevanten Bezug von „Reich Gottes" verwiesen: *„Denn die Verheißungen des Reiches Gottes sind nicht gleichgültig gegen das Grauen und den Terror irdischer Ungerechtigkeit und Unfreiheit, die das Antlitz des Menschen zerstören. ... Und wo die Unterdrückung und Not sich – wie heute – ins Weltweite steigern, muß diese praktische Verantwortung unserer Hoffnung auf die Vollendung des Reiches Gottes auch ihre privaten und nachbarschaftlichen Grenzen verlassen können. Das Reich Gottes ist nicht indifferent gegenüber den Welthandelspreisen!*" (54) Und als ob die Verfasser erschrocken waren über diese mutige Formulierung, setzte man gleich dazu: *„Dennoch sind seine [des Reiches Gottes] Verheißungen nicht etwa identisch mit dem Inhalt jener sozialen und politischen Utopien, die einen neuen Menschen und eine neue Erde, eine geglückte Vollendung der Menschheit als Resultat gesellschaftlich-geschichtlicher Kämpfe und Prozesse erwarten und anzielen*" (ebd.). Dies war eine richtige, gleichwohl beschwichtigende Aussage in diesem Konsenstext.

2.) Positionen im Bereich der Orthodoxen Kirchen

Aus dem Bereich der Orthodoxie liegt eine ganze Reihe von Ansätzen zum Verständnis des Reiches Gottes vor. Kennzeichnend ist die Vorstellung eines im Osterereignis wurzelnden Beginns einer umfassenden, den gesamten Kosmos einbeziehenden Erlösung.

Die Stärke der Orthodoxie hat mit der Zurückdrängung und Unterdrückung der Russischen Orthodoxen Kirche seit der Oktoberrevolution 1917 deutlich nachgelassen. Stimmen aus den bulgarischen, rumänischen und griechisch-orthodoxen Kirchen sowie von einzelnen orthodoxen Würdenträgern aus der ganzen Welt liefern aber bis heute wichtige Beiträge

zum Thema.[23] Angesichts jahrzehntelanger Überlebenspro-
bleme vieler orthodoxer Kirchen ist allerdings ein Rückfall in
ein introvertiertes Kirchenleben oder eine konservative Stag-
nation, die sich Erneuerungsprogrammen widersetzt und
damit ein offenes Zugehen auf eine Auseinandersetzung mit
„Reich Gottes" verhindert, eine ständige Gefahr und Bedro-
hung für die Orthodoxie.[24] Ob und in welcher Weise sich die
Russische Orthodoxe Kirche nach der Beendigung der lenini-
stisch-stalinistischen Alleinherrschaft intensiv mit der Frage
nach dem Reich Gottes befassen wird, muß gegenwärtig offen
bleiben.

Nach Phasen, in denen orthodoxe Theologie die Vorstellung von „Reich Gottes" mit der Erwartung des „Dritten
Rom" verband, das mit dem Zentrum Rußland in ein messia-
nisches Zeitalter führen werde, traten Ende des 19./Anfang
des 20. Jahrhunderts drei verschiedene Linien im Bereich der
russisch-orthodoxen Kirchen zutage. Die eine, repräsentiert u.
a. von Wladimir Solowjew, setzte gegen die Vorstellung einer
innerweltlich ansteigenden Entwicklung des Reiches Gottes
die Vorstellung einer endzeitlichen Apokalypse. Am Ende der
Weltgeschichte werde der Antichrist auftreten, der nach
erfolgreicher Durchsetzung der Weltherrschaft durch den
vereinten Versuch von Repräsentanten der orthodoxen, der
katholischen und der evangelischen Kirche doch noch besiegt
werden könne. Dieses Geschehen führe dann am Ende der
Zeiten zu einer vereinigten Kirche.[25]

Eine andere Stimme aus dem Bereich der Orthodoxie, die
weltweit gehört wurde, aber nicht repräsentativ für die rus-
sisch-orthodoxe Kirchentheologie war, stammt von Leo Tolstoi. Auf dem Hintergrund scharfer Kritik an der Kirche,

---

[23] Vgl. C. G. Patelos (Hg.), The Orthodox Church in the Ecumenical
Movement. Documents and Statements 1902-1975, Genf 1978, bes. 92f.
(orth. Erklärung in Evanston 1954), 308ff. (John Meyendorff zu Unity
of the Church – Unity of Mankind) und 116ff. (orthodoxer Beitrag zur
Konsultation „The Church's Struggle for Justice and Unity", Kreta 1975).
[24] Vgl. A. Nissiotis, The Church as a Sacramental Vision, in: G. Limou-
ris (Hg.), Church – Kingdom – World. The church as mystery and pro-
phetic sign, Genf 1986, 99ff, besonders 125. Vgl. für eine gute Übersicht
orthodoxer Theologie: D. Staniloae, Orthodoxe Dogmatik, Köln/Güters-
loh 1985.
[25] Vgl. zu Solowjew: Staehelin VII, a.a.O., 15ff, zum Antichrist 28ff.

deren Praxis nicht mit ihrer Verkündigung übereinstimme, plädierte Tolstoi für eine auf das Reich Gottes zielende Ethik der einzelnen Christen: *„Erfüllten alle Menschen die Lehre Christi, so würde das Reich Gottes auf Erden sein; erfülle ich sie allein, so tue ich das beste für alle und für mich. Ohne die Erfüllung der Lehre Christi gibt es keine Rettung."* [26] *„Die Lehre Christi stellt das Reich Gottes auf Erden her. Es ist nicht wahr, daß die Erfüllung dieser Lehre schwer ist; sie ist nicht nur nicht schwer, sie ist unumgänglich für den, der sie erkannt hat."* [27] Tolstoi sah den Wurzelgrund für Veränderungen, die von Christen, Humanisten und Kommunisten angestrebt wurden (Reich Gottes; Freiheit, Gleichheit, Brüderlichkeit; Gemeinsamkeit des Eigentums), in der christlichen Lehre. In allen diesen Zielen spiegele sich die Erkenntnis, daß *„oft ohne es selbst zu wissen, und in dem Glauben, Feinde des Christentums zu sein, daß unsere Erlösung nur in der Anwendung der christlichen Lehre ... liege."* [28] *„Der einzige Sinn des Lebens des Menschen besteht darin, daß er der Welt diene, indem er mitwirkt an der Begründung des Reiches Gottes. Das aber kann nur geschehen durch die Anerkennung der Wahrheit und ihre Bekennung durch jeden einzelnen Menschen".* [29] Für Tolstoi war das Reich Gottes „inwendig" in den Menschen und realisierte sich durch eine Ethik, der das recht einfache Bild einer „Anwendung der christlichen Lehre" zugrunde lag: Eine Ethik, die ein Widerstreben gegen eine gesellschaftliche Ausrichtung auf Fortschritt und Verbesserung mit dem Imperativ eines Bekennens zur „Gewalt der Wahrheit" verband, durch die das Reich Gottes gewonnen wird. [30]

Einen anderen Akzent setzte Nikolaj Berdjajew. Mit einem deutlichen Seitenhieb auf die kommunistische Regierung seines Landes, aus dem er 1922 ausgewiesen worden war, kritisierte er die „Utopie vom irdischen Paradiese" mit den Worten: *„Die Fortschrittsreligion, die sich auf einer derartigen Vergottung einer kommenden Generation von Glückskindern grün-*

---

[26] Vgl. L. Tolstoi, Mein Glaube, München 1990, 212.
[27] Vgl. a.a.O., 273.
[28] Vgl. L. Tolstoi, Das Reich Gottes ist inwendig in Euch, Leipzig 1903, Bd. 2, 59.
[29] Vgl. a.a.O., 336.
[30] Vgl. a.a.O., 315ff.

det, ist erbarmungslos gegenüber Gegenwart und Vergangenheit, sie verbindet einen grenzenlosen Optimismus hinsichtlich der Zukunft mit einem grenzenlosen Pessimismus hinsichtlich der Vergangenheit. Sie steht in tiefem Gegensatze zur christlichen Zuversicht auf die allgemeine Auferstehung aller Generationen, aller Toten, aller Väter und Vorväter." [31] Berdjajew betonte die Wichtigkeit des inneren geistigen Menschen und sah „Reich Gottes" in einem streng eschatologischen Sinn. Die im Reich Gottes angezeigte Erlösung gelte nicht Einzelnen, sondern allen Menschen. Es gehe aber nicht nur um die Beziehungen zwischen den Menschen und Gott, sondern auch um den gesamten Kosmos: „Meine eigene Erlösung und Verklärung ist nicht nur mit der der anderen Menschen verbunden, sondern auch mit der der Tiere, Pflanzen, Mineralien, ja des winzigsten Grashälmchens, die in das Reich Gottes hineingeführt werden müssen".[32]

Dieser Ansatz, der alle Menschen (und nicht nur einige Auserwählte), die Natur, ja die ganze Erde in die Perspektive des Reiches Gottes stellt, ist der bemerkenswerte zentrale Beitrag der Orthodoxie: „Reich Gottes" in der Perspektive des ganzen Kosmos.

Auch das Böse wird nicht ausgeklammert, wie der bulgarische Theologe Stefan Zankow in einer Rede an der Universität Berlin im Jahre 1927 plastisch schilderte: „In einer armen Dorfkirche Rußlands zündet eine alte Bäuerin vor dem Bild, das das Jüngste Gericht darstellt, eine Kerze an. ,Warum tust du das?' wurde sie gefragt. Und sie gab die Antwort: ,Niemand betet für ihn; man muß auch für ihn beten.' Sie meinte: für den Teufel; aber sie wollte seinen Namen in der Kirche nicht nennen. Die allumfassende, tiefe, reine Liebe gab dieser einfachen Seele die Hoffnung auf die Endbeseligung Aller, und diese Hoffnung wiederum befestigte und mehrte ihre Liebe." [33] Nichts bleibt, wie es war, alles wird umgestaltet, alles einbezogen: „Reich Gottes" bedeutete die „Vergottung"[34] der ganzen Welt.

---

[31] Vgl. N. Berdiajew, Der Sinn der Geschichte. Versuch einer Philosophie des Menschengeschickes, 2. Aufl. Tübingen 1950, 280.

[32] Vgl. N. Berdiajew, Von der Bestimmung des Menschen. Versuch einer paradoxen Ethik, Bern/Leipzig 1935, zit. nach Staehelin VII, a.a.O., 49.

[33] St. Zankow, Das orthodoxe Christentum des Ostens. Sein Wesen und seine gegenwärtige Gestalt, Berlin 1928, 62.

[34] Ebd., 56ff.

36

Die Aussicht auf diese allumfassende Erlösung findet in der Orthodoxie ihren Ausdruck in der zentralen Bedeutung des Osterfestes. Der griechisch-orthodoxe Theologe Nikos A. Nissiotis sprach von der österlichen Freude als einem der Hauptelemente des Glaubens und bezeichnete „Freude" sowohl als Gefühl als auch als „tiefste Qualifikation des Glaubens und des Reiches Gottes".[35] Mit dieser Freude geht nach Nissiotis nicht selbstgenügsame Passivität, sondern konsequente Lebensänderung zusammen. Die Auferstehungsbotschaft sei die größte Macht, das Leben der Menschen gemäß der Würde zu gestalten, die in der Gottesebenbildlichkeit der Menschen wurzele. Insofern beruhe die Freude nicht in einer oberflächlich-optimistischen Grundhaltung, sondern sei als Osterfreude „Quelle der Freude im Leben in dieser Welt".[36]

Dieser Ansatz der Freude im Angesicht des kommenden Reiches Gottes bildet einen einladenden Beitrag und steht einer Auffassung gegenüber, die eine Sinnesänderung und gesellschaftliche Veränderungen, auf die die Reich-Gottes-Botschaft Jesu dringt, eher an eine Gemütsverfassung der Griesgrämigkeit bindet.

In besonderer Weise findet sich in der orthodoxen Theologie der Reich-Gottes-Begriff als Fokus, in dem das sakramentale Leben der Kirche und sozialethisches Engagement von Christen miteinander verbunden sind. So schreibt der rumänische orthodoxe Theologe Dan-Ilie Ciobotea:

„In diesem Sinne hat das Leben des Christen in der Kirche, das sich gründet auf das Verständnis der Kirche als Sakrament des Reiches Gottes oder als der Ort, an dem wir die Vorwegnahme dieses Reiches erfahren, nichts zu tun mit einer sektiererischen Flucht in die Eschatologie. Sie mißbraucht das geistliche Leben als Vorwand, um die Verantwortung für unsere Mitmenschen in der Welt zu vergessen. Echtes geistliches und sakramentales Leben führt uns zum sozialen Engagement, das auch als sakramentale oder mystische Wirklichkeit verstanden und erfahren wird, als Teilhabe am Geheimnis des gekreuzigten und auferstandenen Lebens Christi.

---

[35] N. A. Nissiotis, Die österliche Freude als doxologischer Ausdruck des Glaubens, in: Gottes Zukunft Zukunft der Welt, Festschrift für Jürgen Moltmann zum 60. Geburtstag, hg. v. H. Denser u. a., München 1986, 79.

[36] Vgl. a.a.O., 87f.

*Andererseits hilft uns ein richtiges Verständnis des Reiches Gottes,
alle Arten von Illusionismus und Totalitarismus im Blick auf die
Einheit der Menschheit zu vermeiden, in einer Welt, die nicht nur
durch die Gegenwart des Geistes Christi, sondern auch durch das
Unheil von Sünde und Tod, durch „Mächte und Gewalten" (Kol
2,15) gekennzeichnet ist. ... Darum ist die Einheit der Kirchen
eine Einheit in Spannung. Der Kampf der Christen für Frieden,
für Gerechtigkeit, für Befreiung von unterdrückerischen Strukturen muß als ein Kampf für die Einheit der Kirche als Sakrament
des Reiches Gottes in der Welt verstanden werden, als konkrete
Antwort auf den Geist des auferstandenen Christus."* [37]

Bis hierher sind Positionen aus dem Bereich der orthodoxen
Kirchen – wie üblich – allein aus europäischen Ländern zur
Geltung gekommen. Ohne die Frage beantworten zu wollen,
ob allein diese Voten für die Orthodoxie repräsentativ seien,
soll an dieser Stelle – ähnlich wie im Kapitel zur Römisch-Katholischen Kirche – eine Stimme aus der Dritten Welt zu
Gehör kommen. Der orthodoxe Christ Metropolit Geevarg-
hese Mar Osthatios aus Indien geißelte die weltweite Spaltung
in Arm und Reich, die von den (christlichen) Vertretern der
Industriestaaten vertieft worden ist, mit einer freien Umdichtung von Mt 25,42ff. wie folgt:

*„Ich war hungrig, und ihr habt gesagt ,Bevölkerungsexplosion';
ich war krank, und ihr habt Missionskrankenhäuser gebaut, wo
die Behandlung zu teuer für mich ist;
ich war nackt, und ihr habt teure Kleider hergestellt, die ich mir
nicht leisten kann;
ich war obdachlos, und ihr habt Paläste für euch selbst und ent-
würdigende Hütten für mich gebaut;
ich war zu unrecht im Gefängnis, und ihr habt um Menschenrechte für euch selbst gekämpft;
ich war durstig, und ihr habt Coca-Cola produziert, um meinen
Durst auszubeuten;
ich war ein Fremder, und ihr habt die Apartheid und das Ka-
stensystem gegen mich angewandt;*

---

[37] Vgl. Dan-Ilie Ciobotea, Die ekklesiologische Dimension sozialen Handelns, in: ÖR 36 (1987), 183-194, Zitat 191f.

oh Herr, ich bin müde, ich kann es nicht mehr länger ertragen;
oh Herr, gib mir Kraft, die Welt zu verändern. "[38]

Die Kirchen hätten – so Osthatios – in ihren Predigten vom
Gottesreich einen „gezähmten Christus" vorgestellt, der „unserem luxuriösen Lebensstil, dem gleichgültigen Spießbürger-
tum und dem eigensüchtigen Konfessionalismus kein Hindernis in den Weg stellt".[39] Osthatios kritisiert weiterhin ein be-
drohliches Auseinanderklaffen von sozialer Wirklichkeit und
sakramentalem Leben der Christen. Die Abendmahlsgemein-
schaft sei gespalten, wenn der Gegensatz zwischen Arm und
Reich in den Kirchen so groß sei, daß die einen in einer Struktur des Hungers, die anderen auf einem Hintergrund der
Übersättigung zum Tisch des Herrn kommen. Wenn sich an
diesem Hintergrund nichts ändere, habe Interkommunion
keine Bedeutung: „Die Kirche mit ihrer Klassenstruktur hat
kein Recht, gemeinsam zu kommunizieren".[40] Osthatios sieht
in der Perspektive des Reiches Gottes die Notwendigkeit,
Theologie nicht auf die Bedürfnisse einer reichen Mittel-
standskirche zurechtzustutzen, sondern den geschichtlichen
Ursachen der Verarmung der Dritten Welt ins Auge zu sehen
(einschließlich „christlicher" Beteiligung), die konkreten Barrieren zwischen Arm und Reich nicht durch eine oberflächli-
che Sakramentaltheologie zu überdecken, sondern auf Veränderungen zu zielen: „Die Reichen müssen einfacher leben,
damit die Armen einfach leben können".[41] Osthatios steht in
seiner Beachtung der Beziehung von Sakramenten und Ethik
in der Tradition orthodoxer Theologie; seine Rückbezüge auf
theologische Literatur erstrecken sich wesentlich auf reforma-
torische Autoren, sein Hauptansatz erwächst aus einer Perspektive, die im Bezugsfeld zwischen Wirklichkeit der Dritten
Welt und Theologietreiben im Horizont der Ökumene liegt.

---

[38] Vgl. M. Osthatios, Das Evangelium vom Reich Gottes und dem gekreuzigten und auferstandenen Herrn, in: Dein Reich komme. Bericht
der Weltkonferenz für Mission und Evangelisation in Melbourne 1980
(Hg. M. Lehmann-Habeck), Frankfurt/M. 1980, 98ff, Zitat 100. Im folgenden zitiert als „Dein Reich komme".
[39] Vgl. a.a.O., 98.
[40] Vgl. a.a.O., 100.
[41] Vgl. a.a.O., 109.

3.) Positionen im Bereich der Evangelischen Kirchen (mit
Schwerpunkt deutscher reformatorischer Ansätze)

Deutsche Theologie hat sich lange – mit welchem Recht auch immer – als Zentrum der Theologie betrachtet. Mit der Schwerpunktsetzung auf deutsche evangelische Ansätze zur Frage nach dem Reich Gottes soll diese Vorannahme nicht gespiegelt bzw. beibehalten werden. Die Eingrenzung, die hier vorgenommen wird, soll im nachfolgenden Abschnitt über kontextuelle Ansätze durch die Beachtung überwiegend protestantisch geprägter Positionen in anderen Ländern aufgebrochen werden.

Den Hintergrund, gegen den sich neue deutsche und schweizerische Ansätze im ersten Drittel des 20. Jahrhunderts profilierten, bildete die Reich-Gottes-Theologie von Albrecht Ritschl. Dieser hatte im Rahmen liberaler Theologie eine einflußreiche Position entwickelt, wonach es eine innerweltliche, aufsteigende Entwicklung des Reiches Gottes gebe. Mit scharfer Kirchenkritik gepaart betonte dieser Ansatz die Notwendigkeit für Christen, an der zunehmenden Verwirklichung des Reiches Gottes zu arbeiten. Mit Rückgriff auf Kant arbeitete Ritschl eine Ethik heraus, in der die christliche Gemeinde sich zu einer vollendeten sittlichen Gemeinschaft herausbilden sollte. Der auf das Diesseits und die Gegenwart ausgerichtete Reich-Gottes-Begriff von A. Ritschl hielt zwar an der letztendlichen Unverfügbarkeit des Reiches Gottes fest, stand aber in seiner Akzentuierung der durch Menschenkraft zu bewirkenden aufsteigenden Linie der Gottesherrschaft in augenfälliger Parallele zum politischen Fortschrittsoptimismus im Deutschland der 70er und 80er Jahre des 19. Jahrhunderts (Sieg über Frankreich, staatliche Einheit, wirtschaftlicher Aufschwung).

Gegen diesen Ansatz wandte sich im ausgehenden 19. und im beginnenden 20. Jahrhundert der Neutestamentler Johannes Weiß in seinem erstmals 1892 erschienenen, 1900 stark erweiterten Buch „Die Predigt Jesu vom Reich Gottes". In radikaler Entgegensetzung zu dem innerweltlichen, gegenwartsorientierten, auf die Aktivität der Menschen setzenden Ansatz von A. Ritschl arbeitete Weiß auf der Grundlage exegetischer Untersuchungen der Reich-Gottes-Verkündigung Jesu ein ganz anderes Verständnis heraus, auf das bis heute immer wieder zurückgegriffen wird: Ein Verständnis, daß es Gott allein sei, der Sein Reich herbeiführe, daß Jesus auf die nahe bevorstehende Herrschaft Gottes verwiesen habe, nicht aber auf eine gegenwärtige, langsam ansteigende Linie seiner Verwirklichung.

Drei Hauptpunkte charakterisieren den Ansatz von Johannes Weiß:

„1. Die Wirksamkeit Jesu ist beherrscht durch das starke und unbeirrte Gefühl, daß die messianische Zeit ganz nahe bevorsteht. Ja, er hat sogar Momente prophetischen Tiefblicks, in welchen er das jenem entgegenstehende Reich des Satans bereits im wesentlichen als besiegt und gebrochen erkennt, und dann spricht er in kühnem Glauben von einem bereits wirklichen Angebrochensein des Reiches Gottes.

2. Im Allgemeinen aber steht die Verwirklichung des Reiches Gottes noch aus. Insbesondere liegt es Jesus ganz fern, eine vorläufige Verwirklichung der Herrschaft Gottes in der neuen Frömmigkeit des Jüngerkreises zu erkennen, wie denn überhaupt zwei Stadien, ein vorläufiges und das Reich der Vollendung, von ihm nicht unterschieden werden. Die Jünger sollen beten, daß das Reich komme; herstellen können Menschen es überhaupt nicht.

3. Auch Jesus kann das Reich Gottes nicht herbeiführen, gründen, stiften; das kann nur Gott. Gott selbst muß die Herrschaft ergreifen.“ [42]

Der Ansatz von Johannes Weiß, der gemeinhin als „konsequente Eschatologie" bezeichnet wird, insistierte auf der Unverfügbarkeit des Reiches Gottes und verwahrte sich gegen die Vorstellung, daß das Reich Gottes am Endpunkt einer irdischen Entwicklung stehe, die dann nur dieser letzten Generation zugutekommen könne. Der Gedanke eines vollendeten Reiches Gottes auf Erden sei – so Weiß – *„ein Grenzbegriff, ein Ideal, welcher uns vorgehalten wird, und dem wir nachtrachten müssen, wenn wir auch überzeugt sind, daß wir es nie erreichen, sondern immer nur in der Annäherung bleiben werden".* [43] In diesem Sinne ließ Weiß im Rahmen seiner Grundannahme eines

---

[42] Vgl. J. Weiß, Die Predigt Jesu vom Reich Gottes, 1. Aufl. 1892, hier zitiert nach der 3. Aufl. Göttingen 1964, 241.

[43] Vgl. J. Weiß, Idee des Reiches Gottes in der Theologie, Gießen 1901, 152.

eschatologisch ausgerichteten Reich-Gottes-Begriffes Raum
für die ethische Forderung auf eine „sittliche Arbeit".

Albert Schweitzer nahm die Linie von Johannes Weiß auf,
betonte aber nicht nur die Unverfügbarkeit von „Reich
Gottes", sondern auch die Unmöglichkeit, sich von Jesus ein
klares Bild machen zu können: *„Der Jesus von Nazareth, der als
Messias auftrat, die Sittlichkeit des Gottesreiches verkündete, das
Himmelreich auf Erden gründete und starb, um seinem Werk die
Weihe zu geben, hat nie existiert".*[44] Dieser oft zitierte Satz
Schweitzers wandte sich im Rahmen einer Interimsethik gegen
jegliche zeitgeschichtlich-theologische Vereinnahmung von
Jesus, der „immer etwas Fremdes und Rätselhaftes" behalten
müsse.[45] Diese Grundannahme stand mit einem anderen – weniger bekannten – Gedanken von Schweitzer in enger Verbindung. Auch die Botschaft Jesu sei gebunden an seine Zeit, an
den Rahmen spätjüdischer Metaphysik[46], innerhalb derer er
seine Verkündigung formuliert. Einen geeigneten Verstehensansatz sah Schweitzer nicht darin, das Neue Testament
nach bleibend Wahrem und vergänglich Temporärem zu
durchforsten, sondern eine „Übertragung des Urgedankens"[47]
in unsere Begriffe zu versuchen. Im Blick auf die Reich-
Gottes-Predigt Jesu sah Schweitzer nun nicht die Haupt-
schwierigkeit in einer intellektuell-theologischen Anstren-
gung, das Fremdartige dieser Botschaft Jesu zu erkennen. Den
entscheidenden Grund für Schwierigkeiten, das Zentrum der
Reich-Gottes-Botschaft Jesu zu erkennen, sah er vielmehr
darin, daß in der gegenwärtigen Zeit die „Resonanz" auf den
ethischen Enthusiasmus Jesu fehle: *„Es fehlte ihnen die starke
Ausprägung des Wollens und Hoffens auf die sittliche Endvollendung der Welt, die für Jesus und seine Weltanschauung entscheidend sind".*[48] Schweitzer sieht in diesem Mangel an Resonanz
die Schwäche der theologischen Ethiken der vergangenen
Jahrzehnte, in denen der lebendige Mensch Jesus auf einen
Offenbarer oder ein Symbol reduziert worden sei.

---

[44] A. Schweitzer, Geschichte der Leben-Jesu-Forschung, 2. neu bearbeitete und vermehrte Auflage des Werkes „Von Reimarus zu Wrede", Tübingen 1913, 631.
[45] Vgl. a.a.O., 631.
[46] Vgl. a.a.O., 635.
[47] Ebd.
[48] Vgl. a.a.O., 636.

Eine Zeit hat – nach Schweitzer – also nur so viel wirkliche und lebendige Beziehung zu Jesus, als sie in dem Material ihrer Vorstellungen ethisch-eschatologisch denkt und in ihrer Weltanschauung die Äquivalente des bei ihm im Vordergrunde stehenden Wollens und Hoffens aufzuweisen hat, d. h. von den Gedanken beherrscht ist, die denen entsprechen, die sich in Jesu Begriff des Reiches Gottes finden.[49]

Die Preisgabe der von Schweitzer geforderten „ethischen Eschatologie"[50] räche sich in einem Stillstand der Kultur, in einem Mangel an ethischen Energien. Kultur und Religion bewegten sich durch diese Preisgabe „innerhalb der Parkmauern nationaler und konfessioneller Ideale, statt den Blick auf die Welt gerichtet zu halten".[51] Schweitzer plädiert für eine Ausrichtung der christlichen Religion auf eine wahre Humanität und sieht dafür (wie für das Verstehen Jesu selber) als Kern den Glauben an das Reich Gottes. So klar wie Schweitzer eine Angleichung der Person und der Verkündigung Jesu an zeitgenössische Theologie ablehnt, so deutlich plädiert er für ein „wahrhaftiges und freies Verhältnis zum historischen Jesus".[52] Da sich unser „Vorstellungsmaterial", wie Schweitzer sagt, bzw. unsere Wirklichkeit gegenüber der Zeit Jesu verschoben habe, sei es gerade um eines elementaren Verständnisses von „Reich Gottes" willen notwendig, die verschiedenen Ansatzpunkte nebeneinander – heute würde man sagen: komplementär – bestehen zu lassen: *Nur darauf kommt es an, daß wir den Gedanken des durch sittliche Arbeit zu schaffenden Reiches mit derselben Vehemenz denken, mit der er [Jesus] den von göttlicher Intervention zu erwartenden in sich bewegte, und miteinander wissen, daß wir imstande sein müssen, alles dafür herzugeben*.[53] Die Erkenntnis des Wollens Jesu laufe wesentlich über den Gehorsam der Nachfolge.[54]

---

[49] Vgl. a.a.O., 637.
[50] Vgl. a.a.O., 638.
[51] Vgl. a.a.O., 637.
[52] Vgl. a.a.O., 640.
[53] Vgl. a.a.O., 639.
[54] Vgl. hierzu den Schluß des Buches von A. Schweitzer, a.a.O., 642: „Und denjenigen, welche ihm gehorchen, Weisen und Unweisen, wird er sich offenbaren in dem, was sie in seiner Gemeinschaft in Frieden, Wirken, Kämpfen und Leiden erleben dürfen, und als ein unaussprechliches Geheimnis werden sie erfahren, wer er ist."

Die Bedeutung von Albert Schweitzer ist durch verharmlosende Bilder eines freundlichen, leicht antiquiert aussehenden „Urwalddoktors" überdeckt. Für die Frage der Barrieren („Resonanz" fehlt, Einigeln in „Parkmauern nationaler und konfessioneller Ideale"), wie für freie, mutige, radikale Ansätze im Verständnis des Reiches Gottes sind die Potenzen Schweitzers neu aufzudecken. Dazu gehört, daß er selber mit seinem Entschluß, sich nicht mit einer gut bezahlten Anstellung im theologischen Wissenschaftsbetrieb zufriedenzugeben, sondern sich dort zu engagieren, wo die Armut am größten war, ein Beispiel gegeben hat für die konkrete Umsetzung theologischer Erkenntnisse zum „Reich Gottes" im Kontext seiner Zeit.

Was Schweitzer im theologischen Diskurs und in biographischer Entscheidung unterstrichen hatte, wurde in ganz anderer Form durch den Ersten Weltkrieg allgemein offenbar. Die Träume liberaler Theologie, „Reich Gottes" im Rahmen des Kulturprotestantismus des Kaiserreiches zunehmend durchzusetzen, wurden schon am Ende des 19. Jahrhunderts gebrochen. In der Zeit nach dem Ersten Weltkrieg wurden Ansätze entwickelt, die das Reich Gottes als das „ganz Andere" gegenüber menschlichen Erfahrungen und Entwicklungen qualifizierten oder die Reich Gottes nur in der Innerlichkeit und Privatheit des Einzelnen sahen. Diese Zeit erlebte aber auch insgesamt einen allgemeinen Aufschwung von Reich-Gottes-Hoffnung, der zu einer vielfältigen, intensiven Beschäftigung mit dem Begriff und der Sache führte. Dies betraf nicht nur die wissenschaftliche Literatur, sondern auch Theologiestudenten. Heinz-Dietrich Wendland, geb. 1900, sagte rückblickend in einem Interview auf die Frage nach der öffentlichen Resonanz des Wortes „Reich Gottes" in den 20er Jahren:

„Also, die Reich-Gottes-Verkündigung Jesu stand ja für uns damals im Mittelpunkt des Forschens und Bemühens. Ich war sehr stark beeinflußt von Johannes Weiß ‚Die Predigt Jesu vom Reich Gottes', der ja zum ersten Mal den eschatologischen Charakter der Basileia-Verkündigung Jesu herausgearbeitet hat. Und dieses Buch hatte also auf mein Denken eine ungeheure Wirkung, als ich ein junger Student von 21 Jahren war und dies Buch zum ersten Mal in die Hand bekam. Es war ja in zweiter Auflage 1900 erschienen, das war schon zwei Jahrzehnte alt; aber diese Fragestellung

von Johannes Weiss und natürlich Albert Schweitzer – den darf man in diesem Zusammenhang keineswegs vergessen – hatte also die Frage der eschatologischen Reichsverkündigung gerade zu einem Brennpunkt der Theologie gemacht. Und mein erstes Referat, das ich im Seminar von Adolf Deißmann, des Berliner Neutestamentlers, gehalten habe, hatte zum Thema „Gegenwärtigkeit und Zukünftigkeit in der Reichsverkündigung Jesu". Und meine Freunde, meine Studiengenossen, waren von diesem Thema ebenso bewegt und beherrscht wie ich selbst." [55]

Wir werden auf Heinz-Dietrich Wendland, der nach seinem regen Interesse als Student die Beschäftigung mit der Frage nach dem Reich Gottes zu seiner Lebensaufgabe machte und dabei Höhen und Tiefen der Zeit und tiefgreifende Veränderungen seines Ansatzes durchlief, noch verschiedentlich zurückkommen.

Mit einer kantigen Theologie trat zu Beginn der 20er Jahre eine Reihe von jungen Gelehrten an die Öffentlichkeit, die von einer tiefen Enttäuschung gegenüber der von ihnen als anpasslerisch und brüchig erlebten liberalen Theologie geprägt waren, deren optimistischer Fortschrittspathos endgültig mit dem Schrecken des Ersten Weltkrieges zu Grabe getragen worden war. Gegen die Erwartungen der liberalen Theologie, gegen einen vom Idealismus, von der Religionsgeschichte und einer historisch-kritischen Theologie getragenen Ansatz setzten sie die Unvermitteltheit von Gott und Welt. Gegen eine Inanspruchnahme Gottes durch alle kriegführenden Mächte betonten sie offenbarungstheologisch das „ganz Andere" Gottes. Im Rahmen des Ringens um einen neuen Ansatz, der bald „Dialektische Theologie" genannt werden sollte, arbeiteten der Lutheraner Friedrich Gogarten und der Reformierte Karl Barth ein neues Verständnis von „Reich Gottes" heraus, das streng eschatologisch ausgerichtet war, aber in absoluter Scheidung von Eschatologie und Geschichte jegliche Verbindung zwischen innerweltlichen Entwicklungen und Gott verwarf. So schrieb Karl Barth in der berühmt gewordenen zweiten Auflage seines Römerbriefkommentars von 1922: *„Wo das Reich Gottes im ‚organischen Wachsen' oder ehrlicher, aber noch*

---

[55] Wörtlicher Ausschnitt aus einem Interview des Verfassers mit H.-D. Wendland im Dezember 1985.

anmaßender gesagt: im ‚Bau' gesehen wird, da ist's nicht das Reich Gottes, sondern der Turm zu Babel".[56] Im Bewußtsein umfassender, nicht abgeschlossener Veränderungen in der ersten Hälfte der zwanziger Jahre, – treffend mit „Zwischen den Zeiten" bezeichnet, – arbeiteten diese Pastoren, die bald einflußreiche Professoren wurden, an einem neuen Ansatz, bei dem Gott und Mensch, Zeit und Ewigkeit schroff einander gegenübergestellt wurden.

So formulierte Friedrich Gogarten in einem persönlichen Brief, „daß der Glaube an das Reich Gottes nicht starr erfolgt in der Absicht, mit seiner Kraft eine Verwandlung der empirischen Gemeinschaft in die Gemeinschaft des Reiches Gottes zu bewirken, sondern mit diesem Glauben ist das Ausgeschlossensein der empirischen Gemeinschaft von der absoluten des Reiches Gottes gesetzt."[57]

Und Karl Barth schrieb: „Gottes Reich, Gottes Herrschafts- und Machtbereich ist die neue Welt, auf deren Schwelle wir als neue Menschen stehen. Er selbst, er allein ist's, der hier will und wählt, schafft und erlöst." An anderer Stelle betonte er im Zusammenhang mit der Frage von Gerechtigkeit vor Gott und Glauben an Christus in Röm. 3,21 f.: „Keine Vermählung und Verschmelzung zwischen Gott und Mensch findet hier statt, kein Aufschwung des Menschen ins Göttliche und keine Ergießung Gottes ins menschliche Wesen, sondern, was uns in Jesus dem Christus berührt, indem es uns nicht berührt, das ist das Reich Gottes, des Schöpfers und Erlösers. Es ist aktuell geworden. Es ist nahe herbeigekommen."[58]

Die auf innere und äußere Gegensätzlichkeit zielenden, z. T. hoch gestochenen Sätze von Karl Barth, Friedrich Gogarten und Emil Brunner wirkten wie der Abgesang auf eine alte Zeit.

Sie waren eine notwendige Mahnung, weltliche Vorstellungen und Ziele nicht mit dem ganz Anderen Gottes zu identifizieren. Und dieser Ansatz sollte ethisch und politisch Konsequenzen haben. Neue Anhänger mußten indes erst gewonnen

---

[56] Vgl. K. Barth, Der Römerbrief, 2. Abdruck der 2. Aufl. München 1923, 417.
[57] Vgl. Brief Gogarten an Griesebach vom 19.10.1921, zit. nach M. Kroeger, Friedrich Gogarten. Leben und Werk in zeitgeschichtlicher Perspektive, Bd. 1, Stuttgart 1997, 274f.
[58] Vgl. K. Barth, a.a.O., 6.

werden – durch Publikationen und Vortragsreisen. Und die Zielvorstellungen der Genannten gingen – nach einem ähnlichen Beginn – bald so weit auseinander, daß die Bezeichnung „Dialektische Theologie" oft nur eine äußere Klammer bildete.

Es gab auch andere, zahlenmäßig wesentlich umfangreichere Reaktionen auf die neue Zeit. Diese waren gekennzeichnet durch Rückzugstendenzen nach der Erschütterung des Ersten Weltkrieges, der als Schmach empfundenen Niederlage 1918 und dem als Unrecht angesehenen Friedensvertrag von Versailles 1919. Aus der Trotzhaltung in weiten Teilen des deutschen Protestantismus, die sich mit der neuen Lage einer oktroyierten Demokratie nicht abfinden wollten und im Blick auf Kaiserreich und Kirche das Lied „Das Reich muß uns doch bleiben" anstimmten, wurde im Laufe der 20er Jahre ein Rückzug in die Innerlichkeit. Diese Position, die vor allem im konfessionellen Luthertum ausgeprägt war, kam in einem Beitrag des lutherischen Theologen und sächsischen Bischofs Ludwig Ihmels zur Geltung. Die von Ihmels formulierten Leitsätze, die von der Allgemeinen Evangelisch-Lutherischen Konferenz (Engeren Konferenz) übernommen wurden und damit einen offiziösen Status erhielten, warnten vor einem evolutionären Reich-Gottes-Verständnis und vor der Annahme, das Reich Gottes könne durch menschliche Aktivitäten herbeigeführt werden. So hieß es in diesem Text, es sei *„nichts als Schwärmerei, von einer vollendeten Durchsetzung des Reiches Gottes in dieser Weltzeit zu träumen. Vollends wäre es geradezu widerchristlich, die Endvollendung des Reich Gottes aus dem gegenwärtigen Bestand auf dem Wege immanenter Entwicklung erwachsen zu lassen".*[59]

Soweit hätten, z. T. in anderer Terminologie, Barth und Gogarten folgen können. Die weiteren Begründungen zeigten die Spezifik dieses konfessionell-lutherischen Ansatzes. Diese bestand darin, die politischen und gesellschaftlichen Strukturen als „natürliche Gottesordnungen" (563) anzusehen, denen eine von Gott zugedachte „Eigengesetzlichkeit" eigne. Diese

---

[59] Vgl. L. Ihmels, Gottes Reich und das Gemeinschaftsleben innerhalb der natürlichen Lebensordnungen, in: Pastoralblätter 67 (1925), 562-565, Zitat 564. Die folgenden im Text eingeklammerten Seitenzahlen beziehen sich auf diesen Aufsatz.

Grundannahme der „Eigengesetzlichkeit der Schöpfungsordnungen" führte zu einer Überhöhung z. B. der dominanten wirtschaftlichen Strukturen, die – so Ihmels – der Gesamtheit am besten dienten, wenn sie den ihr immanenten Gesetzen des Gewinnstrebens folgten (563f.). Die Warnung vor illusionärer Weltverbesserung, die auf dem Hintergrund einer theologisch berechtigten Kritik an einem aktionistischen Verständnis von „Reich Gottes" ansetzte, erwies sich als eine Warnung vor gesellschaftspolitischen Aktivitäten der Kirche überhaupt. Der Rückzug auf eine Innerlichkeit wurde verbunden mit einer Tendenz, den sozioökonomischen Bereich von der Kirche abzuspalten und das öffentliche Leben unter der Maßgabe einer Eigengesetzlichkeit der Schöpfungsordnungen sich selbst zu überlassen, und das heißt den ohnehin dominanten Kräften in der Gesellschaft. Man hatte damit eine Tendenz der Verinnerlichung im Reich-Gottes-Verständnis gestärkt, die schon bei Luther bemerkbar und in seinem Kampf gegen die aufständischen Bauern und gegen den „Schwarmgeist" Thomas Müntzer einen besonderen Anlaß und Profil erhalten hatte.

Die seit der Jahrhundertwende auf die Innerlichkeit verengte Auffassung von „Reich Gottes" erhielt im konfessionellen Luthertum Ende der 20er/Anfang der 30er Jahre dieses Jahrhunderts eine besondere und gefährliche Zuspitzung in der sogenannten „Zwei-Reiche-Lehre". Hier wurde die von Luther begründete Unterscheidung – aber nicht vollständige Trennung – vom Reich der Kirche und Reich der Welt in einer Theorie weitergeführt, die einer vollständigen Ablösung der Welt von der Kirche gleichkam mit dem besonderen Akzent, daß sich die Kirche nicht um die Zustände dieses weltlichen Bereiches zu kümmern habe. Diese Auffassung, die sich zu Unrecht, aber wirkungsmächtig auf Luther berief (der in seiner Zeit zu sozialen und politischen Fragen wiederholt und scharf öffentlich Stellung bezogen hat), begünstigte eine Haltung im Luthertum, die mit vermeintlich guten Gründen zu einer Abstinenz in öffentlichen Fragen führte. Damit konnte die „Zwei-Reiche-Lehre" dazu benutzt werden, sich mit einer Binnensicht auf die eigenen kirchlichen Belange auch dann zu bescheiden, wenn – wie im Nationalsozialismus – staatliche Strukturen die Unterdrückung und Ermordung ganzer Teile der Bevölkerung bewirkten. Die Theorie von der „Eigenge-

setzlichkeit der Schöpfungsordnungen" bildete die Eintritts-
pforte für eine so verstandene Zwei-Reiche-Lehre.

Eine dritte Strömung im deutschen Protestantismus der
20er Jahre kann im Bereich von Theologen wie H. D. Wendland und Paul Tillich gesehen werden. Wendland wandte sich
– wie auch die dialektischen Theologen und die konfessionellen Lutheraner – von einer Deutung des Reiches Gottes als in-
nerweltlicher Gemeinschaft ab. Mit dieser in der damaligen
Theologie Deutschlands vorherrschenden Abgrenzung war für
Wendland allerdings nicht die Frage erledigt, ob es nicht einen
anderen, eschatologisch begründeten Bezug des Reiches
Gottes zur Gegenwärtigkeit gebe. Ohne „die Revolution des
radikalen Eschatologismus"[60] verwässern zu wollen, sondern
gerade in konsequenter Weiterführung dieses Ansatzes („Wir
können nicht hinter die eschatologische Auffassung zurück.
Aber vielleicht können wir noch weiter vorwärtsdringen"[61]),
gelangte Wendland zu einem Verständnis von „Reich Gottes",
das eine stärkere Gegenwartsbedeutung gewann. Dafür wurde
der lineare Zeitbegriff, wonach das Reich Gottes erst am Ende
aller Zeiten steht, erweitert durch die Überzeitlichkeit: „Das
Reich Gottes ist nicht nur als das kommende Reich, sondern
zugleich als das ewige Reich bezeichnet, das von Ewigkeit her
da ist. Wir können daher zugespitzt von der Präexistenz des
Reiches Gottes sprechen".[62] Diese überzeitliche, damit auch
für die Gegenwart bedeutsame Komponente im Reich-Gottes-
Begriff wurde von Wendland auf die Ethik bezogen. Christliche Ethik sei demnach immer nur Interimsethik: „Denn diese
Welt und dies Leben sind ein Interim zwischen Schöpfung
und Vollendung, ein Zwischenzustand von Gott her gesehen".[63] Die Verkündung der kommenden Gottesherrschaft
werde zum Schlüssel für die – auch gegenwärtige – Botschaft
vom Willen Gottes.[64]

---

[60] H.-D. Wendland, Die Eschatologie des Reiches Gottes bei Jesus. Eine
Studie über den Zusammenhang von Eschatologie, Ethik und Kirchenproblem, Gütersloh 1931, 28.
[61] Vgl. a.a.O., 29.
[62] Vgl. a.a.O., 33.
[63] Vgl. a.a.O., 105.
[64] Vgl. a.a.O., 133.

Wendland verknüpfte damit den eschatologisch verstandenen Reich-Gottes-Begriff mit der Ethik und spitzte ihn zu einem zentralen theologischen Kriterium für gegenwärtige sozialethische Fragen zu. Der Hinweis, daß die Gegenwart des Reiches nicht vom Menschen, sondern nur von Gott aus gedeutet werden könne, war für Wendland unabdingbare Voraussetzung, um den eschatologischen – dem Menschen und seiner vermeintlich in ihm liegenden ethischen Wertordnung unverfügbaren – Grundcharakter des Reiches Gottes zu wahren. Hierbei widersprach die Notwendigkeit ethischen Verhaltens und Entscheidens des Menschen nicht der Grundannahme des Reiches als *Gottes* Reich; vielmehr enthob es den Menschen nicht des konkreten Tuns, so wie Wendlands Lehrer Deißmann von der notwendigen „Reaktion" auf Gottes „Aktion" sprach. Durch die Bipolarität von Endzeitlichem und Überzeitlichem im Begriff des Reiches konnte Wendland ein Verständnis von Ethik formulieren, das nicht zu einer Abwertung der zeitlichen Probleme im Lichte einer allein wichtigen Endzeit führte, sondern in der überzeitlichen – und damit gegenwärtigen – Dimension des Reiches Gottes Ausgangspunkt für eine auf die Situation, auf das Interim, zugeschnittene Ethik christlicher Kirche wurde.

Mit diesen drei Strömungen aus dem Bereich der reformatorischen Kirchen sind nur zahlenmäßig dominante Tendenzen im deutschen Protestantismus erfaßt. Positionen unkonventioneller Theologen wie Friedrich Siegmund-Schultze oder die herausragende Gestalt von Dietrich Bonhoeffer sind hier schwierig einzuordnen. Siegmund-Schultze (über den an anderer Stelle nachzulesen ist)[65] war ein einflußreicher, von der Kirche ungeliebter Theologe, der nach seiner Exilierung ab 1933 vom deutschen Protestantismus vergessen wurde. D. Bonhoeffer war ebenfalls einflußreich in kleinen Kreisen des damaligen Protestantismus und anerkannt im Ausland. Seine Wertschätzung als Exponent reformatorischen Christentums setzte sich in Deutschland erst nach dem verlorenen Zweiten Weltkrieg durch.

---

[65] Vgl. F. Siegmund-Schultze, Friedenskirche, Kaffeeklappe und die ökumenische Vision. Texte 1910-1969, hg. v. W. Grünberg in Zusammenarbeit mit E. Hesse, H. Gressel, K. Rehbein, T. Schweda und W. Weiße, München 1990.

Bonhoeffers Verständnis von „Reich Gottes" war durch eine Ablehnung einer überzeitlichen Botschaft der Kirche bestimmt und auf konkrete Parteinahme für die unter die Räder Gekommenen gerichtet: *„Die Kirche muß hier und jetzt aus der Kenntnis der Sache heraus in konkretester Weise das Wort Gottes, das Wort der Vollmacht sagen können oder sie sagt etwas anderes, menschliches, ein Wort der Ohnmacht. Die Kirche darf also keine Prinzipien verkündigen, die immer wahr sind, sondern nur Gebote, die heute wahr sind. Denn was ,immer' wahr ist, ist gerade ,heute' nicht wahr. Gott ist uns ,immer' gerade ,heute' Gott. ... Offenbar wird Evangelium wie Gebot nur in Vollmacht verkündigt, wo es ganz konkret gesprochen wird. Sonst bleibt es im allgemein Bekannten, im Menschlichen, im Ohnmächtigen, in der Lüge."* [66] Von hier aus kam der „Lutheraner" Bonhoeffer ebenso wie von ganz anderer Ausgangsposition der „Reformierte" Barth bereits in den ersten Jahren der nationalsozialistischen Herrschaft zu einem klaren „Nein". Das „Dritte Reich" wurde von beiden – anders als von vielen anderen Christen, die eine enge Verbindung zwischen „Reich Gottes" und Drittem Reich sahen – als widergöttliches System aufgefaßt, das öffentlich anzuprangern sei.

Dies geschah in der sog. Barmer Theologischen Erklärung vom Mai 1934. Für unser Thema ist besonders die These 5 dieser Erklärung wichtig, die im folgenden wörtlich wiedergegeben sei.

„Fürchtet Gott, ehret den König!' (1. Petr. 2,17).

Die Schrift sagt uns, daß der Staat nach göttlicher Anordnung die Aufgabe hat, in der noch nicht erlösten Welt, in der auch die Kirche steht, nach dem Maße menschlicher Einsicht und menschlichen Vermögens unter Androhung und Ausübung von Gewalt für Recht und Frieden zu sorgen. Die Kirche erkennt in Dank und Ehrfurcht gegen Gott die Wohltat dieser seiner Anordnungen an. Sie erinnert an Gottes Reich, an Gottes Gebot und Gerechtigkeit und damit an die Verantwortung der Regierenden und Regierten. Sie vertraut und gehorcht der Kraft des Wortes, durch das Gott alle Dinge trägt.

---

[66] Vgl. D. Bonhoeffer, Zur theologischen Begründung der Weltbundarbeit, in: ders., Gesammelte Schriften, Bd. 1, Ökumene, München 1978, 140ff., Zitat 145.

Wir verwerfen die falsche Lehre, als sollte der Staat über seinen besonderen Auftrag hinaus die einzige und totale Ordnung menschlichen Lebens werden und also auch die Bestimmung der Kirche erfüllen.

Wir verwerfen die falsche Lehre, als solle und könne sich die Kirche über ihren besonderen Auftrag hinaus staatliche Art, staatliche Aufgaben und staatliche Würde aneignen und damit selbst zu einem Organ des Staates werden."[67]

Nach dem Zweiten Weltkrieg kam es im Bereich des deutschen Protestantismus zu keiner wesentlichen Erstarkung des Reich-Gottes-Gedankens. Einzelne Ansätze wurden angestoßen durch die ökumenische „Theologie der Revolution", zu der es auf deutscher Seite sowohl starke Befürworter als auch eine Formierung von Abwehr gab. Ebenso durch die ökumenische Diskussion wurde in Deutschland eine Diskussion und ein Studienprozeß zur Frage der Armen als vorrangige Adressaten des Reiches Gottes angeregt. Seit Jahrzehnten gibt es in der bundesrepublikanischen Theologie mit Jürgen Moltmann einen zentralen Exponenten, der sich – ausgehend von Blochs Prinzip Hoffnung – zentral mit der Thematik von Hoffnung und „Reich Gottes" befaßt. Zu diesen einzelnen Ansätzen seien im folgenden einige kurze Hinweise gegeben.

Im Rahmen der ökumenischen Debatte über das Anliegen einer Theologie der Revolution[68] gehörte Heinz Dietrich Wendland zu den wenigen deutschen Theologen, die das Anliegen Mitte der 60er Jahre teilten, das Themenfeld von Revolutionen theologisch aufzunehmen. Auf der Genfer Welt-Konferenz des ÖRK 1966 zum Thema Kirche und Gesellschaft faßte er sein zur Thematik „Kirche und Revolution" gehaltenes Referat so zusammen: *„Wir haben versucht zu sagen, daß die Revolution des Reiches Gottes, die von oben her in Christus, in Gestalt der Kirche in die Menschheitsgeschichte eingegriffen hat, sich sehr wohl mit der menschlichen Revolution von unten her zu verbinden vermag, und daß diese Synthese, diese Verbindung*

---

[67] Vgl. K. Kupisch (Hg.), Quellen zur Geschichte des deutschen Protestantismus 1871-1945, München/Hamburg 1960, 276f.
[68] Siehe dazu näheres unten im Abschnitt über Reich Gottes und ökumenische Dialoge.

die weltgeschichtliche Forderung der Stunde an uns Christen sei".[69] Mit dieser Formulierung war Wendland – immerhin schon im Pensionärsalter – ein großes Stück weitergegangen als je zuvor. Auf die Frage, durch welchen Zugang sich ihm der Blick geöffnet habe für die aus deutscher Perspektive nicht eben gewöhnliche Einschätzung revolutionärer Vorgänge, antwortete er:

„Ich möchte meinen, daß der Glaube und die Erwartung des Reiches Gottes mir überhaupt erst den Blick geöffnet haben für die Notwendigkeit revolutionärer Vorgänge in der Menschheitsgeschichte und für die Zertrümmerung überständig gewordener, ungerecht gewordener, gewalttätig gewordener Herrschaftssysteme. Ich kann nicht erklären, wie das in mir vor sich gegangen ist, aber der Lichtstrahl vom Reich Gottes her, der macht mir klar, daß die Kirche für die Schlechtweggekommenen eine Kirche für die Unterdrückten, für die Unfreien sein müßte. Und von daher gewann ich auch das Verständnis, daß Menschen in der Weltgeschichte Revolution gemacht haben, um zur Freiheit, wenn auch nur höchst relativer Freiheit, zu gelangen. (Frage: Und doch geht Ihre Identifikation mit dem Anliegen der Unterdrückten einher mit einer Unterscheidung von „Reich Gottes" und Revolution?) *Ja, weil das Reich Gottes nie mit irgendwelchen menschlichen und weltgeschichtlichen Ereignissen, Mächten und Institutionen identifiziert werden kann und ich altmodisch an der Transzendenz des Reiches Gottes festhalte."*[70]

Trotz dieser und anderer Differenzierungen ging einer Gruppe von Christen in Deutschland diese Tendenz zu weit. Die Kirche stehe in der größten Gefahr seit der gnostischen Irrlehre im zweiten Jahrhundert: „Nichts geringeres droht, als der Verlust des Himmels, der Ewigkeit, ja Gottes selbst für den Glauben", so formulierten deutsche Evangelikale 1974 und kritisierten auf dem Hintergrund eines wenig ausgebildeten, offensichtlich jenseitig-eschatologischen Verständnisses von „Reich Gottes": *„Die ökumenische Leitidee gipfelt heute in der ‚utopischen Vision' (Wunschbild) einer mit vereinten menschli-*

[69] H.-D. Wendland, Kirche und Revolution, in: Appell an die Kirchen der Welt. Dokumente der Weltkonferenz für Kirche und Gesellschaft, hg. v. ÖRK, 3. Aufl. Stuttgart/Berlin 1968, 90.
[70] Wendland im Dezember 1985 in einem Interview mit dem Verfasser.

chen Kräften zu schaffenden Weltfriedensgemeinschaft aller Rassen, Religionen und Ideologien. Sie verkennt damit die heilsgeschichtlichen Aussagen über das Kommen des Reiches Gottes. Eine weltverhaftete Kirche, die diese Gabe der Wiederkunft Christi eigenmächtig vorwegnehmen will, wird dem Antichrist den Weg bahnen. Jesus lehrt uns zu unterscheiden: So gebet dem Kaiser, was des Kaisers ist, und Gott, was Gottes ist! (Mark. 12,17). Mein Reich ist nicht von dieser Welt. Wäre mein Reich von dieser Welt, meine Diener würden darum kämpfen ... (Joh. 18,36)."[71]

Die Kontroverse zwischen ökumenisch orientierten und „evangelikalen" Christen hat sich weiter fortgesetzt. Die Stärke der Evangelikalen bestand dabei weniger darin, ein tragfähiges lebendiges Verständnis von „Reich Gottes" herauszuarbeiten, sondern gegen ein einseitiges, auf das Diesseits bezogenes Reich-Gottes-Verständnis anzugehen.

Die Weltmissionskonferenz in Melbourne 1980 (siehe unten) führte im deutschen Bereich zu der Einsicht, daß Theologie und Kirche an einer Verständnisblockade hinsichtlich des Reiches Gottes leiden. Ein umfassender Studienprozeß ist in den 80er Jahren vom Theologischen Ausschuß der Evangelischen Kirche der Union im damals zweigeteilten Deutschland in die Wege geleitet worden, der mit einem beachtlichen Votum abgeschlossen wurde.[72] Der Vorsitzende dieses Theologischen Ausschusses, Eberhard Jüngel von der Universität Tübingen, forderte in einer Grundsatzrede zu Recht dazu auf, angesichts der großen Defizite ganz neu nach der Bedeutung der Reich-Gottes-Erwartung zu fragen: „Wenn irgendwo, dann sind wir heute im Blick auf die Erwartung des Reiches Gottes, dann sind wir im Blick auf die Reich-Gottes-Hoffnung und die ihr entsprechende menschliche ‚Reich-Gottes-Arbeit' auf die Anfänge des Verstehens zurückgeworfen. Theologie und Kirche sind in dieser Sache sozusagen in die Elementar-Schule zurückversetzt."[73]

---

[71] Vgl. Berliner Ökumene-Erklärung 1974 „Freiheit und Gemeinschaft in Christus", in: W. Künneth/P. Beyerhaus (Hg.), Reich Gottes oder Weltgemeinschaft? Die Berliner Ökumene-Erklärung zur utopischen Vision des Weltkirchenrates, Bad Liebenzell 1975, 16ff, Zitat 31.

[72] Vgl. Die Bedeutung der Reich-Gottes-Erwartung für das Zeugnis der christlichen Gemeinde, hg. v. Theologischen Ausschuß der Ev. Kirche der Union, Neukirchen-Vluyn 1986.

Primus dieser „Schule im Aufbau" ist seit langer Zeit Jürgen Moltmann, der in vielen Publikationen, angefangen von seiner „Theologie der Hoffnung" aus dem Jahre 1964 bis hin zu seinem neuesten Buch „Das Kommen Gottes" von 1995 der Frage nach dem Reich Gottes im Rahmen christlicher Eschatologie und jüdischer wie christlich geprägter Hoffnung nachgeht.[74]

II. KONTEXTUELLE ANSÄTZE: „REICH GOTTES" ALS BEFREIUNG

In dem Durchgang durch die konfessionellen Positionen ist deutlich geworden, daß es weniger scharfe Scheidelinien gibt, durch die ein strikt konfessionelles Verständnis von „Reich Gottes" zu definieren ist, als vielmehr gewisse Tendenzen in den Ansätzen, die im Rahmen konfessioneller Positionen zu bestimmten Zeiten zutagetreten. Diese Ansätze variieren z. T. innerhalb der Konfessionen stärker als zwischen ihnen. Dies ist deswegen auch nicht weiter erstaunlich, weil sich zumindest in diesem Jahrhundert die Rückbezüge auf theologische Spezialliteratur kaum nach Konfessionen unterscheiden. Bei näherem Hinsehen erweisen sich auch die im Rahmen konfessioneller Positionen ins Auge gefaßten Positionen als stark zeitgeschichtlich, als kontextuell bestimmt. Wichtig wird es sein, den Gründen weiter nachzugehen, warum die Reich-Gottes-Frage zu bestimmten Zeiten in stärkerem Maße, in anderen Zeiten kaum oder gar nicht die Menschen erreicht hat. Für die Aufschlüsselung resp. Annäherung an das, was „Reich Gottes" heißt, wird eine Antwort auf diese Fragestellung vielleicht wichtiger sein als die Präzisierung eines im engeren Sinne theologischen Ansatzes.[75]

Im Blick auf die folgenden Positionen kann nach Antworten auf die Frage gesucht werden, wo der Nerv einer Reich-

---

[73] E. Jüngel, Einbringungsreferat zum Votum der EKU, in: Die Bedeutung der Reich-Gottes-Erwartung ..., a.a.O., 33.
[74] Vgl. J. Moltmann, Theologie der Hoffnung, München 1964, und ders., Das Kommen Gottes. Christliche Eschatologie, München 1995.
[75] Albert Schweitzer hat uns bereits auf die Relevanz dieses Sachverhaltes aufmerksam gemacht und eine erste Antwort zu geben versucht.

Gottes-Hoffnung bei Menschen liegt, die politisch, rechtlich, wirtschaftlich, sexistisch oder rassistisch unterdrückt sind. Gleichzeitig dienen die nachfolgenden kontextuellen Positionen einer weiteren Aufschlüsselung von Ansätzen, die vor allem im evangelischen, aber auch katholischen oder überkonfessionellen Bereich liegen. Sie bilden auch Zusatz- und Hintergrundinformationen zu dem nachfolgenden Kapitel über „Ökumenische Dialoge und Dispute", und zwar mit dem Schwerpunkt auf zeitgeschichtliche Dialoge in der zweiten Hälfte des 20. Jahrhunderts.

1.) Hoffnung auf die Überwindung des Kapitalismus
Religiöse Sozialisten in Europa: Leonhard Ragaz

Das Versagen der Kirchen in der Arbeiterfrage, das Verkennen der brisanten Lage des Proletariats, die Bindung der Kirchen an die bürgerliche Mittel- und Oberschicht, die Verbindung mit den politisch Herrschenden, die Vernachlässigung der sozialen Frage in der herrschenden Theologie: Dies waren die Faktoren, die bei einigen Theologen eine Rückbesinnung auf die sozialen Dimensionen des Evangeliums veranlaßten. Diese Theologen des „sozialen Evangeliums" hatten ihre spezifischen Ansätze aus einer direkten Kenntnis des Elends entwickelt, aus einem Engagement für Arbeitslose, Proletarier und Benachteiligte sowie einer genauen Kenntnis von sozialen Brennpunkten vor allem in städtischen Bereichen. Derartige Ansätze fanden sich in verschiedenen Ländern Westeuropas und in Nordamerika, so z. B. bei Walter Rauschenbusch, Hauptrepräsentant des „Social Gospel" in den USA. Ihm wurde die Kraftlosigkeit einer auf die Innerlichkeit beschränkten Theologie bewußt, als er Ende des 19. Jahrhunderts am Rande einer berüchtigten Gegend New Yorks, „Hell's Kitchen" genannt, als Seelsorger einer deutschsprachigen Baptistengemeinde arbeitete. Dasselbe Anliegen wurde auch in Frankreich vertreten: Wilfred Monod war durch die Kontakte mit den Verarmten von Paris Anfang des 20. Jahrhunderts zur Erkenntnis gelangt, daß die soziale Dimension des Evangeliums stärker betont werden müßte, und arbeitete mit anderen an einem „Christianisme Social". Und in Berlin verzichtete wenige Jahre vor dem Ersten Weltkrieg der junge Theologe

Friedrich Siegmund-Schultze auf eine verheißungsvolle kirchliche Karriere und zog in ein Arbeiterquartier nach Berlin-Ost, um dort konkrete Hilfe zu leisten und von der sozialen Botschaft des Evangeliums Zeugnis abzulegen.

Alle diese Menschen waren davon überzeugt, daß im Evangelium eine Kraft der Liebe und der Solidarität stecke, die zur Lösung der sozial-politischen Schwierigkeiten dringend gebraucht werde. Alle hatten mit der herrschenden Theologie und mit den restaurativen Kräften in ihren Kirchen gebrochen. Und alle wurden von der vorherrschenden Theologie und von Kirchenrepräsentanten scharf verurteilt, zumeist auf der Grundlage einer geringen Kenntnis ihres Anliegens (und diese Haltung ist bis heute erhalten geblieben, wenn man diese Ansätze überhaupt zur Kenntnis nimmt). Alle waren davon überzeugt, daß die dringend notwendige radikale Umgestaltung in Kirche und Gesellschaft aus einer besonderen Perspektive heraus nötig sei, nämlich aus der Perspektive des kommenden Reiches Gottes.

Zusätzlich zu den genannten Vertretern gibt es eine ganze Anzahl anderer, die hier ungenannt bleiben müssen. Nicht vergessen werden darf aber der Mitbegründer der Religiösen Sozialisten in der Schweiz, Leonard Ragaz. Auf ihn, der von 1868-1945 lebte, soll im folgenden vielmehr das Hauptaugenmerk gerichtet werden. Seine Karriere: Mit 22 Jahren Pfarrer und Religionslehrer, in noch jungen Jahren Berufung an das Basler Münster, von 1908 bis 1921 Theologie-Professor an der Universität Zürich. Kündigung der Professur im Alter von 53 Jahren (ohne Pensionsansprüche), um eine Volkshochschule in einem Arbeiterviertel Zürichs, in das er auch seinen Wohnsitz verlegte, zu betreiben, an der Friedensbewegung teilzunehmen und an einer weiteren Begründung und Durchsetzung eines sozialen Evangeliums zu arbeiten.

Schon 1903 hat Ragaz öffentlich Gerechtigkeit angemahnt, von der Kanzel aus das Anliegen eines die Öffentlichkeit beunruhigenden Streiks verteidigt und das Gebot der Nächstenliebe mit der Forderung in seine Zeit übersetzt, daß jeder Christ Sozialist sein müsse.[76] Kanzel und Katheder dienten

---

[76] Vgl. die „Maurerstreikpredigt" von 1903, jüngst wieder abgedruckt in: L. Ragaz, Eingriffe ins Zeitgeschehen. Reich Gottes und Politik. Texte von 1900-1945, hg. v. R. Brassel/W. Spieler, Luzern 1995, 29-34, bes. 31.

lange Jahre als Plattform, um die Ansätze eines sozialen Evangeliums nach außen zu tragen. Ragaz scheute dabei vor griffigen Formulierungen nicht zurück, etwa im Aufsatz „Unser Sozialismus" von 1917, in dem er schrieb: *„Mit dem Gottesreich Christi müssen wir notwendigerweise den Sozialismus verbinden. Denn es ist unmöglich, das Wohnen Gottes des Vaters unter den Menschen mit den heutigen wirtschaftlichen Ordnungen zusammenzudenken. Denn diese bedeuten eine Welt der gegenseitigen Ausbeutung, die Welt Christi aber ist eine Welt der Liebe. Die kapitalistische Gesellschaft ist von dem Prinzip des Räubertums getragen – das Ideal des Gottesreiches ist die Bruderschaft."*[77]

Die Spannung zwischen einer immer schärferen Kritik am bestehenden Christentum als einer „Religion ohne Gottesreich" und seiner beruflichen Aufgabe, angehende Pastoren auszubilden, wurde von Ragaz schließlich als so untragbar empfunden, daß er seine beamtete Stellung als Professor aufgab. In seinem Demissionsgesuch vom 24. Mai 1921 schrieb er, daß es ihm immer schwerer gefallen sei und schließlich unmöglich geworden sei, Pfarrer für das gegenwärtige System der Kirchen auszubilden. Seine Hoffnung habe er auf das gerichtet, „was größer ist als die Kirche, das Reich Gottes".[78] Ragaz war offensichtlich auch zunehmend auf Abstand zu der damals vorherrschenden Theologie gegangen und drängte auf Veränderung: „Nicht eine Reich-Gottes-Theologie hilft uns, und sei sie noch so geistreich und schlagfertig ..., sondern bloß Taten, Tatsachen".[79] Die Kündigung und der Umzug in eine Arbeitersiedlung waren mehr als ein Zeichen, daß es Ragaz mit seinen Ideen Ernst war. Es war ein mit entscheidenden Nachteilen verbundenes Einstehen für seine Überzeugung.

Zwei Jahre danach hielt Ragaz im Juli 1923 auf einer Tagung des Internationalen Versöhnungsbundes in Nyborg (Dänemark) eine Grundsatzrede, die seine am Reich-Gottes-Begriff verankerte Position gut widerspiegelt. Wir nehmen im folgenden einen Einblick in diese Rede und beachten anschließend Kritikpunkte, die daran im Jahr ihrer Publi-

---

[77] L. Ragaz, Unser Sozialismus, in: L. Ragaz, Eingriffe ins Zeitgeschehen, a.a.O., 112.
[78] L. Ragaz: Warum ich meine Professur aufgegeben habe, in L. Ragaz, Eingriffe ins Zeitgeschehen, a.a.O., 52.
[79] Vgl. a.a.O., 56.

kation von Theodor Kaftan öffentlich geltend gemacht wurden.

Ragaz sprach zum Thema „Christliche Revolution" und stellte in der Einleitung seine Position folgendermaßen dar:[80]

„Wir sagen zur Revolution grundsätzlich Ja! Oder sollte es, liebe Freunde, nicht so sein? Ich denke, wir bekennen uns doch alle zu dem Reiche Gottes, das auf die Erde kommen soll. Dieses ist aber die gewaltigste Umwälzung, die man sich denken kann, eine Umwälzung von solcher Tiefe und Vollständigkeit, daß damit verglichen die französische und die russische Revolution nur eine kleine Sache, nur eine Wellenbewegung auf der Oberfläche bedeuten. Wir sind daher als solche, die auf das Reich Gottes, diese Revolution der Revolution, diese Ur- und Grundrevolution warten, von vorneherein Menschen, die nicht an die bestehenden Ordnungen gebunden sind, sondern neues Leben ersehnen, die an diesen Ordnungen das Falsche, Faule, Gottfeindliche erkennen und hassen und dessen Zusammenbruch erhoffen; wir sind von Natur Revolutionäre, die größten, gründlichsten, ja ich sage es offen, auch gefährlichsten Revolutionäre, die es gibt." [81]

Um diesen Ansatz umzusetzen, müsse sich das bestehende Christentum revolutionieren („die Forderung einer christlichen Revolution wird zur Forderung einer Revolution des Christentums"[82]), das Reich Gottes als real und sichtbar begreifen und nicht nur an eine Hoffnung für das Jenseits glauben. Wenn nun Gott die wahre Revolution sei, müsse die Wirklichkeit Gottes „wieder neu erfahren und empfunden"[83] werden: *„Die christliche Revolution muß also in erster Linie eine Erneuerung aus dieser Tiefe her sein, eine Wiedergewinnung der neu verstandenen Fülle der Wahrheit Christi, ein Kampf um Gott ... Denn selbstverständlich ist es Gott, von dem diese Erneuerung ausgeht".*[84]

Auf diesem Hintergrund werden konkrete Bereiche genannt, wo die „neue Wirklichkeit Gottes" zum Durchbruch

---

[80] Vgl. für ein umfassenderes und abständigeres Verständnis von „Reich Gottes" auch den Ansatz von Hermann Kutter, Sie müssen, in: Religöse Sozialisten. Dokumente der Weltrevolution, Olten 1976, 105-108.
[81] L. Ragaz, Christliche Revolution, in: Die Eiche 12 (1924), 38-50, Zitat 38f.
[82] Vgl. a.a.O., 44.
[83] Vgl. a.a.O., 45.
[84] Vgl. a.a.O., 46.

kommen müsse. Ragaz nennt als solche „Durchbruchstellen" die Besitzfrage (und spricht sich für die freiwillige Armut aus), die Gewalt (und spricht sich für die Kriegsdienstverweigerung aus) und den Klassenkampf (und spricht von der Notwendigkeit konfrontativer Wahrheit, ehe Versöhnung möglich ist). Ragaz plädiert für einen „neuen Realismus" im Bereich des Religiösen: Auf der Grundlage seiner Entgegensetzung von institutionalisierter christlicher Religion und „Reich Gottes" gelangt er zu einer beißenden, auf eigener Erfahrung gründenden Kirchenkritik:

„In meinem harten Kampf für das Reich Christi mitten in dieser Welt spüre ich nichts, wirklich nichts von einer Hilfe von dieser Kirche, dieser organisierten Religion her. Diese scheint mir etwas ganz Irreelles – das ist das Wort, das sich mir immer wieder aufdrängt. Viel Erbauung, Trost, Betrieb, aber keine Kraft der Weltveränderung, eher eine Beruhigung der Welt. Hier muß wieder die Revolution Christi einsetzen." [85]

„Neue Nachfolge" wird von Ragaz gefordert und Bereitschaft, das damit verbundene Schwere zu tragen und in diesem Rahmen auch Freude zu erfahren: „... die Freude vom Kommen Gottes her, dem wir entgegengehen". [86]

Ragaz war in seinem Denken und Handeln von einer leidenschaftlichen Hoffnung auf das Reich Gottes bestimmt. Er litt darunter, daß die Kirche einen Glauben an Gott ohne „Reich Gottes" vertrat und wandte sich – immer in kritischer Distanz – den Sozialdemokraten zu, die – wie er sagte – an das Reich Gottes, aber nicht an Gott glaubten. Er propagierte eine Synthese beider unter einem Leitbegriff von „Reich Gottes", das – von Gott kommend – doch seinen Hauptakzent erhielt durch die geforderten politisch-sozialen Aktivitäten der Menschen. Dadurch sollten revolutionierende Umwälzungen in der Ökonomie, im Gesellschaftssystem und in der Kirche herbeigeführt werden. Seine kraftvolle Sprache und sein von ihm persönlich hoch bezahlter Einsatz für die Arbeiterschaft verschafften ihm eine Resonanz bei vielen, die auf soziale Veränderungen hofften. Aus dem Bereich der Theologie gab es – neben einer kleinen Zahl von Anhängern – eine zumeist breite

---

[85] Vgl. a.a.O., 49.
[86] Vgl. a.a.O., 50.

Ablehnung und einige wenige, die, wie der junge Gogarten, sich von seinen Ideen zeitweise angesprochen fühlten, sie aber nicht in ihre Theologie zu integrieren vermochten. Im kirchlichen Bereich herrschte aus ersichtlichen Gründen Ablehnung vor, zumeist in Form einer schweigenden Nichtachtung. Nur in den Reihen derjenigen, die sich für ein stärkeres soziales Engagement innerhalb der Kirchen stark machten, wurden die Gedanken von Ragaz diskutiert.

Eine solche Stimme bildete die des langjährigen Generalsuperintendenten für Schleswig, Theodor Kaftan. Er antwortete auf den skizzierten Ragaz-Beitrag mit einem Artikel „Zur ,Christlichen Revolution'". Th. Kaftan hielt hierin Ragaz vor, daß er in seinem Beitrag die Wahrheit verkehre, auch wenn er zweifellos einige wahre Elemente enthalte. Seine Kritik zielte vor allem auf die s. E. falsche Annahme von Ragaz, wonach Jesus ein Sozialreformer gewesen sei. Jesus sei dagegen – so Kaftan – „der große Prädikant der Ewigkeit".[87] Kaftan kritisierte besonders das Reich-Gottes-Verständnis von Ragaz und setzte das s. E. richtige dagegen:

„Jesus hat nie daran gedacht, im Sinne von Ragaz ein ,Reich Gottes auf Erden' zu gründen. Das Reich, das er verkündete, war nicht von dieser Welt, und zwar nicht nur in dem Sinne, daß es seiner Art nach der Art dieser Welt widerspricht, sondern auch in dem Vollsinn, daß es nicht ein Reich dieses Aeon war, sondern ein in die Zeit hineinreichendes, ja in der Zeit werdendes Reich der Ewigkeit in den Seelen der Menschen; es liegt in der Natur dieses Reichs, daß es, soweit es reicht, auch die irdischen Lebensverhältnisse durchwirkt mit seiner Kraft, aber ebenso sehr liegt in seiner Natur, daß ihm alle rein irdischen Verhältnisse und Ordnungen als relativ geringfügige Elemente einer vergehenden Welt gelten. Das ändern heißt das Evangelium ändern, einen anderen Christus an die Stelle des biblischen setzen, uns das Licht nehmen im Dunkel dieser Welt, unseren Trost und unsern Frieden im Jammer der Zeit.'[88]

Die Frage ist, ob Kaftan das Jesusbild von Ragaz richtig erfaßt hat. Keine Frage ist es, daß er – bei aller Notwendigkeit

---

[87] Th. Kaftan, Zur „Christlichen Revolution", in: Die Eiche 12 (1924), 219-224, Zitat 220.
[88] Vgl. a.a.O., 220.

des Einbezugs einer innerlich-individuellen Dimension – ein Verständnis von „Reich Gottes" vertrat, das wenig soziale Dynamik in sich barg. Und doch sah auch Kaftan die Notwendigkeit sozialer Reformen (soweit sie nicht „kommunistische Utopien" seien): So forderte er eine Beschränkung zu hoher Einkommen und eine Beteiligung der Arbeiter am Fabrikeigentum. Aber: Nicht „égalité", sondern „suum cuique", lautete sein Wahlspruch. Mit diesem Motto konnten keine grundlegenden Umwälzungen erreicht werden; fraglich ist darüberhinaus, ob die kleinere Variante der von ihm beabsichtigten sozialen Reformen damit durchgesetzt werden konnte.

Leonard Ragaz baute seine Theologie und seine Biographie auf einem von sozialem Gerechtigkeitsdenken geprägten, auf radikale Veränderungen – die Revolution – hoffenden, auf das Diesseits und die Gegenwart gerichteten Begriff des Reiches Gottes auf. Er lebte in dem Horizont von „Reich Gottes" und litt dafür. Er versuchte eine reale Verbindung zwischen „Reich Gottes" und Sozialdemokratie und scheiterte – parteipolitisch – daran. Er brannte auf Veränderung und prallte auf die Mauern theologischer und kirchlicher Institutionen. Und er wirkt bis heute untergründig und offensichtlich fort. Seine Forderungen nach einer sozialen Wirksamkeit des Evangeliums faszinieren immer wieder – bei aller Kritik im Einzelnen, z. B. an seiner Anlehnung an die Sozialdemokratie – einzelne und Gruppen von Theologinnen und Theologen. Seine Kapitalismuskritik und seine positive Einschätzung von Revolution haben großen Einfluß auf die lateinamerikanische Theologie der Befreiung gehabt.[89] Sein Verständnis von „Reich Gottes" und die Intensität seiner Lebenshoffnung auf das Reich Gottes unterstreicht bis heute das Defizit europäischer Theologie in der Wahrnehmung widerständiger öffentlicher Verantwortung. Der Stellenwert von „Reich Gottes" in seiner Theologie wirft zudem ein Licht auf die Tatsache, wie vernachlässigt diese zentrale Dimension der Verkündigung Jesu im Bereich unserer Theologie und Kirche ist.

---

[89] Vgl. M. J. Stähli, Reich Gottes und Revolution. Christliche Theorie und Praxis für die Armen dieser Welt. Die Theologie des Religiösen Sozialismus bei Leonhard Ragaz und die Theologie der Revolution in Lateinamerika, Hamburg 1976.

2.) Der Traum von einer gerechten Welt
Bürgerrechte und „Reich Gottes" in den USA: M. L. King

Es ist fast schon vergessen, daß im Süden der USA bis in die 60er Jahre dieses Jahrhunderts eine strikte, durch Gesetze und Polizei erzwungene Rassentrennung das gesamte öffentliche Leben bestimmte: Segregation in Schulen, Restaurants, Bussen – und Kirchen. Und die Schwarzen waren jeweils auf der Verliererseite. Die zentrale Verfassung der USA sicherte zwar allen Staatsbürgern gleiche Rechte zu, aber eingefleischte Gewohnheiten, Vorschriften und bundesstaatliche Gesetze fixierten die Schwarzen auf einen Status dritter Klasse. Das tägliche Leben war durch offene Diskriminierung der Schwarzen geprägt. Die Lage im Süden der USA war bis in die 50er und die beginnenden 60er Jahre dieses Jahrhunderts bestimmt durch eine Struktur rassistischer Ungerechtigkeit. Die Weißen profitierten davon und stützten diese Ordnung, und viele Schwarze hatten sich an die offene Diskriminierung gewöhnt, die ihr tägliches Leben bestimmte oder wanderten in den Norden der USA ab.

Mitte der 50er Jahre schien die Zeit für Veränderungen reif, auf die schwarze Organisationen schon seit Jahrzehnten hinarbeiteten. Aus kleinen Anlässen (die Schwarze Rosa Parks weigerte sich, ihren nur für Weiße reservierten Platz im Bus freizumachen) und kleinen Anfängen (eine Gruppe rief zu einem Boykott der Busgesellschaft auf) in einer kleinen Stadt tief im Süden der USA wurde in wenigen Jahren eine Massenbewegung, die die gesamte USA erfaßte und weltweite Beachtung erfuhr. Aus den ersten kleinen Aktionen 1955 unter Leitung des jungen baptistischen Predigers Martin Luther King wurde eine mächtige Volksbewegung, die erfolgreich eine Aufhebung aller Segregationsgesetze durchsetzte und deren Repräsentant, M. L. King, 1964 den Friedensnobelpreis erhielt. Die völlig überraschende Entwicklung von winzigen Anfängen hin zu den riesengroßen Ausformungen kann als eine auf die Gesellschaft bezogene Parallele zu den Wachstumsgleichnissen des Reiches Gottes (selbstwachsende Saat, Senfkorn) im Neuen Testament angesehen werden. Die aktive Hoffnung von King, gegen die Hoffnungslosigkeit gesellschaftlicher Strukturen und die Resignation im religiösen Bereich dennoch auf Veränderungen zuzugehen, für sie zu beten, zu arbeiten, zu kämpfen und zu leiden, hatte seine tiefen Wurzeln in einem Verständnis und einer Praxis schwarzer Kirchen, die vom Kern her individuelle und soziale Dimensionen zusammenbanden. In seinem Ansatz von Hoffnung gegen Hoffnungslosigkeit bewegte sich M. L. King im Bereich der grundlegenden Dimension von „Reich Gottes". Er hat diesen Begriff allerdings so gut wie nie gebraucht, und wenn, dann eher als Zitat. „Kingdom" of God war für ihn terminologisch zu sehr an vordemokratische Denk- und Herrschaftsstrukturen gebunden. „Kingdom" war zu besetzt, als daß er diesen Begriff in einem Kampf für die Durchsetzung demokratisch-verfassungsrechtlicher Gleichstellung hätte benutzen wollen. Für ihn gab es einen anderen Ausdruck, der auf Ähnliches zielte: „Dream".[90] Das war der Traum von einer Gesellschaft, die der Gerechtigkeit Gottes entspräche.

Ist „Dream" vielleicht ein geeignetes neuzeitliches Äquivalent für das, was früher „Reich Gottes" genannt wurde? Träume spielen in der Bibel, in vielen anderen Religionen, in der Psychologie und der Psychotherapie eine nicht zu unterschätzende Rolle. Sie wurzeln im Individuum und haben als kollektive Träume auch eine soziale Dimension. Sie gründen auf Erfahrung und weisen doch auf ganz andere, rational oft versperrte Möglichkeiten. Sie waren in der Hebräischen Bibel oft das Medium, in dem Gottes Offenbarungen empfangen wurden und Propheten zu ihrem Protest gegen Unrecht in der Gesellschaft bestimmt wurden. Ehe wir eine Antwort wagen,

---

[90] Diese Hinweise verdanke ich James Cone, einem der besten Kenner von M. L. King, der auf meine entsprechende Frage im Herbst 1987 die Problematik von „Kingdom" und die Möglichkeiten von „Dream" unterstrich. Vgl. auch die beeindruckende Monographie von J. Cone, Martin & Malcom & America – a dream or a nightmare, Maryknoll 1992. Vgl. auch J. Cone, Schwarze Theologie in der amerikanischen Religion, in: Theologie als konziliarer Prozeß. Chancen und Grenzen eines interkulturellen Dialogs zwischen Theologien der „Dritten" und „Ersten" Welt, EMW, Weltmission heute Nr. 3, Hamburg 1988, 56ff. Vgl. als Einführung auch den Aufsatz von D. Ritschl, Martin Luther King, Jr., in: M. Greschat (Hg.), Gestalten der Kirchengeschichte, Bd. 10, 2, Die neueste Zeit IV, Stuttgart 1986, 324-338, Abdruck in: D. Ritschl, Konzepte. Ökumene, Medizin, Ethik. Gesammelte Aufsätze, München 1986, 316-333. Eine faszinierende Quellensammlung hat zusammengestellt J. M. Washington, The Essential Writings and Speeches of Martin Luther King, Jr., Harper/San Francisco 1986.

muß geklärt werden, welche Verwurzelung und Zielsetzung „Dream" bei Martin Luther King hatte.

Der Traum, das Hoffen und Streben von M. L. King nach Gerechtigkeit gegen scheinbar unverrückbare gesellschaftliche Strukturen ist weniger in einem theologischen System als im religiösen Erfahrungs- und Denkhorizont der Schwarzen in den USA verankert. Schwarze Religion war die Religion der Sklaven. Kampf für Gerechtigkeit wurzelte in der Hoffnung der Sklaven, daß gegen alles erfahrene Leiden Gottes Gerechtigkeit letztendlich triumphieren würde. Erst im Horizont dieser gelebten Religion ist die Intensität des Hoffens von M. L. King verständlich.

Eine andere Wurzel bildete seine Auseinandersetzung mit dem US-amerikanischen Protagonisten des Social Gospel, Walter Rauschenbusch. Kings Kritik richtete sich darauf, daß Rauschenbusch in der Gefahr stand, „Reich Gottes mit einem besonderen sozialen und wirtschaftlichen System zu identifizieren – eine Tendenz, der die Kirche niemals unterliegen sollte".[91] Von diesem Ansatz des Social Gospel habe er aber gelernt, daß sich das Evangelium und überhaupt jede Religion mit dem ganzen Menschen befasse: *„Seit ich Rauschenbusch gelesen habe, bin ich überzeugt, daß jede Religion, die angeblich um die Seelen der Menschen besorgt ist, sich aber nicht um die sozialen und wirtschaftlichen Verhältnisse kümmert, die der Seele schaden, geistlich gesehen schon vom Tode gezeichnet ist und nur auf den Tag des Begräbnisses wartet. Man hat mit Recht gesagt: ‚Eine Religion, die beim Individuum endet, ist am Ende'"*[92]

King hatte nicht nur Rauschenbusch und Niebuhr, sondern auch Marx kritisch gelesen. Sein hoffnungsgeladenes Evangelium suchte die Verbindung zur soziologischen Analyse, seine Visionen wurden von ihm gekoppelt mit Aktionen („Wahrheit muß verwirklicht werden"), und das Vorgehen der Aktionen wurde sehr genau reflektiert: So finden sich in seinen Reden und Schriften immer wieder gesellschaftspolitische Analysen, so arbeitete er – und dies machte ihn weltweit berühmt – an einer Grundlegung und Strategie der Gewaltlosigkeit, und so

---

[91] Vgl. M. L. King, Freiheit. Von der Praxis des gewaltlosen Widerstands, Wuppertal 1982, 70. Dies ist eine der wenigen Stellen, wo der Terminus „Reich Gottes" bei King überhaupt auftaucht.
[92] Vgl. a.a.O., 70.

verband er Vision und Weg mit Aktionen, die ihm zahlreiche Verhaftungen und über 30 Gefängnisaufenthalte eintrugen – und die seine regionale und nationale Glaubwürdigkeit bewiesen. Die Einheit von Denken und Tun, von Theorie und Praxis, von Theologie und Handeln zeichnete M. L. King aus und trug zu einem rasant ansteigenden Zulauf schwarzer (und auch weißer) US-Amerikaner bei. Seine Vision zielte nicht nur auf Schwarze, sondern auf Gerechtigkeit für alle, für Schwarze wie Weiße. Dies war sein Traum einer geeinten Gesellschaft, dies war das zentrale Element der Wertschätzung, die 1986 zur Einführung eines nationalen Feiertages für M. L. King führte (jeweils am Montag nach seinem Geburtstag am 15. Januar).

M. L. King entfaltete die zentralen Gedanken dieser Vision in seiner Ansprache auf der Zentralveranstaltung des „Marsches nach Washington" am 28. August 1963. Im rhetorisch glänzenden Stil schwarzer Prediger begeisterte er die 100.000 versammelten Menschen vor dem Lincoln Memorial in Washington D. C. mit den folgenden Worten:

„Heute sage ich euch, meine Freunde, trotz der Schwierigkeiten von heute und morgen habe ich einen Traum. Es ist ein Traum, der tief verwurzelt ist im amerikanischen Traum. Ich habe einen Traum, daß eines Tages diese Nation sich erheben wird und der wahren Bedeutung ihres Credos gemäß leben wird: ‚Wir halten diese Wahrheit für selbstverständlich: daß alle Menschen gleich erschaffen sind.‘ Ich habe einen Traum, daß eines Tages auf den roten Hügeln von Georgia die Söhne früherer Sklaven und die Söhne früherer Sklavenhalter miteinander am Tisch der Brüderlichkeit sitzen können. Ich habe einen Traum, daß sich eines Tages selbst der Staat Mississippi, ein Staat, der in der Hitze der Ungerechtigkeit und Unterdrückung verschmachtet, in eine Oase der Freiheit und Gerechtigkeit verwandelt.

Ich habe einen Traum, daß meine vier kleinen Kinder eines Tages in einer Nation leben werden, in der man sie nicht nach ihrer Hautfarbe, sondern nach ihrem Charakter beurteilen wird. Ich habe einen Traum ... Ich habe einen Traum, daß eines Tages in Alabama, mit seinen bösartigen Rassisten, mit einem Gouverneur, von dessen Lippen Worte wie ‚Intervention‘ und ‚Annullierung der Rassenintegration‘ triefen ..., daß eines Tage genau dort in Alabama kleine schwarze Jungen und Mädchen die Hände schütteln mit kleinen weißen Jungen und Mädchen als Brüder und Schwestern.

Ich habe heute einen Traum ... Ich habe einen Traum, daß eines Tages jedes Tal erhöht und jeder Hügel und Berg erniedrigt wird. Die rauhen Orte werden geglättet und die unebenen Orte begradigt werden. Und die Herrlichkeit des Herrn wird offenbar werden, und alles Fleisch wird es sehen. Das ist unsere Hoffnung ...

Wenn wir die Freiheit erschallen lassen – wenn wir sie erschallen lassen von jeder Stadt und jedem Weiler, von jedem Staat und jeder Großstadt, dann werden wir den Tag beschleunigen können, an dem alle Kinder Gottes – schwarze und weiße Menschen, Juden und Heiden, Protestanten und Katholiken – sich die Hände reichen und die Worte des alten Negro Spiritual singen können: ‚Endlich frei! Endlich frei! Großer allmächtiger Gott, wir sind endlich frei!'" [93]

Der Traum von Martin Luther King war so kräftig und wirkungsmächtig, weil er auf zwei Fundamenten ruhte: Auf einer aktionsorientierten, sozialpolitisch reflektierten, massenwirksamen Bewegung zur Überwindung von Rassensegregation und auf einem hoffnungsgeladenen, Individuum und Gesellschaft einbeziehenden Glauben. Die ersten Schritte auf diesen Traum zu wurden in den alle Hoffnungen erdrückenden Zeiten der Eisenhower-Präsidentschaft gewagt, die große Vision in einer Zeit ausgedrückt, die mit John F. Kennedy einen politisch dynamischen Neuanfang versuchte.

Der Traum von M. L. King führte zum Ende der Segregation in den USA. Damit war ein gesellschaftspolitischer Hemmklotz abgeräumt – und andere traten umso schärfer hervor. Die rechtliche Gleichstellung der Schwarzen führte nicht zu einer sozialen und ökonomischen Gleichheit. Exponent des Kontrapunktes gegen die Vorstellung, daß die Lage der Schwarzen nun „traumhaft" sei, war Malcolm X. Er sprach von einem Alptraum, den die US-amerikanische Gesellschaft für die Schwarzen darstelle und forderte zu einem Bruch mit dem weißen Amerika auf. Er selber zeigte diese Absetzung u. a. damit, daß er Muslim wurde und die in den USA öffentlich bedeutsame christliche Religion scharf kritisierte:

„Brüder und Schwestern, der Weiße hat uns einer Gehirnwäsche unterzogen; er hat uns auf einen blondgelockten, blauäugigen Jesus fixiert! Wir verehren einen Jesus, der noch nicht einmal so

---

[93] M. L. King, Ich habe einen Traum, in: ders., Testament der Hoffnung, Gütersloh 6. Aufl. 1989, 121ff, zitierte Passage 124f.

aussieht wie wir! Überlegt einmal: Der blondgelockte, weiße Mann hat Dir und mir beigebracht, einen weißen Jesus zu verehren und das Lob eines Gottes zu singen, der sein Gott ist, der Gott des weißen Mannes! Der weiße Mann hat uns gelehrt, zu singen und zu beten, bis wir sterben, bis zu unserem Tode. Wenn wir tot sind, dann soll es einen Himmel für uns geben, während der weiße Mann schon jetzt in einem Land lebt, in dem Honig und Milch fließen; die Straßen sind mit goldenen Dollarnoten für ihn gepflastert, jetzt schon, in dieser Welt!" [94]

Martin Luther King und Malcolm X werden gängigerweise als Kontrahenten angesehen, die völlig unterschiedliche Wege eingeschlagen haben. Neuere Untersuchungen beweisen, daß sie zwar in ihren konkreten gesellschaftspolitischen Vorstellungen stark voneinander abwichen, sie aber in ihrer Kritik am Christentum und in ihren grundsätzlichen Zielen nicht allzuweit voneinander entfernt lagen. M. L. King hat sich dann auch in den letzten Jahren seines Lebens nicht mit dem Traum der Aufhebung gesetzlich verankerter Segregation zufriedengegeben, sondern wurde heftiger Kritiker des US-Krieges in Vietnam und der Politik seiner Regierung, die die Armut im Lande verschärfe. Öffentliche Anfeindungen nahmen zu und bildeten den politisch-psychologischen Hintergrund dafür, daß er am 4. April 1968 erschossen wurde. Am Vorabend hatte er noch eine Rede gehalten, die seine Kritik an gesellschaftlicher Ungerechtigkeit mit einer scharfen Analyse der Gründe für Unrecht und der konkreten Möglichkeiten, u. a. mit Verbraucherboykott darauf zu reagieren, verband. Seine Rede schloß mit einer für ihn kennzeichnenden Vision:

„Nun, ich weiß nicht, was jetzt geschehen wird. Schwierige Tage liegen vor uns. Aber das macht mir jetzt wirklich nichts aus. Denn ich bin auf dem Gipfel des Berges gewesen. Ich mache mir keine Sorgen. Wie jeder andere würde ich gern lange leben. Langlebigkeit hat ihren Wert. Aber darum bin ich jetzt nicht besorgt. Ich möchte nur Gottes Willen tun. Er hat mir erlaubt, auf den Berg zu steigen. Und ich habe hinübergesehen. Ich habe das Gelobte Land gesehen. Vielleicht gelange ich nicht dorthin mit euch. Aber ihr sollt heute abend wissen, daß wir, als ein Volk, in das Ge-

---

[94] Vgl. die Autobiographie zu Malcolm X, hier übersetzt nach der engl. Orginalausgabe, New York 1965, 222; dt. Ausgabe: Malcolm X. Die Autobiographie, hg. v. A. Haley, 3. Aufl. München 1996, 233.

lobte Land gelangen werden. Und deshalb bin ich glücklich heute abend. Ich mache mir keine Sorgen wegen irgend etwas. Ich fürchte niemanden. Meine Augen haben die Herrlichkeit des kommenden Herrn gesehen."[95]

M. L. King bezahlte seinen Traum mit dem Leben. Er hatte mehr und mehr den Alptraum einer Regierung gebrandmarkt, die für den Krieg viel und für die Armen kaum Geld ausgab. Sein Traum von Gottes Gerechtigkeit in der Welt war theologisch und politisch alles andere als naiv. Die Bilder der Hoffnung stammten aus der Bibel und waren vom Exodus aus Ägypten geprägt. Der Hauptbezug zur Überwindung von Rassenschranken fand sich ausgedehnt auf nationale wie internationale Probleme von Unrecht, Unterdrückung und Armut. Sein Traum war sozial geerdet und bezog die Dimension des Bösen im individuellen und sozialen Bereich mit ein: Der Alptraum sozialer Mißstände wurde nicht ausgeblendet, sondern sollte durch Hoffnung gegen Hoffnungslosigkeit überwunden werden.

Ist „Traum" ein modernes Äquivalent für „Reich Gottes"? Dies wäre vielleicht vertretbar, wenn der theologische Ansatz und die praktischen Konsequenzen eines M. L. King dahinterstehen. Ein bloßes Ersetzen von „Reich Gottes" durch „Traum" würde aber die Schwierigkeiten, die im Reich-Gottes-Begriff liegen, nicht beheben, sondern nur verlagern. Der Terminus Traum kann ebenso wie „Reich Gottes" auf eine Innerlichkeit, auf das Individuum, auf die Zukunft und eine irreale Sphäre eingeengt werden. Mit Traum hat man das Antiquierte von „König-Reich Gottes" abgestreift. Dafür hat man mit „Traum" aber einen Begriff, der leicht vom biblischen Potential, insbesondere von prophetischer Tradition und einer radikalen Gerechtigkeitsforderung abgelöst werden und in den Rahmen zeitgeschichtlich-nationaler Interessengruppen eingepaßt werden kann (diese Tendenz einer Verbindung mit dem American Way of Life ist selbst M. L. King in seiner zitierten Rede nicht entgangen). „Reich Gottes" kann auch diesen Tendenzen unterliegen, ist aber insgesamt fremder, hält begrifflich einen größeren Abstand zwischen Gott und Mensch, zwischen Gottes Gerechtigkeit und menschlichen Gerechtigkeitszielen,

---

[95] Vgl. M. L. King, Ich bin auf dem Gipfel des Berges gewesen, in: ders., Testament der Hoffnung, a.a.O., 117.

zwischen der Botschaft des Reiches Gottes und dem immer wieder neu zu unternehmenden Verstehensversuch, was das für den Einzelnen und die Gesellschaft einer bestimmten Zeit bedeutet. Der Begriff „Reich Gottes" bildet deswegen – über größere Zeiträume betrachtet – die größere Herausforderung und die stärkere Vision als dies im Terminus „Traum" möglich ist. Vielleicht gibt es aber auch die Möglichkeit, die Visionen, die sich in „Reich Gottes" und in „Traum" spiegeln, miteinander zu verbinden.

3.) Kampf gegen weltweite Armut und Unterdrückung
Theologie der Befreiung in Lateinamerika

Der Terminus „Reich Gottes" besitzt in der „Theologie der Befreiung" Lateinamerikas einen zentralen Stellenwert. „Reich Gottes" ist für viele Theologen, unabhängig davon ob katholisch oder evangelisch, die zentrale Vision, die dem in Lateinamerika für die meisten Menschen bestimmenden Alltag von Armut entgegensteht.

Entstanden ist die Theologie der Befreiung – oder, wie sie am Anfang genannt wurde, die Theologie der Revolution – Mitte der 60er Jahre. Der bedrückende Alltag in vielen lateinamerikanischen Ländern, die von Militärjuntas beherrscht und von den Großgrundbesitzern kontrolliert wurden, schien ohne Aussicht auf Besserung. Im Gegenteil: Im Rahmen der Dependenztheorie schien es sicher, daß sich in einem Zusammenspiel von westlichen Industriestaaten und einigen Reichen im Lande selber die Situation der Armut und Unterdrückung in Lateinamerika zukünftig dramatisch verschärfen würde. An anderer Stelle dieses Buches haben wir schon die Stimme katholischer Bischöfe zitiert, die – in Anlehnung an die päpstliche Enzyklika „Populorum Progressio" – auf den verheerenden Einfluß des Imperialismus in Ländern der Dritten Welt aufmerksam gemacht hatten.[96] Innere Unterdrückung durch Militärrégimes und äußere Ausbeutung durch die Erste Welt ließen die Situation zunehmend als hoffnungslos erscheinen.

---

[96] Vgl. den Abschnitt über „ Positionen im Bereich der Römisch-Katholischen Kirche".

In dieser Lage suchten Theologen nach neuen Ansätzen. Wir konzentrieren uns in diesem Kapitel auf Ansätze von Christen mit römisch-katholischem Hintergrund. Die Notwendigkeit grundlegender Umwälzungen und das Ziel einer Überwindung von Unterdrückung und Elend bestimmten die Suche nach einer Theologie, die Revolution legitimieren und Befreiung vorantreiben könnte. Deutliche Konturen gewannen diese Ansätze auf der lateinamerikanischen katholischen Bischofskonferenz im kolumbianischen Medellin 1968 und – schon vorher – auf der vom Ökumenischen Rat der Kirchen 1966 durchgeführten Konferenz für Kirche und Gesellschaft.[97] Führende lateinamerikanische Theologen setzten sich von westlich-akademischer Theologie ab, „... die sich mit intellektueller Neugier zufrieden gibt und einem eigenständigen, auf Leistung ausgerichteten Imperativ gerecht werden will, der sich darin erschöpft, Kenntnisse in zunehmend bedeutungslos werdende Details zu zerpflücken, ohne dem Leben des Volkes verpflichtet zu sein."[98] Stattdessen wurde eine an den südamerikanischen Erfahrungen orientierte Theologie gefordert und entwickelt, die sich nicht neutral aus kirchlichen Debatten und weltlichen Konflikten herauszuhalten suchte, sondern am Leben, Leiden und Hoffen der Bevölkerung Anteil haben, ja für sie Partei ergreifen sollte. Die Theologie mußte sich hierfür auf die Disziplinen der Geschichts- und Politikwissenschaft sowie der Soziologie hin öffnen, um den „Kontext" der Situation verantwortlich zu analysieren, in dem der „Text" der Bibel zu interpretieren sei. In den theologischen Entwürfen trat das Element einer am Studium der Bibel orientierten, im Zusammenhang mit kirchlichen Basisgruppen entwickelten Theologie in den Vordergrund, die sich den traditionellen Ansätzen etablierter Kirche und Theologie mit großem Selbstbewußtsein entgegenstellte.

Die geforderte Solidarität mit den Armen und Unterdrückten und die Hoffnung auf Befreiung kristallisierten sich im

---

[97] Vgl. dazu unten „Ökumenische Dialoge und Dispute".
[98] So die scharfe Kritik des brasilianischen systematischen Theologen Walter Altmann, der seine Dissertation in Deutschland geschrieben hatte und wußte, wovon er sprach. Vgl. W. Altmann, Evangelium für die Unterdrückten. Zur Theologie der Befreiung, in: dü 2/78, 13-17, Zitat 13. Vgl. grundlegend G. Gutierrez, Theologie der Befreiung, München 1973.

biblischen Leitmotiv von „Reich Gottes". Der radikale Umbruch des nahenden Reiches Gottes traf auf die Resonanz von Menschen, die sich in auswegloser Lage sahen. Die Erfahrung von zunehmender Unterdrückung und Armut sowie die auf der Grundlage der Dependenztheorie als vollständig verstellt gesehene Zukunft konnten weder persönlichen Trost noch gesellschaftliche Perspektive in einem Weg der kleinen Schritte, der Reformen finden. In dieser Wahrnehmung rückte das ganz Andere, das dieser Welt radikal Entgegengesetzte des „Reiches Gottes" in das Zentrum des Denkens und Hoffens. Dieses Denken war geprägt von einem heilsgeschichtlichen Ansatz, setzte auf Überwindung des Herr-Knecht-Verhältnisses in Kirche und Gesellschaft, sah die Notwendigkeit, sich an Konflikten und am Befreiungskampf zu beteiligen, ging von einer Prozeßhaftigkeit des Reiches Gottes aus und sah in einer Umwertung der Werte die bisher Vernachlässigten im Zentrum: die Armen.

Diese Züge südamerikanischer Befreiungstheologie sollen durch zwei Positionen konkretisiert und dokumentiert werden. Die eine stammt von dem bekannten katholischen Theologen Leonardo Boff aus Brasilien, die andere von der lange völlig unbekannten katholischen India Rigoberta Menchú aus Guatemala, die 1992 durch die Verleihung des Friedensnobelpreises für kurze Zeit weltweit wegen ihres Kampfes für ihr Volk ins Rampenlicht des Interesses gerückt war.

Leonardo Boff geht in seinem Buch über das „Vater unser", das ganz im Sinne seiner Theologie durch den Untertitel „Gebet umfassender Befreiung" charakterisiert ist, von einem übergeschichtlichen Ziel, von einem „glücklichen Ausgang" der Weltgeschichte aus.[99] Diese Perspektive macht es für Boff erst möglich, Hoffnung gegen Hoffnungslosigkeit zu setzen: *„An das Reich Gottes glauben heißt an einen endgültigen und positiven Sinn der Geschichte glauben, heißt behaupten, daß die Utopie realistischer ist als die Last der Fakten, und heißt schließlich die Wahrheit von Welt und Mensch weder in der Vergangenheit noch ganz in der Gegenwart, sondern in der Zukunft zu sehen. ... Bitten ‚Dein Reich komme!' bedeutet, die radikalsten*

---

[99] Leonardo Boff, Vater unser. Das Gebet umfassender Befreiung, 4. Aufl. Düsseldorf 1986, 104.

Hoffnungen des Herzens lebendig zu machen, damit es nicht von der Brutalität der täglichen Absurditäten besiegt wird, zu denen es im Leben des einzelnen und der Gesellschaft kommt. "[100] Boffs Verständnis von „Reich Gottes" umfaßt einen für die Gegenwart relevanten Bezug zur Zukunft. Seine heilsgeschichtliche Theologie ist dabei nicht unproblematisch. „Reich Gottes" leuchtet unter bestimmten Bedingungen auch schon in der Gegenwart auf, nämlich *wenn den Verarmten, Ausgeraubten und Unterdrückten allmählich Gerechtigkeit wird. ... Immer wenn sich soziale Strukturen in der Gesellschaft durchsetzen, die den Menschen daran hindern, den anderen Menschen auszubeuten, ... dann beginnt die Morgenröte des Reiches Gottes anzubrechen.* "[101]

Daß Boff – so wie andere Befreiungstheologen – die Werke von Karl Marx gelesen hat, merkt man nicht nur an dieser Stelle. Die Visionen von „Reich Gottes" werden gesellschaftlich geerdet, und hierbei spielt das Analyseinstrumentarium des Marxismus eine entsprechende Rolle. „Reich Gottes" ist nicht statisch, fern und harmonistisch, sondern prozeßhaft, sehr nah und krisenbehaftet. Die Umkehrforderung von Mk 1,15 zeige, daß zum Reich Gottes kein automatischer Zugang bestehe, sondern eine Veränderung des gesamten Lebens erforderlich sei. Dies fordere Entscheidungen und schließe Konflikte mit ein.

Boff stellt die Bedeutung der Armen in doppelter Weise heraus. Zum einen betont er immer wieder, daß die Armen die „ersten" Empfänger von „Reich Gottes" sind, und dies nicht aus moralischen Gründen, *sondern weil sie sind, was sie sind: Arme und Opfer von Hunger, Ungerechtigkeit und Unterdrückung. Jesus will mit seinem Reich dieser Situation ein Ende setzen. Deshalb ist er für die Armen und gegen die Armut, für die es in seinem Reich keinen Platz mehr gibt*".[102] Wir werden uns mit diesem Ansatz einer „vorrangigen Option" der Armen weiter unten auseinandersetzen.[103] Boff zeigt noch auf anderer

---

[100] Vgl. a.a.O., 104.
[101] Vgl. a.a.O., 104f.
[102] Vgl. a.a.O., 101.
[103] Vgl. unten den Abschnitt Ökumenische Dialoge: „Reich Gottes" im Horizont von Partikularität: Vorrang für die Armen.

Ebene, wie zentral das Evangelium auf die Armen ausgerichtet ist. Er leitet das Kapitel, in dem er sich mit der zweiten Vater-Unser-Bitte befaßt, mit einer längeren Passage der Reflexionen einer Basisgemeinde ein, die auf dem Hintergrund vom Leben in einer Arbeitergegend und der Arbeit in einer Fabrik formulieren, wie sie ihren Beitrag am „Aufbau des Reiches" sehen.[104]

Unser zweites Beispiel führt uns in eine Lebenssituation, auf die sich Boff bezieht, nämlich die einer armen Südamerikanerin. Rigoberta Menchú, eine India aus Guatemala, deren Eltern im Untergrund ermordet wurden, hatte selber eine Widerstandsorganisation von Landarbeitern aufgebaut, die sich gegen die Unterdrückungsmethoden der Großgrundbesitzer erfolgreich wehrte. Im Lebensbericht dieser Frau, den Elisabeth Burgos aufgezeichnet hat, finden sich – ohne den Anflug eines idealistischen Armutsideals – die brutalen Konkretionen der Armut, des Hungers, des Kampfes, der Lebensbedrohung, der Angst. Aber es findet sich auch ein Überlebenswille und eine Entschlossenheit, gemeinsam mit den Gedemütigten und Ausgebeuteten ihres Volkes gegen Unrecht aufzustehen. Da sie eine kurze Ausbildung zur katholischen Katechetin erhalten hatte, konnte sie als Stütze für ihr Engagement auf christliche Traditionselemente zurückgreifen. Sie beschreibt, welche Rolle dabei die Bibel und hier besonders die Exodusgeschichte und die Verkündigung des Reiches Gottes für ihren Befreiungskampf spielten:

> „Wir suchten etwas, an das wir uns halten konnten, weil wir sonst vielleicht Dinge getan hätten, die uns wohl gefielen, aber ohne zu wissen, warum wir sie taten. So wurde unsere wichtigste Waffe das Dokument, auf das wir uns stützen, die Bibel. Unter diesem Gesichtspunkt begannen wir nun die Bibel zu studieren. Es stehen schöne Geschichten in der Bibel.
> Wir haben zum Beispiel den Auszug aus Ägypten gelesen, haben den Text ausgelegt. Es geht da hauptsächlich um das Leben des Moses, der sein Volk aus der Unterdrückung befreien wollte und alles versuchte, damit dieses Volk seine Freiheit bekam. Wir verglichen den Moses jener Zeit mit den ‚Moses' von heute, die wir sind.

---

[104] Vgl. a.a.O., 91f.

So suchten wir Bibelstellen und Psalmen, die uns lehrten, uns unserer Feinde zu erwehren.

Die Kirche hat immer von Liebe und Freiheit gesprochen, aber es gibt keine Freiheit in Guatemala. Für uns wenigstens nicht. Auch werden wir nicht warten, bis wir das Reich Gottes im Himmel schauen.

Eine andere Idee, die man uns in den Kopf gesetzt hatte, war die, daß alles Sünde sei. Wir fragten uns: ,Wenn alles Sünde ist, warum töten dann die Großgrundbesitzer die armen Campesinos, die doch nicht einmal der Natur etwas zuleide tun können?' Ich war früher Katechetin gewesen und hatte geglaubt, daß alles in Gottes Hand läge. Ich dachte: Dort oben ist Gott, und da hat er ein Reich für die Armen. Wir entdeckten aber, daß Gott keineswegs einverstanden ist mit unserem Leid, daß es kein Schicksal war, das Gott uns auferlegt hatte, sondern daß es die Menschen dieser Erde waren, die uns Leid, Armut, Elend und Ungerechtigkeit aufluden.

Wie gesagt, die Bibel war unsere wichtigste Waffe, und sie zeigte uns, in welche Richtung wir gehen mußten. Viele, die sich Christen nennen, aber theoretische Christen sind, verstehen nicht, warum wir die christliche Lehre anders auslegen, weil sie nie unser Leben gelebt haben, oder vielleicht, weil sie die Bibel nicht auslegen können. Aber ich versichere Ihnen, jeder meines Dorfes, selbst ein Analphabet, der eine Bibelstelle auslegen sollte, die man ihm vorlesen und in seine Sprache übersetzen müßte, könnte große Schlüsse aus ihr ziehen, weil er den Unterschied kennt zwischen dem Paradies da draußen, da oben oder im Himmel und der Realität seines täglichen Lebens.

Unsere Aufgabe als Christen ist, darüber nachzudenken, wie das Reich Gottes auf Erden verwirklicht werden kann. Es wird erst existieren, wenn niemand mehr Hunger leiden muß. Das ist genau das Gegenteil von dem, was die Priester glauben. Aber das kann man auch nicht verallgemeinern, denn es gibt viele Priester, die zu uns kamen und antikommunistisch eingestellt waren, aber doch bald begriffen, daß das Volk nicht kommunistisch war, sondern unterernährt. Sie wählten das Leben, wie wir Indios es leben, und schlossen sich dem Kampf unseres Volkes an.

Natürlich gibt es noch viele Priester, die sich Christen nennen, aber nur ihre kleinen persönlichen Interessen verteidigen. Damit diese kleinen persönlichen Interessen keinen Schaden nehmen, isolieren sie sich vom Volk. Nur gut für uns, denn wir brauchen kei-

nen König, der in einem Palast wohnt, sondern einen Bruder, der unser Leben teilt."[105]

Eine Position wie die von R. Menchú ist wichtig, weil sie eine Balance gegen einseitige Verinnerlichungstendenzen schafft. Umgekehrt gewinnen im Blick auf Formulierungen, „wie das Reich Gottes auf Erden verwirklicht werden kann", die Gegenpole lutherischer und dialektischer Theologie eine unverzichtbare Bedeutung. Die Dimension von Hoffnung auf das in einem neuen Sinn ganz Andere des Reiches Gottes, das nicht in den Himmel verlegt, sondern auf Erden zuerst und zutiefst erwartet wird, ist bei Menchú ähnlich betont wie bei Boff. Sehr viel stärker als bei ihm tritt bei Rigoberta Menchú eine scharfe, wenn auch gezielte Kritik an den kirchlichen Funktionsträgern zutage, eine direkte Abweisung des Vertröstens auf das Jenseits und eine Kraft („Waffe"), die im Lesen und Interpretieren der Bibel durch die Armen gesehen wird.

Wir haben mit diesem Text von Rigoberta Menchú schon zum nächsten Kapitel übergeleitet. Und doch soll noch einen kleinen Moment innegehalten werden, um zur Verwurzelung und Verwendung von „Reich Gottes" in der lateinamerikanischen Theologie eine Frage zu stellen. Um die „Theologie der Befreiung" ist es in den letzten rund zehn Jahren stiller geworden. Dafür gibt es eine ganz Reihe von Gründen – z. B. Lehrentzugsverfahren gegen L. Boff und andere führende Theologen der Befreiung –, die hier nicht beachtet werden können. Nur einer soll in Form einer Frage zur Geltung kommen, nämlich: Ist die Schwächung der Theologie der Befreiung vielleicht auch ein Anzeichen dafür, daß der analytische Rahmen zu grobmaschig und die darauf aufbauende Prognose zu einlinear war? Waren umgekehrt die hoch gesteckten Ziele der Theologie der Befreiung vielleicht so unerreichbar, daß daraus notwendigerweise Enttäuschungen resultierten? Die Relativierung der Dependenztheorie als einziger Erklärung für Armut, Unterdrückung und Ausbeutung, die Differenzierung der Situation südamerikanischer Länder und der Wegfall der meisten Militärrégimes haben die Geschlossenheit von „Unterdrückung" ebenso in Frage gestellt wie die Möglichkeit, einen klar zu definierenden Hebelpunkt zum Ansatz für „die Befrei-

---

[105] Vgl. E. Burgos, Rigoberta Menchú. Leben in Guatemala, 7. Aufl. Göttingen 1992, 131-134 (228), gekürzt.

ung" zu finden. Wenn sich aber der Begriff des „Reiches Gottes" als starke, klare und radikale Vision gegen eindeutige, geschlossene und fast unabwendbare Unterdrückungsmechanismen herauskristallisiert hat, ist er dann nicht ein Gegenbegriff, dessen Eindeutigkeit und Stärke in gleichem Maße abnimmt, wie die politische Repression im Lande und die Ausbeutung im internationalen Rahmen nur einen Faktor der Armut darstellt? Dagegen ist allerdings zu sagen, daß es immer noch – vielleicht weniger im Bereich der politischen Systeme, sondern im erfahrenen Alltag der meisten Länder Südamerikas – eine Form von Armut gibt, die so unzweideutig ist, daß ihr nach wie vor der radikale Begriff von „Reich Gottes", die Hoffnung auf das ganz Andere entgegengestellt werden muß. Im folgenden Abschnitt wird deutlich, daß ein befreiungstheologischer Ansatz, der sich auf die übergeordneten sozioökonomischen Strukturen konzentriert, zu kurz greift. Befreiungstheologie gewinnt Kraft in einem Verständnis von Reich Gottes, das sich über die politische Analyse hinaus gegen ganz unterschiedliche Formen alltäglicher, konkreter, adressatenspezifischer Unterdrückung richtet.

4.) Das Land, wo Milch und Honig fließt
„Reich Gottes" in der feministischen Theologie

Ein wichtiger Strang feministischer Theologie versteht sich – abgekürzt gesagt – als Befreiungstheologie, die sich gegen patriarchalische Strukturen und die damit zusammenhängende Gewalt richtet. Feministische Theologie analysiert die Verflochtenheit und besonders die auf dem Gebiet von Religion und Ethik vorhandenen Unterdrückungsmechanismen und -strukturen, von denen Frauen auf der ganzen Welt betroffen sind; sie setzt dagegen die Zusage göttlicher Gerechtigkeit für die Marginalisierten, und besonders für die unter den Armen besonders Betroffenen – und das sind die Frauen. Gegen die Analysen umfassender struktureller Unterdrückung und gegen die Erfahrungen von alltäglicher Diskriminierung setzen feministische Theologinnen die Vision einer „neuen Welt", wie sie im „Reich Gottes" verheißen und schon angebrochen ist. Die Wahrnehmung der weltweit, zu allen Zeiten und in fast allen Kulturen vorhandenen Minderstellung der

Frau und die Schwierigkeit, diese zu überwinden, ist die Grundlage dafür, daß Visionen in der feministischen Theologie einen zentralen Stellenwert haben und der Begriff des Reiches Gottes eine wichtige Rolle spielt. So sagte Luise Schottroff in einem Zwischenrésumée zur feministischen Theologie:

> *„Feministische Christinnen haben sich die Visionen bisher nicht ausreden lassen. Sie haben Visionen als Lebensmittel begriffen, als Brot und Wasser in der Wüste des Patriarchats. Für mich sind diese Visionen unlösbar mit der Gottheit der Bibel und mit Jesus verbunden! Die Gegenwart erschlägt meine Hoffnung täglich. Die Resignation schleicht überall herum. Ich gewinne Kraft und Hoffnung, wenn ich höre, daß der Glaube die Kraft des Senfkorns hat, daß der Glaube Berge versetzen kann und das Gottesreich so subversiv ist wie Sauerteig. Die Tränen, die Gott abwischen wird, sind die Tränen, die heute über die menschengemachte Gewalt geweint werden. Gott wird sie abwischen, sie werden nicht von der Gleichgültigkeit weggewischt und unsichtbar gemacht werden."* [106]

Das Grundanliegen feministischer Theologie ist weltweit dasselbe, aber es drückt sich je nach sozialer Zugehörigkeit, politischem Umfeld und kultureller Einbindung in unterschiedlichen Ansätzen aus. Einen haben wir schon kennengelernt, nämlich den von Rigoberta Menchú, die in mehrfacher Weise von Unterdrückung betroffen ist: Als Frau in der südamerikanischen Männergesellschaft, als Angehörige eines armen Landes der Dritten Welt und als India, deren Volk besonderen Repressalien ausgesetzt ist. Ihre Position ist bestimmt von einer Theologie des Alltags: Die Bibel dient als Hintergrund, um Erfahrungen einzuordnen – und die Alltagserfahrungen bestimmen die Interpretation biblischer (Befreiungs-) Geschichten. Der befreiungstheologische Ansatz ist konkret und erfahrungsorientiert, er bezieht sich auf den gelebten Alltag und zeigt in diesem Rahmen sehr differenziert die unterschiedlichen Funktionen von Religion („die Kirche ist zweigeteilt"), die Gestalten von Gewalt und Gegengewalt und die

---

[106] Vgl. L. Schottroff, Art. Zukunft, in: Wörterbuch der Feministischen Theologie (hg. v. E. Gössmann, E. Moltmann-Wendel, H. Pissarek-Hudelist, I. Praetorius, L. Schottroff, H. Schüngel-Straumann), Gütersloh 1991, 446.

Geschichte von Menschen in Armut. Hiermit sind schon wichtige Unterschiede zu der in den 60er und 70er Jahren tonangebenden lateinamerikanischen Theologie der Befreiung angegeben, die stärker auf Unterdrückungsstrukturen in Kirche und Gesellschaft ausgerichtet war (und die Lebenserfahrung aus kirchlichen Basisgruppen hinzuzog), Armut mit Schwerpunkt auf ökonomische Fragen analysierte und von Männern betrieben wurde, die die besonders benachteiligte Rolle der Frauen in ihren Ländern übersahen. Feministische Ansätze von Befreiungstheologie in Südamerika zeigen demgegenüber deutlich andere Akzente. Die Analyse der Lage und die Hoffnungsvisionen von „Reich Gottes" sind stärker getragen von Konkretionen und Alltagserfahrungen (und diese Ausrichtung zeigt implizit Defizite der von professionellen Theologen getragenen „Theologie der Befreiung").[107]

Töchter der Sonne
Wir, die Töchter der Sonne,
die wir in die Schatten der Dämmerung schreiben,
die wir die Nacht entlang wandern
und im Lichte des Morgens wieder auftauchen.
Barfüßige im Schoße der Erde
säen wir auf den Feldern
und backen das tägliche Brot.
Wir, die wir die Sprache des Windes kennen
und gelernt haben, mit den Flügeln der Vögel zu fliegen,
die wir Lagunen im Blut haben
und unsere Körper mit Vulkanen bedeckt,
die wir es regnen sehen haben
auf die trockene Erde
und die müden Gesichter,
die wir die Intensität eines Blickes gesehen haben,
die wir die Falten der Alten gezogen haben,
die wir das Brot mit unserem eigenen Blut geweiht haben:
Wir zerreißen die Ketten
und machen uns auf den Weg[108]

---

[107] Vgl. hierzu B. Fünfsinn/L. C. Hoch/C. Rösener (Hg.), Töchter der Sonne. Unterwegs zu einer feministischen Befreiungstheologie in Lateinamerika, Hamburg 1996.
[108] Vgl. dieses von C. Rösener übersetzte Gedicht einer unbekannten Lateinamerikanerin a.a.O., 17.

Bei allen kontextuell bedingten Unterschieden feministischer Theologie gibt es Gemeinsamkeiten für den Ansatz und die Ausrichtung von „Reich Gottes". Im Rahmen des umfassenden Neuansatzes von Theologie galt es die Rolle dessen, der das „Reich Gottes" gepredigt hatte, neu zu fassen. Hierbei wurde die Befreiungsbotschaft von Jesus in den Vordergrund gestellt, die sich in besonderem Maße an Frauen richte; demgegenüber sei es sekundär, daß Jesus ein Mann war. Gegen eine spiritualisierende und individualisierende Kreuzestheologie wird die Verbindung zwischen Kreuz und der Gerechtigkeit des Reiches Gottes gesehen: die Kreuzigung als Reaktion der Römer darauf, daß Jesus „das Reich Gottes und seine Gerechtigkeit mitten in einer Welt der Ausbeutung und brutalen Unterwerfung ankündigte(n) und lebte(n)"[109] und das Kreuz als Zeichen der Auferstehung, des Aufstehens gegen Unterdrückung und Unrecht, als Beginn der Herrschaft Gottes schon auf dieser Welt: *„Zu verkündigen, ein Gekreuzigter sei Retter der Welt (Joh 4, 40) oder bringe Befreiung (Röm 3, 24) bedeutete im Kontext des Römischen Reiches, der allgegenwärtigen Unterdrückung durch Hunger, Verwaltung und Militär die Macht abzusprechen: die Macht des Friedens, des Gottesreiches ist größer als die der unterdrückenden Herren, und sie hat einen anderen Inhalt. Dem Militär wird nicht Militär entgegengesetzt, sondern die lebende Kraft eines Gekreuzigten, in dessen Namen Gemeinden entstehen, die nach Gottes Willen leben."* [110]

Feministische Theologie zielt auf Ganzheitlichkeit. Der Mensch kommt nicht nur in seinen geistigen oder seelischen Dimensionen, sondern auch in seiner Körperlichkeit zur Geltung. Dies wird z. B. deutlich im Blick auf das Thema „Heil". Hier geht es feministischer Theologie darum, ein zumeist auf „Seelenheil", „Rettung" oder „Erlösung" reduziertes, spiritualisiertes Verständnis von Heil aufzubrechen und es in den Kontext der Befreiung aus individuellen und gesellschaftlichen Zwängen im Horizont von „Reich Gottes" zu stellen. Heil hat demnach etwas zu tun mit Gesundheit und Glück, mit den

---

[109] D. Sölle, Art. Kreuz und Auferstehung, in: Wörterbuch der Feministischen Theologie, a.a.O., 234.
[110] L. Schottroff, Art. Kreuz, in: Wörterbuch der Feministischen Theologie, a.a.O., 228.

Heilungsgeschichten im Neuen Testament, vor allem den Frauenheilungen. Heil wird nicht vornehmlich in exklusiver ritueller Heiligkeit, sondern in der Vision von Jesus gesehen, die allen Menschen gilt: „Das Reich Gottes bedeutet Heil-Sein".[111] Heil wird von einer abstrakten Größe in den Kontext menschlicher Erfahrung transponiert. Das körperliche Wohlbefinden wird dabei explizit mit einbezogen. In Absetzung von der geschichtsmächtigen Körperverachtung im Christentum fordern feministische Theologinnen, im Rahmen der Verheißungen von „Reich Gottes" und mit Bezug auf die Heilungen Jesu, die Körperlichkeit des Menschen als Alltagserfahrung wert zu schätzen und in theologische Reflexion mit einzubeziehen.

In feministischer Theologie wird „Reich Gottes" nicht nur auf Mensch und Gesellschaft, sondern auch auf die Natur bezogen: Das Land, wo Milch und Honig fließt.[112] Im Rahmen von Schöpfungsverantwortung wird die Vision eines neuen Himmels und einer neuen Erde dezidiert auf die Ökologie bezogen. Die Auswirkungen einer von Männern vorangetriebenen Fortschrittsideologie habe zu einem technologischen Weltverständnis geführt, das ohne Rücksicht auf Verluste im ökologischen Bereich nur auf die Erhöhung von Produktzahlen und Gewinn ausgerichtet sei. In feministischer Theologie wird demgegenüber die Zusammengehörigkeit von Mensch, Natur und Kosmos betont. Der Mensch ist nicht im Gegenüber oder im Gegensatz zur Natur ihr Herr, sondern Teil von Gottes Schöpfung. Die im Angesicht der Reich-Gottes-Verkündigung geforderte Umkehr gelte deswegen auch besonders einer völlig veränderten Einstellung auf dem Gebiet der Ökologie. Die Betonung dieses Aspektes tritt in dem sich herausbildenden Ökofeminismus deutlich hervor.

Feministische Theologie arbeitet besonders den Adressatenbezug von „Reich Gottes" heraus. Elisabeth Schüssler-Fiorenza sieht drei Gruppen, die von der Reich-Gottes-Predigt Jesu vor-

---

[111] E. Moltmann-Wendel, Art. Heil/Heilung, in: Wörterbuch der Feministischen Theologie, a.a.O., 182.
[112] So auch der Titel eines Buches von E. Moltmann-Wendel, Das Land, wo Milch und Honig fließt. Perspektiven einer feministischen Theologie, Gütersloh 1985.

rangig angesprochen sind.[113] Dies sind in erster Linie die Armen, und hier vornehmlich die Frauen als die von Armut besonders Betroffenen. Ihnen gelte die Verheißung auf ein Reich, das alle Werte umkehren würde, wie es im Lied der Maria zum Ausdruck kommt: „Gewaltige hat Gott vom Thron gestürzt und Niedrige erhöht. Hungrige hat Gott erfüllt mit Gütern und Reiche leer davongeschickt" (Lk 1, 52 f.). Die zweite Gruppe, der „Reich Gottes" besonders zugesprochen wird, ist die der Kranken und Verkrüppelten. Schüssler-Fiorenza bezieht hier sowohl die individuellen Formen von Krankheit als auch gesellschaftliche Dimensionen mit ein. Die befreiende Macht von „Reich Gottes" gelte der blutflüssigen Frau ebenso wie den „Dämonen" ausbeuterischer Machtsysteme. Die dritte ins Auge gefaßte Gruppe ist schließlich die der ZöllnerInnen, SünderInnen und Prostituierten. Der Einbezug dieser Exponenten von Randgruppen zeige in aller Deutlichkeit, daß Jesus alle Menschen mit seiner Botschaft habe ansprechen wollen. Sie stellten dabei nicht moralisch abzuwertende Gruppen dar, sondern bezeichneten Menschen, die in Strukturen großer Not lebten. So hatten Zöllnerinnen als untergeordnete Geldeintreiberinnen einen sozial deklassierten Beruf, den sie nur aus Mangel an besseren Möglichkeiten ergriffen. SünderInnen rekrutierten sich nach damaligem Verständnis aus den Berufsgruppen der HausiererInnen, KnoblauchverkäuferInnen oder KupplerInnen, deren Metier als unrein galt. Prostituierte waren Frauen, die im System der patriarchalen Familien kein Auskommen hatten und ohne Ausbildung in die Prostitution abgedrängt waren. Jesus hat gerade diese Frauen, die als Abschaum der damaligen Gesellschaft angesehen waren, in die Tischgemeinschaft seines Reiches eingeladen.

Theologinnen wie Elisabeth Schüssler-Fiorenza haben auf der Grundlage sozialgeschichtlicher Exegese den Adressatenbezug von „Reich Gottes" schärfer und konkreter herausgearbeitet als die meisten anderen theologischen Ansätze, die sich

---

[113] Vgl. hierzu E. Schüssler-Fiorenza, Zu ihrem Gedächtnis. Eine feministisch-theologische Rekonstruktion der christlichen Ursprünge, München 1988, besonders das Kapitel „Jesu Vision vom Reich Gottes als Praxis umfassenden Heil-Seins", 162-177.

um ein (befreiungs-)theologisches Verständnis dieser Vision bemüht haben.

Der große Stellenwert eines an der Mahlgemeinschaft orientierten Reich-Gottes-Verständnisses in der feministischen Theologie hat nicht nur auf den Einbezug aller Menschen, gerade auch der Verachtetsten, gewiesen, sondern auch einen anderen Zug betont: den der Beziehungsorientiertheit. „Reich Gottes" zielt demgemäß auf die Überwindung von Herrschaftsstrukturen und fördert die auf Gegenseitigkeit angelegten Beziehungen zwischen Menschen sowie zwischen Menschen und Gott. Die Begegnungen von Jesus mit Frauen seien nicht durch eine Struktur dessen, der gibt und derer, die nehmen, gekennzeichnet, sondern durch eine „Macht in Beziehung" (Carter Heyward). Feministische Theologie hat gegenüber einem Jesusbild, das auf Autorität über Menschen ausgerichtet war, das Aufbrechen des Heilshandelns Jesu in Strukturen der Begegnung, der wechselseitigen, nicht-hierarchischen Beziehungen mit Menschen herausgestellt. Dorothee Sölle schärft diesen Aspekt auf die Beziehung des Menschen mit Gott zu: *Die power Gottes lebt nur im empowerment der Partizipierenden, und jede Rede über das Reich, die Kraft und die Herrlichkeit gilt nur insoweit, als sie das, was sie nennt, auch austeilt.*[114]

Das Verständnis von „Reich Gottes" in feministischer Theologie ist schließlich alltagsorientiert. Nicht die heldenhafte Pose in einer besonderen Entscheidungssituation, nicht die Außergewöhnlichkeit eines mannhaften heroischen Kampfes gegen Unrecht, sondern der Widerstand gegen Ungerechtigkeit im Alltag steht im Vordergrund des Interesses. Luise Schottroff hat hierzu die Bedeutung von hypomoné, das gemeinhin mit Ausharren, Geduld, Ausdauer oder Standhaftigkeit übersetzt wird, für eine auf das Reich Gottes ausgerichtete Grundhaltung herausgearbeitet. Hypomoné wird von ihr aus den Fesseln eines Verständnisses gelöst, das auf Passivität, Abwarten und Vertrösten oder auf eine heldenhafte Standhaftigkeit gerichtet ist. Demgegenüber betont Schottroff die eschatologische Ausrichtung von hypomoné und seine auf das Alltagsleben bezogene, lebenslange Dimension: „Gemeint ist ein Alltagswiderstand, ein Leben gegen die Anpassung, das das

---

[114] Vgl. D. Sölle, Art. Mystik, in: Wörterbuch der Feministischen Theologie, a.a.O., 302.

Ziel der Königsherrschaft Gottes im Alltag gegenwärtig zu halten versucht."[115] Hoffnung auf das Reich Gottes schon jetzt, gegen die Todesstrukturen der Gesellschaft, gegen das „weiße Atompatriarchat", dies ist der Akzent von Alltagswiderstand in diesem Zusammenhang.

Ein letzter Zug im Verständnis von „Reich Gottes" sei schließlich genannt. Er betrifft den Stellenwert der Armen und eine Sicht, die Armut nicht mit Depression und Bedrücktsein gleichsetzt. Auf beides hat besonders Dorothee Sölle aufmerksam gemacht:

„Diese Armen sind, nach einem Grundsatz der Befreiungstheologie, »die Lehrer«. Sie evangelisieren uns, verkünden uns die Botschaft, lehren uns die Bibel neu lesen. Oft erscheint ihre theologische Alphabetisierung, ihre Fähigkeit, im Buch des Lebens zu lesen, sehr viel weiter entwickelt als in unserer säkularen, dem Götzen des Konsums unterworfenen Welt. Es gibt theologisch viel bei ihnen zu lernen und zu entdecken, aber vor allem haben sie einen Zug des Reiches Gottes anders und tiefer als wir erfaßt, das ist die Freude. Vielleicht können wir am meisten aus ihren Festen, ihren Liedern, ihrer Lebenshingabe lernen, um vielleicht einmal wieder Kirche zu werden, die die Nähe Gottes zu den Menschen ausdrückt als Freude." [116]

5.) Im Spannungsfeld zwischen Unterdrückung und Befreiung
Ansätze zu „Reich Gottes" in Südafrika

In Südafrika hat der Begriff des Reiches Gottes im 20. Jahrhundert eine eminent wichtige Rolle gespielt. Besonders im Rückgriff auf Calvin bildete das Symbol des Reiches Gottes einen Focus sowohl für die Hoffnungen und aktiven Bestrebungen auf Befreiung gegen Unrecht als auch auf die Wahrung staatlicher Ordnung und struktureller Unterdrückung. Im folgenden soll dies entfaltet werden, indem zunächst die entsprechenden Ansätze der weißen Buren Südafrikas in ihren Hauptansätzen und Entwicklungstendenzen beleuchtet, dann

---

[115] L. Schottroff, Widerstandskraft, in: Chr. Schaumberger/L. Schottroff, Schuld und Macht, Gütersloh 1988, 106.
[116] Vgl. D. Sölle, Gott Denken. Einführung in die Theologie, Stuttgart 1990, 199.

die Positionen schwarzer (besonders auch reformierter) Christen in Zeiten der Apartheid dargelegt werden und schließlich nach der Bedeutung von „Reich Gottes" im gegenwärtigen Südafrika gefragt wird.

Die Bedeutung von „Reich Gottes" hat sich bei den Buren im Laufe des 20. Jahrhunderts drastisch verändert. Diese Veränderungen waren wesentlich gebunden an die öffentliche Position, die die Buren und „ihre" Kirche, die Nederduitse Gereformeerde Kerk (NG Kerk), in Südafrika einnahmen.

Zu Beginn dieses Jahrhunderts war das Selbstverständnis der Buren durch das Bewußtsein geprägt, ein auserwähltes und unterdrücktes Volk zu sein. Die Übermacht englischer Kolonisatoren hatte die Buren im 19. Jahrhundert dazu veranlaßt, sich ins Landesinnere zurückzuziehen. Mit einer groben, wirkungsmächtigen Bibelinterpretation sah man sich in Parallele zum Volk Israel auf dem Weg ins gelobte Land, betrachtete es als selbstverständliches Recht, Schwarze zu verdrängen (denen man technisch weit überlegen war) und hatte immer wieder damit zu tun, sich gegen die nachrückenden englischen Kolonialtruppen (denen man militärisch unterlegen war) zur Wehr zu setzen. In dieser – grob skizzierten – Situation waren die Buren geprägt von einem Erwählungsglauben, der die eigene Geschichte des „Exodus" und die Ziele auf Durchsetzung eines eigenen Staates auf biblischer Basis als heilig ansah. Dies leuchtete besonders deutlich im sogenannten Burenkrieg (1899-1902) auf, in dem die englischen Kolonialtruppen mit großer Übermacht und Grausamkeit die Buren in ihren Herrschaftsbereich einzuverleiben suchten und diese sich mit einer Guerillataktik lange erfolgreich wehrten. Den moralischen Rückhalt dafür suchte man im christlichen Glauben, in der Annahme, daß Gott auf der Seite der Schwachen sei. So sagte Buren-Präsident Paul Krüger nach knapp einem Jahr Krieg vor seinem Volksrat in einer Ansprache: *„Seht das Blut, das nun bereits geflossen ist. Wer trägt die Schuld daran? Wir wollen nichts als Frieden und unsere Freiheit ... Der Tag der Gnade ist nicht mehr fern von diesem Volke. Laßt uns nicht zweifeln, sondern Gottes Wort treu bleiben und in seinem Namen streiten! Wenn uns das Wasser bis an den Mund geht, dann ist, so wir uns ernstlich vor dem Herrn demütigen, der Tag der Gnade da. Möge dann jedermann erkennen, daß es Gottes Hand ist, die uns frei macht und niemand anders, auf daß der Mensch sich* *nicht rühme. ... Die Ueberwindung und das Schwert ist in seiner Hand, und er gibt es an diejenigen, die in seinem Namen kämpfen. Ist es nicht noch derselbe Gott, der Israel zur Zeit Pharaos unter Wunder und Zeichen aus dem Lande geführt hat?"* [117] Der Glaube an den Gott Israels führte Krüger zu einer Identifizierung des Kampfes der Buren mit der Exodus-Geschichte der Israeliten. Staatsführung und NG Kerk bildeten quasi eine Einheit im Glauben an die göttliche Unterstützung des eigenen Kampfes. Die Vision von „Reich Gottes" war identisch mit der Überwindung der englischen Unterdrückung und der Durchsetzung einer eigenen theokratischen Herrschaft.[118]

Die Annahme, trotz aller Schwierigkeiten und trotz der Niederlage gegen die Engländer nach göttlichem Plan ein von Gott geschaffenes Volk zu sein, blieb über Jahrzehnte dominant und bestimmte das Bewußtsein auch in der Zeit ab 1948, als die Buren mit der Nationalpartei im Staat und in ihrem Gefolge die NG Kerk auf dem Gebiet von öffentlicher Moral und Erziehung die Macht errungen hatten.[119] Die Nationalparteiregierung, deren Mitglieder ohne Ausnahme bekennende Glieder der NG Kerk waren, zielte darauf ab, ihre Vorstellung von Gerechtigkeit durchzusetzen. Explizit war davon die Rede, das öffentliche Erziehungwesen so zu gestalten, daß damit das „Reich Gottes" befördert, ja aufgerichtet werden könne.[120] Wie wir wissen, war diese öffentliche Ordnung, die

---

[117] Vgl. Paul Krüger, Lebenserinnerungen des Präsidenten Paul Krüger, München 1902, 290 u. 292.

[118] Vgl. hierzu S. Groth, Der Einfluß der reformierten Kirche auf die Entwicklung der südafrikanischen Rassenpolitik, in: K.-M. Beckmann (Hg.), Rasse, Kirche und Humanum. Ein Beitrag zur Friedensforschung, Gütersloh 1969, 158-187. Vgl. auch: I. Hexham, The Irony of Apartheid. The Struggle for National Independence of Afrikaner Calvinism Against Britisch Imperialism, New York/Toronto 1981 und J. Kinghorn (Hg.), Die NG Kerk en Apartheid, Johannesburg 1986.

[119] Vgl. hierzu z. B. die Reden von D. Malan, des ersten Premierministers ab 1948, der unter dem Wahlmotto der Apartheid an die Regierung gekommen war; vgl. F. A. von Jaarsveld, The Awakening of Afrikaner Nationalism, Cape Town 1961, sowie längere Zitate in: S. Groth, Der Einfluß der reformierten Kirche auf die Entwicklung der südafrikanischen Rassenpolitik, in: K.-M. Beckmann (Hg.), Rasse, Kirche und Humanum. Ein Beitrag zur Friedensforschung, Gütersloh 1969, 158ff.

[120] Vgl. G. Mitchell, Religionsunterricht. Testfall für ein multikulturelles Bildungswesen, in: Entwicklungspolitische Korrespondenz 24 (2/1993), 26ff, bes. 27.

die Nationalpartei auf allen Ebenen durchsetzte, die Apartheid. In etlichen Institutionen mußte die Rassentrennung in Zeiten der Apartheidsregierungen allerdings nicht erst durchgesetzt werden: In den reformierten Kirchen gab es so schon lange getrennte Organisationen für die Weißen, für Coloureds und für Schwarze.

Für die NG Kerk blieb das Symbol des „Reiches Gottes" eine zentrale theologische Kategorie. Wie man diese verstand, mögen drei Zitate aus einer Synodalerklärung von 1974 zeigen. *„Reformierte Kirche und Theologie haben noch immer die wahre Gottesfurcht (mit) im Dienst an Gottes Königsherrschaft auf allen Gebieten gesucht. Man hat das Heil immer so interpretiert, daß es sich nicht nur auf das Ewige Leben jenseits des Grabes bezieht, sondern auch auf die Not der Menschen in der gegenwärtigen Welt. Und das mit guten biblischen Gründen."*[121] *„Glaube ohne Werke ist tot. Kirchen und Christen sind aufgerufen, durch Werke der Liebe Zeichen der neuen Welt aufzurichten, dahin Gott mit uns unterwegs ist. Paulus kann darin sogar von den ‚Mitarbeitern Gottes' sprechen (1. Kor 3,9)."*[122] *„Eine Kirche aber, die aus dem Kreuz und der Auferstehung Jesu Christi lebt, kann das der Welt verheißene Heil und das Kommen der Gottesherrschaft nicht gänzlich mit der strukturellen Änderung der Gesellschaft noch die Gerechtigkeit Gottes mit ökonomischer und sozialer Neuordnung noch die Freiheit der Kinder Gottes mit der Demokratisierung des politischen Lebens identifizieren."* [123] Haben wir hier den theologisch ausgewogenen Standpunkt vorliegen, bei dem verschiedene Dimensionen des Reich-Gottes-Begriffes angemessen berücksichtigt sind? Diese Aussagen erscheinen alle als theologisch korrekt. Um ihre Bedeutung ermessen zu können, muß der öffentliche bzw. politische Kontext, in dem sie stehen, beachtet werden. Von den zitierten Grundannahmen aus konnte nämlich – bei vorsichtiger Kritik weniger Auswirkungen von Apartheid – insgesamt die Ideologie der Apartheid (die übrigens von einem Theologen, Eiselen, entwickelt worden ist und sich keineswegs auf den er-

---

[121] Vgl. Reformierte Kirchen im Südafrikanischen Vielvölkerstaat. Menschliche Beziehungen der Völkerschaften Süd-Afrikas im Lichte der Heiligen Schrift. Gebilligt und verabschiedet durch die General-Synode der Nederduitse Gereformeerde Kerk, Okt. 1974, Pretoria 1976, 58.

[122] Vgl. a.a.O., 59.

[123] Vgl. a.a.O., 60.

sten Blick wie ein Manifest des Bösen liest) bestätigt werden. Im weiteren Textverlauf wird „Nachdruck auf die Identität der je besonderen Volksgruppe" gelegt und die „Anerkennung der Unterschiedlichkeit dieser Gruppen" für unabdingbar angesehen, um so „Ordnung und Frieden am besten" zu wahren.[124] Die Tatsache, daß in Südafrika „Unterschiedlichkeit" der Volksgruppen mit Rassen- und Besitzgrenzen, mit Herrschenden und Unterdrückten identisch war, fand im Synodalbericht keine Erwähnung. Mit frappierender Offenheit wurde in der Schlußbemerkung allerdings zugegeben, daß die Meinungsunterschiede zu anderen Kirchen nicht auf theologischem, sondern auf politischem Gebiet gesehen werden.[125]

Der Begriff „Reich Gottes" hatte sich unter der Hand im Laufe einiger Jahrzehnte von einer Hoffnungsvision aus einer Position der Schwäche zu einem Leitmotiv aus der Position der religiös und politisch Herrschenden gewandelt. Die Intensität der Annahme, kirchlich und politisch von Gott geleitet zu sein, hatte sich gehalten. Die Einbindung von „Reich Gottes" hatte sich indes drastisch geändert: Aus einem Begriff der Hoffnung „von unten" war ein Instrument öffentlicher Machtausübung „von oben" geworden. „Reich Gottes" wurde mit den vermeintlich guten Absichten der Leitungsorgane in Staat und NG Kerk in einer Perspektive gesehen. Demgegenüber bildeten Widerstand und Protest gegen den Staat unerlaubte Aktivitäten gegen die in Geschichte und Gegenwart als geheiligt angesehenen eigenen Ordnungen. Vielleicht versteht man von hier aus das Mißtrauen z. B. schwarzer Christen besser, wenn das Hauptbemühen mancher Theologen auf begrifflicher Schärfe und – beim Reich-Gottes-Begriff – auf Ausgewogenheit der vertikalen und horizontalen Dimension liegt. Sicherlich kann man aber den Zorn der Betroffenen nachvollziehen, wenn allgemein richtige Aussagen zum Reich Gottes faktisch mit einer Legitimation der Apartheidspolitik verbunden waren.

Gegen eine solche Vereinnahmung des Reich-Gottes-Begriffes entstand in den 70er und 80er Jahren aus den Kreisen farbiger und schwarzer reformierter Christen entschiedener

---

[124] Vgl. a.a.O., 67ff, bes. 69.
[125] Vgl. a.a.O., 105.

Widerstand. An erster Stelle ist hier Allan A. Boesak zu nennen, der sich vehement gegen eine nach rassistischen Gesichtspunkten strukturierte reformierte Kirche wehrte und mit Rekurs auf die reformierte Tradition ein ganz anderes Verständnis von „Reich Gottes" herausstellte. In einem öffentlichen Brief an den südafrikanischen Justizminister im Jahr 1979 prangerte Boesak dessen Warnung gegen oppositionelle Christen an, sich aus der Politik herauszuhalten. Diese Forderung gälte doch offensichtlich nur bei Infragestellung der herrschenden Politik: *„Grundsätzlich haben Sie gar nichts dagegen, daß Geistliche sich in der Politik engagieren – solange dadurch nur Ihre Ziele unterstützt werden. Ein solcher Standpunkt erscheint mir ebenso unvertretbar wie unehrlich. Außerdem: Verleugnen Sie damit nicht Ihre eigene Geschichte? Waren es nicht die burischen Geistlichen, die sich an die Spitze ihres Volkes stellten? Waren sie es nicht, die ihrem Volk in seinem Ringen immer von neuem Mut einflößten? Stand nicht die burische Kirche sogar im Burenkrieg mitten im Kampf? Warum legen Sie heute diese Art von politischem Pietismus an den Tag und lehnen ab, was Sie gestern und vorgestern dankbar aus Gottes Hand genommen haben?"* [126]

An anderer Stelle nahm Boesak diesen Rekurs auf die Geschichte auf und unterstrich in eindrücklichen Worten, welcher Schaden durch eine Vereinnahmung der Reich-Gottes-Vision durch burische Interessen der reformierten Theologie entstanden sei:

„Reformierte haben den burischen Nationalismus entwickelt, haben ihn mit der reformierten Tradition gleichgesetzt, wie sie burische Ideale mit dem Reich Gottes gleichsetzten. Sie waren es auch, die eine Theologie der Apartheid entwickelten. Das Evangelium verdrehten sie dabei so lange, bis es zu ihren rassistischen Träumen paßte, um die Apartheidideologie als soteriologisch überfrachtetes Pseudo-Evangelium zur Erlösung aller Südafrikaner an den Mann bringen zu können. In dieser Einzigartigkeit erblicken wir die Schande der christlichen Kirche in diesem Land. Apartheid ist das Grab für Ansehen und Glaubwürdigkeit der reformierten Tradition. Heute sind wir so weit, daß viele Leute, ganz

---

[126] Vgl. A. Boesak, Ein Brief an den südafrikanischen Justizminister vom 24. August 1979, in: ders., Gerechtigkeit erhöht ein Volk. Texte aus dem Widerstand, Neukirchen-Vluyn 1985, 25ff, Zitat 26f.

besonders *Schwarze, anfangen zu glauben, Rassismus sei die un-umgängliche Konsequenz aus der reformierten Tradition."* [127]

Gegen einen theologischen Ansatz, der aus der aktiven Hoffnung auf das „Reich Gottes" ein stumpfes Sich-Einfügen in die vorgegebene soziale Ordnung machte, verwahrte sich Boesak mit den folgenden Worten:

„Vertreter der weißen reformierten Theologie in Südafrika haben immer wieder darauf aufmerksam gemacht, wir lebten in der »gebrochenen Wirklichkeit« einer gefallenen Welt. Das ist richtig. In der Theologie der Apartheid aber führt dieser theologische Lehrsatz letztlich dazu, daß man sich mit dieser Gebrochenheit abfindet, ja sie geradezu idealisiert und institutionalisiert. Man landet bei jener Art von Tatenlosigkeit, die den Christen empfiehlt, sich mit der sündigen Welt und ihren Realitäten (wie Rassismus) abzufinden, mit denen man eben leben müsse.

Echte reformierte Theologie aber legt in der Anerkennung der gebrochenen, sündigen Wirklichkeit dieser Welt den Impuls zur veränderten Gestaltung frei. Wir wissen, daß die Menschen nicht von allein dem Ruhm Gottes und dem Wohl ihrer Nächsten dienen. Deshalb hat ja gerade der Christ die Aufgabe, sich aktiv für das Wohl seines Nächsten einzusetzen. In einer gefallenen Welt sind die von Menschen geschaffenen Strukturen von Sünde befleckt und werden deshalb nicht von allein eine befreiende Wirkung ausüben. Deshalb müssen sie verändert werden, so daß sie der Humanisierung besser dienen. Reformierte Christen sind also keinesfalls aufgerufen, die sündigen Realitäten einfach zu akzeptieren. Viel eher ist es unsere Aufgabe, menschliche Geschichte herauszufordern, zu gestalten, wenn es sein muß, auf den Kopf zu stellen, damit sie ein menschlicheres Gesicht zeigt, damit sie am Ende den Normen des Reiches Gottes entspricht." [128]

Boesak wandte sich mit diesem Ansatz gegen eine – wie er sagte – „armselige Theologie Europas und seiner weißen Mittelklasse" [129], die sich in der Theologie der weißen Mittelklasse in Südafrika widerspiegele. Für diese sei „Reich Gottes" lediglich

---

[127] Vgl. A. Boesak, Schwarz und reformiert. Last oder Herausforderung?, in: ders., a.a.O., 36.

[128] Vgl. a.a.O., 40.

[129] Vgl. A. Boesak in: W. Weiße: „Nicht einmal der Teufel kann uns etwas anhaben", Interview mit Allan Boesak, in: Entwicklungspolitische Korrespondenz (Hg.): Kirchen in Südafrika, Hamburg 1986, 122 ff, Zitat 126.

ein Begriff, der den Frieden des status quo nicht stören solle. Für schwarze Südafrikaner hingegen könne „Reich Gottes" nur seine Kraft entfalten, wenn damit eine Dimension konkreter Befreiung verbunden sei. Hierzu erzählte Boesak eine Geschichte, die seine generelle Aussage plastisch verdeutlicht:

„Ich erinnere mich an die Zeit, als ich in ein Umsiedlungsgebiet der Ciskei kam. Zusammen mit einer schwangeren jungen Frau beobachtete ich, wie Arbeiter des Bezirksrats Gräber aushoben. Mittlerweile heben sie die Gräber schon vorher aus, weil sie wissen, so wie die Situation ist, werden nächste Woche viele Kinder sterben müssen.

Und ich dachte: wenn man ein Kind zur Welt bringt, schenkt man Leben, sie aber wird nicht Leben schenken. Sie wird ein Kind zur Welt bringen, das wohl kaum das Alter von einem Jahr erreichen wird, sondern das aufgrund der Lage wohl schon lange vorher sterben wird. Was bedeutet es z. B. für diese Frau, mit mir über das Reich Gottes, über Frieden, Liebe und Gerechtigkeit zu sprechen, wenn ich nicht zu ihr sagen kann: Dein Kampf, daß dein Kind nach der Geburt auch am Leben bleibt – das ist auch Gottes Kampf; wenn ich ihr nicht sagen kann: Gott hat für dich Partei ergriffen; wenn ich ihr nicht sagen kann, daß diese Leute, die ihr das antun, Gottes Zorn erfahren werden und sein Gericht; daß Gott sich in diesem Sinne ihrer und ihres Kindes annehmen wird? Wenn ich ihr das nicht sagen kann, dann darf ich mit ihr nicht über das Reich Gottes sprechen. " [130]

Generelle, erklärende und beispielhafte Aussagen von Boesak sind hier so stark berücksichtigt worden, um Raum zu geben für die Möglichkeit, eine Argumentation gegen eine herrschende Politik und Theologie nachvollziehen zu können; um zudem Facetten eines Ansatzes authentisch wahrnehmen zu können, der sich auf ein – damals in Südafrika – neues Verständnis von „Reich Gottes" richtete, in dem tägliche Erfahrungen von Unterdrückung den Ausgangspunkt von Theologie bildeten. Schließlich ist dieser Ansatz so stark zur Geltung gekommen, weil er zeigt, wie stark in der Gewichtung und in der Frage des Stellenwertes von „Reich Gottes" die Situationsanalyse und die theologischen Prioritäten zusammenwirken und zusammen gesehen werden müssen, wie stark Barrieren

---

[130] Vgl. a.a.O., 123f.

im Verständnis von „Reich Gottes" von einer Mißbrauchsge-
schichte bestimmt sind.

Boesak hat mit einigen Formulierungen allerdings auch Illusionen geweckt. Die zitierte Forderung, menschliche Geschichte so umzugestalten, daß „sie am Ende den Normen des
Reiches Gottes entspricht", impliziert ein Wachstum und eine
vollständige Durchsetzung von Reich Gottes durch menschliche Anstrengungen. Diese Vorstellung ist theologisch proble-
matisch, aber auch politisch nicht unbedenklich, weil damit
Erwartungen geweckt werden, die unerfüllbar sind. Als Gegenpol gegen eine auf Entmutigung gerichtete Politik und
Theologie war Boesaks Ansatz aber verständlich und vielleicht
zeitweise notwendig.

Der Ansatz, „Reich Gottes" im Rahmen einer Theologie zu
verstehen, die die Situation der Unterdrückung zum Ausgangspunkt nimmt und mit der Vision von Gottes Gerechtigkeit verbindet, fand sich auch bei etlichen schwarzen Theologen anderer Konfessionen. So formte der Lutheraner Zephanja
Kameeta den 22. Psalm in die folgenden Worte um:

PSALM 22 von Zephanja Kameeta
Mein Gott, mein Gott, warum hast du mich verlassen?
Mit deinen eigenen Worten, Herr, rufe ich dich an,
denn du allein verstehst mich wirklich und fühlst mit mir.
Du allein weißt, was es heißt,
wenn man verachtet und unterdrückt ist.
Ich bin ein Spott der Leute,
die alle Vorrechte im Lande genießen, verachten mich.
Es ekelt sie an, mich auf ihren Nebenstraßen zu sehen.
In ihren Zeitungen wird absichtlich einseitig von mir berichtet.
In ihren Zeitungsartikeln kennt man mich nur
als Dieb, Mörder, Räuber und Faulenzer....
In den Heimatländern, in den Blechhütten, diesen Brutkästen,
die sie in ihrem Radio und ihren Zeitungen
»Freundliche Altenwohnungen« nennen,
sitze ich unversorgt, verwahrlost, und meine Heimat ist weit.
Auf dich warte ich, eile doch, mich zu erlösen!
Ich ersticke im Staub ihrer Kontore,
denn mein ganzes Leben muß ich nichts als fegen
und Staub putzen.
Meine Zeugnisse sind in ihren Augen nicht mehr wert

als naßgeregnetes Zeitungspapier.
tief in mir quält mich die Frage: Was ist der Sinn meines Lebens?
Auf dich warte ich, eile doch, mich zu erlösen! ...
  Aber in dem allen werde ich nicht aufhören, von dir zu spre-
chen!
Ich will dich in unsern Gemeinden rühmen,
denn du hast die Leidenden nicht verachtet.
du wendest dich nicht stillschweigend ab.
Du offenbarst dich als der Erlöser aller Menschen.
Der Tag wird anbrechen, da aller Welt Enden deine Gerechtigkeit
sehen und schmecken werden!
  Denn dein ist das Reich und die Kraft
und die Herrlichkeit in Ewigkeit.
Auch in diesem Land. Amen [131]

In ähnlicher Form, wenn auch weniger häufig und intensiv
als Boesak, verwendete der Anglikaner Desmond Tutu den
Reich-Gottes-Begriff. Als er noch Generalsekretär des Südafrikanischen Kirchenrates war, formulierte er als Ziel dieses
kirchlichen Zusammenschlusses, *„Gott zu ehren und dafür zu*
sorgen, daß Sein Reich in Südafrika verwirklicht wird und daß
die gespaltenen christlichen Kirchen in diesem Land wieder zu-
sammengeführt werden“.[132] Auch hier gilt eine ähnliche Einschätzung wie zu den zugespitzten Formulierungen von A.
Boesak.
Als letztes von vielen weiteren möglichen Beispielen sei eine
Formulierung des schwarzen Theologen und Politikers Frank
Chikane berücksichtigt, der unterstrich, *„daß es im Sinne der*
Botschaft der christlichen Kirche ist, daß sie sich auf die Seite der
Gerechtigkeit stellt und daß sie sich deshalb bei den Opfern dieser
Gesellschaft wiederfinden muß. Das freilich heißt auch, daß sie
einen Gottes»dienst« an den Unterdrückern zu verrichten hat. Sie
muß ihre Botschaft, die Gute Nachricht vom Reich Gottes, auch
den Tätern verkündigen. Sie muß ihnen sagen, daß sie, wenn sie

---

[131] Vgl. Z. Kameeta: Psalm 22 in: T. Sundermeier (Hg.), Christus, der
schwarze Befreier. Aufsätze zum Schwarzen Bewußtsein und zur
Schwarzen Theologie, Erlangen 1973, 133f, gekürzt.
[132] D. Tutu, Eine geistliche Pilgerfahrt, in: Bekenntnis und Widerstand.
Kirchen Südafrikas im Konflikt mit dem Staat. Dokumente zur Untersuchung des Südafrikanischen Kirchenrats durch die Eloff-Kommission,
Hamburg 1983, 333ff, Zitat 469.

das Reich Gottes nicht anerkennen, wenn sie nicht ihre Gewalt gegen das Reich Gottes beenden, sie die Gnade Gottes verlieren werden, Gott sich von ihnen abwenden und sie richten wird." [133]

Dieses befreiungstheologisch ausgerichtete Verständnis von „Reich Gottes" fand ein gemeinsames Forum in dem 1985 von Christen unterschiedlicher Konfession und Hautfarbe geschriebenen „Kairos-Papier". Die rund 150 Theologen, die dieses Papier zum Zeitpunkt seiner Veröffentlichung im September 1985 unterschrieben hatten, sahen in der damaligen Situation Südafrikas den Kairos bzw. die Stunde der Wahrheit „nicht nur für die Apartheid, sondern auch für die Kirche".[134] Der Kairos wurde nicht nur als „Stunde der Gnade und der Möglichkeiten, die angenehme Zeit, in der Gott uns zu entschiedenem Handeln herausfordert" (ebd.) wahrgenommen, sondern auch als ein „gefährlicher Augenblick, denn wird diese Chance verpaßt und nehmen wir sie nicht wahr, wird der Verlust für die Kirche, für das Evangelium und für alle Menschen Südafrikas unschätzbar sein" (ebd.).

In dem Grundsatzpapier sahen sich südafrikanische Theologen aufgefordert, „die unterschiedlichen Theologien unserer Kirche zu analysieren und eindeutige und mutige Aussagen zur tatsächlichen Bedeutung dieser Theologien zu machen" (5). Hierzu einige grobe Hinweise: Als erstes wurde die „Staatstheologie" analysiert, die „ganz einfach die theologische Rechtfertigung des status quo" (6) sei. Damit war ohne Zweifel die Theologie der NG Kerk gemeint, die ohne Zurückhaltung kritisiert wurde, z. B. in ihrem Gottesbild: „Hier ist ein Gott, der die Hoffärtigen erhebt und die Armen erniedrigt – das genaue Gegenteil von dem Gott der Bibel" (11). Mit der zweiten Kategorie, der „Kirchentheologie", wurden die englischsprachigen Kirchen analysiert, die als – in begrenztem Maße – apartheidkritisch gelten. Bischof Tutu gehört einer dieser Kirchen an. Auch mit dieser Theologie wurde hart ins Gericht gegangen. Sie plädiere für einen Reformweg und für eine Versöhnung, wie sie in privaten Streitfällen

---

[133] Vgl. F. Chikane: Wo ist Gott in Südafrika? in: EK 20 (1987), 332ff. Zitat 333.
[134] Eine Herausforderung an die Kirche. Ein theologischer Kommentar zur politischen Krise in Südafrika. Das Kairos Dokument, in: EMW-Informationen Nr. 64 (Oktober 1985), 4. Die folgenden eingeklammerten Seitenangaben im Text beziehen sich auf diesen Beitrag.

in Form von Kompromissen angebracht sei. Für Südafrika ging das Grundsatzpapier dagegen von einem Konflikt der sozialen Ungerechtigkeit aus, der als „Kampf zwischen Gerechtigkeit und Ungerechtigkeit, zwischen Gut und Böse, zwischen Gott und Teufel" bezeichnet werden müsse: *„Diese beiden Seiten versöhnen zu wollen, ist nicht nur eine falsch verstandene Anwendung des christlichen Begriffs der Versöhnung, sondern ein völliger Verrat an dem, was der christliche Glaube überhaupt bedeutet"* (13).

Gegen diese beiden Ansätze wurde eine prophetische Theologie gesetzt. Dieser Ansatz und die darin verankerte Auffassung von „Reich Gottes" kommt in der abschließenden „Botschaft der Hoffnung" zum Tragen. Hier heißt es:

„Jesus hat uns gelehrt, von dieser Hoffnung als dem Kommen des Reiches Gottes zu sprechen. Wir glauben, daß Gott in unserer Welt am Werk ist und hoffnungslose und vom Bösen gezeichnete Situationen zum Guten wenden kann, damit Sein Reich komme und Sein Wille geschehe wie im Himmel, so auf Erden. In dem Maße, wie sich die Krise tagtäglich zuspitzt, haben beide – Unterdrücker wie Unterdrückte – das Recht, von den Kirchen eine Botschaft der Hoffnung zu fordern.

Doch Hoffnung braucht Bestätigung. Hoffnung muß genährt und gestärkt werden. Hoffnung muß verbreitet werden. Den Menschen muß immer und immer wieder gesagt werden, daß Gott auf ihrer Seite ist. Es gibt Hoffnung. Es gibt Hoffnung für uns alle. Doch der Weg auf diese Hoffnung hin wird sehr schwer und sehr schmerzhaft sein. Auseinandersetzung und Kampf werden sich in den vor uns liegenden Monaten und Jahren verstärken, denn es gibt keine andere Möglichkeit, Ungerechtigkeit und Unterdrückung zu beseitigen. Doch Gott ist mit uns. Wir können nur lernen, Werkzeuge seines Friedens zu werden, selbst bis in den Tod. Wir müssen am Kreuzestod Christi teilhaben, wenn wir die Hoffnung auf die Teilhabe an seiner Auferstehung unser eigen nennen wollen" (28f.).

Als Beispiele für die als notwendig erachtete Teilnahme der Kirche am „Kampf für Befreiung und für eine gerechte Gesellschaft" wurden die Mittel des Verbraucherboykotts und der Arbeitsniederlegungen angegeben (31). Als wirksame Formen des Widerstandes wurde ziviler Ungehorsam genannt.

Das Kairos-Papier beinhaltete eine national und international stark beachtete theologische Grundsatzreflexion mit besonderer Betonung einer gesellschaftsrelevanten, auf Befreiung ausgerichteten Dimension. „Reich Gottes" wurde dabei nicht als situationsunabhängige Vision angesehen und die Zusage des Beistandes Gottes nicht als fester Besitz. In Absetzung von einer „Gott-mit-uns-Theologie", wie sie von den Buren in Südafrika (und von Kirchenführern in Europa z. B. während des Ersten Weltkrieges) vertreten worden ist, waren sich die Kairos-Theologen darüber im Klaren, daß diese Zusage nur insofern und solange gälte, als damit ein Bestreben auf Befreiung gestärkt werde, das nicht gleichzeitig oder im Laufe der Zeit auf Unterdrückung anderer gerichtet sei.[135]

Die befreiungstheologischen Ansätze haben in ihren theoretisch-analytischen wie praktisch-aktionsorientierten Elementen einen wichtigen Beitrag dazu geleistet, daß das „christlich-nationale" Unrechtssystem Südafrikas unblutig abgelöst werden konnte. Und wie steht es um das „Reich Gottes" im demokratischen Südafrika? Der Begriff spielt gegenwärtig eine untergeordnete Rolle. Für die Theologen der NG Kerk ist offensichtlich geworden, daß „Reich Gottes" zu eng mit der Dominanz des einst mitgetragenen politisch-gesellschaftlichen Systems verknüpft war und damit desavouiert ist. Für befreiungstheologische Positionen ist eine Zeit notwendigen generellen Überdenkens gekommen, um eine für die südafrikanische Gegenwart relevante Theologie herauszuarbeiten. Im Rahmen derartiger Neuorientierung spielt die Vision von „Reich Gottes" keine große Rolle.

Der Begriff des „Reiches Gottes" findet sich also durch mißbräuchliche Inanspruchnahme im Rahmen burischer Staatstheologie entwertet und zugleich durch das Erreichen der politischen Befreiung entkräftet. Der Begriff des „Reiches Gottes" gerät gegenwärtig mehr und mehr in den Hintergrund. Gefragt wird, ob er überhaupt von größerer Relevanz für Christen in einem demokratischen Staatssystem sei. Gefragt wird, ob „Reich Gottes" vielleicht ein eher schädlicher Begriff gewesen sei (in burischer Theologie) und ansonsten nur zeitweise tauge, wenn er im Gegenüber zu totalitärer Un-

---

[135] Vgl. hierzu z. B. den schwarzen Lutheraner M. Tsele in: W. Weiße: „Gott ist nicht neutral". Interview mit Molefe Tsele, in: Entwicklungspolitische Korrespondenz (Hg.), Kirchen in Südafrika, a.a.O., 135ff, besonders 139f.

terdrückung erfahren und gebraucht würde. Gefragt wird, ob
er in seiner Zentrierung auf das Christentum der nach Beendigung der Apartheid möglichen Wahrnehmung religiöser
und kultureller Vielfalt gerecht werde. Gefragt wird schließlich
aber auch, ob man auf diesen Begriff verzichten könne: ob er
nicht doch notwendig sei, um neue Visionen mit Leben zu erfüllen, Visionen, die notwendig seien auf dem Gebiet der
Schöpfungsbewahrung (in Südafrika beginnt man erst zaghaft,
ökologischen Fragestellungen Aufmerksamkeit zu widmen),
auf dem Gebiet der geschlechtlichen Gleichstellung (Frauen,
die großen Anteil am Unabhängigkeitskampf hatten, rücken
nun nur selten in gute Positionen vor), auf dem Gebiet der
wirtschaftlich Benachteiligten (die ohnehin hohe Arbeitslosigkeit in Zeiten der Apartheid ist noch weiter angestiegen).

„Reich Gottes" war in Südafrika von größter Bedeutung –
und diente unterschiedlichen Zielen. Nun gerät es zunehmend
aus dem Blickfeld. Dies ist aus den genannten Gründen verständlich. Eine Reich-Gottes-Theologie „von oben", wie sie
von der NG Kerk nach 1948 vertreten worden ist, erscheint
ohnehin als obsolet. Aber auch ein befreiungstheologisch geprägter Ansatz mit einer zuweilen überschäumenden Hoffnung, wie wir ihn bei Allan Boesak kennengelernt haben, ist
in der jetzigen Situation nicht angemessen. Nach einer Zeit, in
der der Begriff des „Reiches Gottes" stärker in den Hintergrund getreten ist, scheint es nun vordringlich, sich des Unverfügbaren, der eschatologischen Dimension von „Reich
Gottes" stärker bewußt zu werden.[136] „Reich Gottes" mit diesem Akzent könnte zum klärenden Bewußtsein beitragen, daß
– nach den Hoffnungen im Kampf gegen die Apartheid – nun
in der realen Gestaltung persönlichen und sozio-politischen
Lebens das „schon jetzt" der politischen Freiheit mit dem
„noch nicht" umfassender Befreiung zusammengehalten werden müsse.

---

[136] So der südafrikanische Theologe Dr. Wolfram Kistner, der lange Jahre
an einflußreicher Stelle des Südafrikanischen Kirchenrates saß und am
Kairos-Papier mitgewirkt hat, in Gesprächen mit dem Autor, zuletzt im
August 1996. Vgl. in eben diesem Sinne auch die Äußerung von W. Kistner in: C. Lienemann-Perrin, Die politische Verantwortung der Kirchen
in Südkorea und Südafrika. Studien zur ökumenischen politischen Ethik,
München 1992, 402f. Vgl. auch John de Gruchy, Befreiung der reformierten Theologie. Ein südafrikanischer Beitrag zur ökumenischen Diskussion, Gütersloh 1995.

B. ÖKUMENISCHE DIALOGE
UND DISPUTE

Unter „Ökumenischer Bewegung" werden hier die interkonfessionellen und internationalen Bemühungen um Einheit und Zeugnis christlicher Kirchen (weithin ausgenommen die Römisch-Katholische Kirche, die sich an diesen Bestrebungen nur zögerlich oder gar nicht beteiligte) verstanden. Hierbei spielte die Frage nach dem Reich Gottes eine außergewöhnlich große Rolle. Im folgenden sollen die Knotenpunkte der Auseinandersetzung um das Reich Gottes besonders beachtet werden: Erstens sollen die verschiedenen Aufassungen zum Reich Gottes in den 20er Jahren, das Aufeinanderprallen unterschiedlicher Positionen auf der Weltkonferenz von Stockholm 1925 und der bis heute in seinem Umfang und seiner Offenheit beeindruckende Studienprozeß über „Reich Gottes und Geschichte" in den 30er Jahren dargelegt werden. Zweitens sollen die herausragenden Diskussionsströme in der zweiten Hälfte des 20. Jahrhunderts besonders beachtet werden: die Mitte der 60er Jahre schnell aufkeimenden Diskussionen um „Reich Gottes" im Rahmen von kirchlich-gesellschaftlichen Themen zu Befreiung und Emanzipation, die zentralen Auseinandersetzungen zu diesem Thema in den 80er Jahren, die sich besonders auf der Weltmissionskonferenz in Melbourne 1980 zeigten sowie in einem Ausblick die Diskussionsansätze in den verschiedenen Bereichen des ÖRK bis heute.

I. „REICH GOTTES“:
INDIVIDUELL ODER SOZIAL, DURCH MENSCHEN ODER DURCH GOTT?
Auseinandersetzungen in der Ökumene: Erste Hälfte des 20. Jahrhunderts

1.) „Reich Gottes“ als ökumenische Grundfrage

Zu Beginn unseres Jahrhunderts haben ökumenische Aktivitäten einen bis dahin nicht erlebten, universalen Aufschwung erfahren. Auf den Gebieten der Mission, der unterschiedlichen Glaubensüberzeugungen wie auch der Wahrnehmung christlich-sozialer und friedensfördernder Verantwortung sah man bessere Chancen, aber auch größere Notwendigkeiten für eine engere Kooperation der Kirchen: Die besseren Voraussetzungen für die Durchsetzung international-christlicher Vereinigung lagen in den rapide gewachsenen weltpolitischen und technischen Kommunikationsmöglichkeiten; gleichzeitig sah man sich angesichts der zunehmenden Infragestellung christlicher Werte, des politischen und sozialen Umbruchs, wie der friedenspolitischen Gefährdung durch den Ersten Weltkrieg zu einem international abgestimmten Reflexionsprozeß genötigt, der mit der Hoffnung verbunden war, nicht nur alte Sehnsüchte nach christlicher Vereinigung zu erfüllen, sondern auch die christlichen Kirchen zu stärken, zumal die als bedrohlich empfundenen Kräfte des Sozialismus/Kommunismus, des „Mammonismus“, aber auch des Katholizismus ebenfalls international organisiert waren.

An dieser Stelle können die verschiedenen Stränge dieser ökumenischen Bewegung nicht berücksichtigt werden, die erst ab 1948 durch die Gründung des Ökumenischen Rates der Kirchen in einer gemeinsamen Organisation gebündelt wurden. Vielmehr soll die vorrangige Aufmerksamkeit der „Bewegung für Praktisches Christentum“ gelten, d. h. der ökumenischen Initiative, die in weltweiter kirchlicher Kooperation an Lösungen der in und nach dem Ersten Weltkrieg aufgetretenen Friedens- und Sozialprobleme mitarbeiten wollte. Im Rahmen der Gründung und Formierung dieser Bewegung nahm die Frage nach dem Reich Gottes eine herausragende Bedeutung ein.

Zur Erinnerung: Erzbischof Söderblom aus Uppsala hatte mit mäßigem Erfolg während des Ersten Weltkrieges Friedensappelle an die Weltchristenheit gesandt und Kirchen zu Friedenskonferenzen in das neutrale Schweden eingeladen. In den Jahren nach 1918 wurde er zum Motor der „Bewegung für Praktisches Christentum", die von den damals tonangebenden Kirchen Westeuropas und Nordamerikas angesichts der genannten Gründe und des als Desaster, auch als christliches Desaster, empfundenen Ersten Weltkrieges unterstützt wurde. Die sich Anfang der 20er Jahre organisatorisch herauskristallisierende Bewegung für Praktisches Christentum hatte sich zur Aufgabe gesetzt, die damaligen Friedens- und Sozialprobleme zu bearbeiten und für ihre Lösung einen internationalen Minimalkonsens herbeizuführen. (Mit den Fragen von Glauben und Kirchenverfassung beschäftigte sich eine andere ökumenische Bewegung, nämlich „Faith and Order", so daß man sich von den Problemen christlicher Vereinigung auf dogmatischem Gebiet entlastet fühlen konnte.)

1922 beschloß ein engerer Kreis von Kirchenvertretern aus Westeuropa und Nordamerika in Hälsingborg, daß mit der genannten Zielsetzung eine große internationale Konferenz von den Kirchen vorbereitet und im August 1925 durchgeführt werden sollte. Diese Konferenz fand mit über 600 Vertretern von Kirchen aus aller Welt in Stockholm statt. Sie bildete das erste international-christliche Forum, das auf der Basis regionaler Vorarbeiten einen Verarbeitungs- und Austauschprozeß zu zentralen ethisch-sozialen, staatlich-internationalen, erzieherischen und organisatorischen Problembereichen ermöglichte.[137]

In den damaligen Jahren gab es keine ausgefeilte ökumenische Theologie, sondern verschiedene Personen, die in ihrer Theologie und ihrem Engagement den Prozeß der international-christlichen Kooperation vorantrieben. Deshalb sollen in

---

[137] Vgl. zur ökumenischen Bewegung der damaligen Zeit: R. Rouse/S. Ch. Neill, Geschichte der ökumenischen Bewegung 1517-1948, 2 Bde., 2. Aufl., Göttingen 1963/1973. Vgl. für die Beachtung der „Bewegung für Praktisches Christentum" und der Frage nach dem Reich Gottes: H. Kerner, Luthertum und Ökumenische Bewegung für Praktisches Christentum 1919-1926, Gütersloh 1983 und W. Weiße, Praktisches Christentum und Reich Gottes. Die ökumenische Bewegung Life and Work 1919-1937, Göttingen 1991.

einzelnen Texten, Reden und Diskussionsbeiträgen Positionen und vor allem auch Kontroversen der ökumenischen Diskussion zur Reich-Gottes-Frage zur Geltung kommen.

„Reich Gottes" als Grundfrage und Movens für die Entstehung
der „Bewegung für Praktisches Christentum":
„Reich Gottes" als Kontrapunkt zu Krieg

Aufgrund der vorgesehenen Thematik war es von Anfang an deutlich, daß die „Bewegung für Praktisches Christentum" mit der Frage nach dem Reiche Gottes konfrontiert war. Dies wird deutlich in Passagen einer Predigt, die der deutsche Neutestamentler und einflußreiche Ökumeniker A. Deißmann auf der genannten Vorbereitungs-Konferenz 1922 in Hälsingborg gehalten hat. „Aus der tiefen Erschütterung" über die Frage, wann das Reich Gottes komme, sei – so Deißmann, – „die große Bewegung unserer Konferenz entstanden. Mitten in der Sintflut des letzten Jahrzehnts, mitten im Feuer- und Schwefelregen des Weltkrieges erwachte bei allen Völkern ein neuer Eifer für Gott und sein Reich".[138] Die Frage nach dem Reich Gottes bildete somit den theologischen Ausgangspunkt in der Nachkriegssituation, diesen Strang der Ökumene ins Leben zu rufen. Bei dieser Frage stehe nun weniger die theoretisch-theologische Frage nach dem „Wesen des Reiches Gottes" sondern eher die Dimension der „Wirklichkeit des Reiches Gottes" (229) im Zentrum, die diametral den Erfahrungen des Krieges entgegenstehe. Nach der Definition von A. Deißmann war „Reich Gottes" von Gott dem Menschen auf der Grundlage des Leidens zugesprochen mit der Erwartung einer Antwort in Form eigener Aktivität (230). Die Kirchen müßten stärker ihren Auftrag erkennen, den Gott ihnen im „sozialen Kräftespiel der Welt anvertraut hat" und unter Rückgriff auf den „urevangelischen ... Einheits- und Solidaritätsgedanken des ersten Jahrhunderts" (230) mit „allen Mitteln und allen Erfahrungen moderner Organisation" (230) auf die Una sancta hinarbeiten: „... alles damit Gottes Reich inwendig in uns und draußen um uns mehr und mehr verwirklicht werde" (230).

---

[138] A. Deißmann, Wann kommt das Reich Gottes, in: Theologische Blätter 1 (1922), Sp. 228-230, Zitat Sp. 228. Die folgenden eingeklammerten Spaltenangaben im Text beziehen sich auf diesen Beitrag.

Wahrnehmung und Aufbau kontroverser Standpunkte zum
Reich Gottes: soziale Aktion oder Wortverkündigung?

Im Rahmen der Vorbereitung auf die Weltkonferenz von Stockholm sollten zwar theologische Streitpunkte ausgeklammert werden, um ohne generellen Zwist zu konkreten Lösungsvorschlägen der vordringlichsten Probleme auf gesellschaftspolitischem Gebiet vordringen zu können. Dennoch schlug immer wieder – und mit zunehmender Intensität – die Frage nach dem „Reich Gottes" in den entsprechenden Diskussionen durch: An ihr entschied sich, welche politisch-sozialen Themen kirchliche Vertreter überhaupt als in ihrem Aufgabenfeld liegend betrachteten und welchen Grad an Verantwortung sie als angemessen empfanden. Und hier brachen im Vorfeld der Weltkonferenz schon erhebliche Unterschiede auf. Diese zeigten sich nicht nur zwischen Theologen unterschiedlicher Konfessionen, sondern waren ebenfalls innerhalb der Konfessionsfamilien scharf markiert. Hierzu je ein Beispiel: Zunächst eine Kontroverse, die auf der Hälsingborg-Konferenz von 1922, auf der Deißmann seine erwähnte Predigt gehalten hatte, zwischen dem französichen Reformierten Jézéquel und dem finnischen Lutheraner Gummerus aufbrach.

Jules Jézéquel unterstrich die Notwendigkeit der individuellen wie sozialen Dimension des Evangeliums: *„Nicht nur im Leben des Einzelnen, sondern auch im Leben der ganzen Menschheit und unter allen Umständen sollten alle Probleme vom Geiste des Christentums durchdrungen und in Übereinstimmung mit den Gesetzen des Reiches Gottes gelöst werden".*[139] Aus den Grundprinzipien des Wertes des Individuums und der Liebe in brüderlicher Gemeinschaft leitete er eine doppelte Pflicht ab, aus diesen Erkenntnissen „sozial wirksame Folgerungen zu ziehen" und ein „klar umschriebenes Programm" dafür aufzustellen (47). Mit dem Programm könnten zwar keine detaillierten Anweisungen für die Probleme der modernen Industriegesellschaft gegeben werden, aber es sollte doch möglich sein, „im Geiste freier Kritik, wie das Evangelium ihn uns

---

[139] Vgl. Verhandlungen der Allgemeinen Konferenz der Kirche Christi für Praktisches Christentum. Protokoll der Versammlung des Komitees in Hälsingborg, Schweden, im August 1922, Zürich 1923, 45. Die folgenden eingeklammerten Seitenzahlen beziehen sich auf diese Publikation.

lehrt, die führenden Grundsätze aufzustellen, welche uns in unserem gemeinsamen Vorgehen als Richtschnur dienen können" (48). Bei allen möglichen Abweichungen in Fragen der Wirtschaft sei es wichtig, *„daß wir unseren Willen bekunden, zu handeln. Wir dürfen nicht länger gleichgültig die Leiden derer mit ansehen, die unsere Brüder sind. Überzeugt, daß wir im Evangelium Trost für alle Leiden, Heilung für alle Übel und vollkommene Rettung für die Menschen und die menschliche Gesellschaft besitzen, erklären wir es für unsere dringende und sofortige Pflicht, dem Reich Gottes in dieser Welt zum Durchbruch zu verhelfen"* (50). Jézéquel hatte mit seinem Votum einer – leicht relativierten – Forderung Nachdruck verliehen, christliche Grundsätze als Richtschnur für das gemeinsame Handeln zu erarbeiten, hatte die Notwendigkeit der Aktion unterstrichen und diese mit der Pflicht begründet, dem „Reich Gottes zum Durchbruch zu verhelfen". Diese Position traf auf sofortigen Widerstand.

Bischof Jaakko Gummerus aus Finnland machte in einer Erklärung nach Jézéquels Vortrag grundlegende Einwände geltend: Die Aufgaben der Kirchen lägen vornehmlich in der Verkündigung des Wortes: „Denn vor allem in der Wortverkündigung und in den davon ausgehenden Wirkungen vollzieht sich ja die Arbeit und das Leben – Work and Life! – der Kirche."[140] Gummerus lehnte allgemeine Richtlinien für ein praktisches Verhalten der Kirchen ab und favorisierte stattdessen den Austausch von Erfahrungen: *„Lebendiges Beispiel bedeutet unendlich viel mehr für die gemeinsame Richtung der Aktion als allergeschickteste Formeln. Aber die Beispiele müssen bekannt werden, müssen studiert werden! Die Kirchen müssen einander kennenlernen, dann wächst die Gemeinschaft von selbst, ohne jede Mache."*[141] Gummerus Position verkörperte einen Ansatz, der die Verkündigung als zentrale Aufgabe der Kirche sah, aus der

---

[140] Dieses Statement hat keinen Eingang in das Protokoll gefunden. Es wurde im englischsprachigen provisorischen Protokoll noch erwähnt, im deutschen Protokoll ist selbst dieser Hinweis weggelassen. Gummerus' Beitrag ist handschriftlich im Archiv in der Universitätsbibliothek Uppsala (Ekum. Saml.) vorhanden und ist abgedruckt als Dokument Nr. 9 bei Hanns Kerner, Luthertum und Ökumenische Bewegung für Praktisches Christentum 1919-1926, Gütersloh 1983, 396f. Zum Zitat im Text vgl. a.a.O., 396.
[141] Vgl. Gummerus bei Kerner, Luthertum, 396f.

sich dann – in verschiedenen Kirchen unterschiedlich – Konsequenzen für die praktische Arbeit zu ergeben hätten. Aktivitäten der Kirchen auf sozialem Gebiet schienen für Gummerus selbstverständlich und wichtig, aber nicht so dringlich wie bei Jézéquel. Von Reich-Gottes-Arbeit war bei Gummerus in diesem Zusammenhang explizit nicht die Rede: Daß er Jézéquels enthusiastisches Votum, „dem Reich Gottes zum Durchbruch zu verhelfen", nicht teilte, ging aus der Stoßrichtung seines Votums indessen deutlich hervor.

Die zweite Kontroverse baute sich im Lager der Lutheraner selbst auf. Im Rahmen der organisierten Vorbereitung der Stockholmer Konferenz war dem lutherischen Osloer Theologieprofessor Karl Vold die Aufgabe übertragen worden, ein Gutachten zur Frage nach dem Reich Gottes zu verfassen. Seine sieben Seiten umfassende Schrift bot eine klare Explikation des Satzes, daß die Geschichte auf ein von Gott bestimmtes Ziel gerichtet sei: „Die Absicht und der Plan Gottes ist, die Welt von Sünde und allem Bösen zu erlösen."[142] Der Terminus „Reich Gottes" stehe für diese Zielsetzung, die aber in sehr unterschiedlicher Weise verstanden werde. Zum einen gebe es eine individualistisch-pessimistische und weltverneinende Auffassung, wonach Gottes Absicht auf die Rettung des Einzelnen aus der Welt heraus zielt: *„Gottes Absicht und Plan sei, die einzelne[n] Menschen aus der Welt hinauszuretten, so viele Menschen wie möglich in sein Rettungsboot hinüberzuretten. Sein Rettungsboot sei die Gemeinde. Nur vereinzelt werden die Menschen aus der Welt hinüber in das Rettungsboot gesetzt. Wenn die Zahl voll sei, stürze die ganze Welt zusammen und gehe rettungslos verloren."* (2) Von einer solchen Position aus wirke jedes Engagement zur Verbesserung der weltlichen Zustände nutzlos oder gar gefährlich. Die andere Position, die Vold referierte, wurde in dem verwendeten Bild so gekennzeichnet, daß Gott nicht nur eine bestimmte Zahl von Menschen in sein Ret-

---

[142] Vgl. Europäische Sektion der Weltkonferenz für Praktisches Christentum I, The Churches' Obligation in View of God's Purpose for the World, Stockholm, o.J., 3. Hier zitiert nach dem deutschsprachigen Skript von K. Vold, Die Absicht Gottes mit der Welt, (maschschr. Archiv Universitätsbibliothek Uppsala, Ekum.Saml.), 1. Die folgenden im Text eingeklammerten Seitenzahlen beziehen sich auf dieses Skript.
[143] Vgl. E. Stange, Vom Weltprotestantismus der Gegenwart, Hamburg 1925, 55.

tungsboot ziehen, sondern die ganze Welt retten wolle. Der Einzelne sei stärker in seinem gemeinschaftlichen Bezug zu sehen, die Aufgabe der Gemeinde bestehe darin, die Welt sauerteigartig zu durchdringen und für eine Verbesserung auf kulturellem und sozialem Gebiet zu arbeiten (3).

In der Reflexion dieser beiden Standpunkte hob Vold heraus, daß die erste Position weder haltbar sei noch von ihren Verfechtern konsequent durchgehalten werde. Er entschied sich klar für die zweite Position, indem er zum gesellschaftspolitischen Engagement sagte: „Es ist Arbeit, die Gott gemacht haben will. Gottes Geist treibt uns dazu, nicht nur für die Rettung des Einzelnen zu arbeiten, sondern auch für Frieden, soziale Gerechtigkeit, sozialen Fortschritt etc." (4). Als christliche Ideale nannte er dafür Weltbrüderschaft, Einheit der Kirchen, soziale Einstellung und Weltfrieden (5f.).

Vold hatte mit diesem Gutachten einen grundsätzlichen Klärungsversuch unternommen, der an konträren Fassungen des Reich-Gottes-Begriffes orientiert war und klar Position bezog. Die Gegenposition zu Vold ist bereits oben im Abschnitt „Positionen im Bereich der Evangelischen Kirchen" skizziert worden. Die ganz anderen Ansatzpunkte treten hier klar hervor: Im Gegensatz zur Vold´schen Position ist in dem von dem deutschen Lutheraner L. Ihmels verfaßten Gutachten der Allgemeinen-Evangelisch-Lutherischen Konferenz (Engeren Konferenz) der Akzent auf die fast bis zum Nullpunkt eingeschränkten Möglichkeiten des Menschen gelegt, im Angesicht der Reich-Gottes-Erwartung auf sozialem Gebiet aktiv zu werden.

Die in der Vorarbeit zur Weltkonferenz zutage tretenden Unterschiede im grundlegenden Verständnis des kirchlichen Aufgabenfeldes auf gesellschaftlichem Gebiet ließen die jeweiligen Positionen zur Frage nach dem Reich Gottes sachlich als immer wichtiger erscheinen. Vor allem die deutschen Lutheraner sahen die Notwendigkeit, ihre Position zu schärfen und zu verteidigen. So appellierte der an den Stockholmer Vorbereitungen intensiv beteiligte Erich Stange, das „Luthertum deutscher Zunge" müsse sich auf die Auseinandersetzungen zur Reich-Gottes-Frage rüsten, „da es zu einer Auseinandersetzung von weltgeschichtlicher Tragweite vor der Öffentlichkeit des gesamten Protestantismus sein gutes Zeugnis abzulegen hat."[143]

105

2.) Stockholm 1925:
Gegensätze und Diskussionen zu „Reich Gottes"

Die Konferenzregie hatte für die „Weltkonferenz für Praktisches Christentum" 1925 in Stockholm vorgesehen, daß es
eine herausgehobene, aber unverbundene Darstellung verschiedener Positionen zur Frage nach dem Reich Gottes geben
solle. Dieser Absicht wurde dadurch entsprochen, daß zu Beginn der Konferenz eine Reihe von Beiträgen aus den verschiedenen Ländern und theologischen Strömungen zur
Reich-Gottes-Frage vorgetragen wurde, über die aber auf
Grund des Zeitplanes weder diskutiert werden konnte noch –
nach dem Willen der für die Konferenz Verantwortlichen –
sollte. Diese Darstellungen waren beeindruckend und zeigten
die unterschiedlichen theologisch-anthropologischen Ansatzpunkte und gesellschaftspolitischen Implikationen in aller
Klarheit und Schärfe. Dies soll im folgenden anhand ausge-
wählter Redeausschnitte demonstriert werden. Entgegen der
Konferenzregie gab es aber doch auch Diskussionsprozesse.
Der wichtigste offenbarte einen politisch-theologischen Dis-
sens, der zwischen dem Deutschen Klingemann und dem
Franzosen Gounelle aufbrach. Weiterhin gab es auf der Konferenz konstruktive Vorschläge, wie die zutagegetretenen Unterschiede als wechselseitige theologische Herausforderung mit
jeweiligen fruchtbaren Anregungen verstanden werden könnten. Und schließlich gab es zum Abschluß der Konferenz auch
auf der Seite der Hauptkontrahenten in der Reich-Gottes-
Frage Zugeständnisse an die jeweils andere Seite, die zeigten,
daß es über das Aufeinanderprallen von Gegensätzen auch Re-
flexions- und Lernprozesse in dieser Frage gegeben hatte. Auf
diese Aspekte soll im folgenden eingegangen werden.

Darstellung unterschiedlicher Positionen

Aus den am ersten Konferenztag vorgebrachten Positionen sollen die Eröffnungspredigt und die zwei am stärksten
zueinander in Spannung stehenden Redebeiträge besonders
beachtet werden, nämlich die des deutschen Lutheraners
L. Ihmels und die des US-amerikanischen Reformierten
Ch. Wishart.

Im Eröffnungsgottesdienst trug der anglikanische Bischof
Woods aus Winchester eine eindrucksvolle Interpretation zum

Thema „Reich Gottes" vor.[144] Im ersten Hauptteil der Predigt umriß Woods die umfassende, auch für die Kirchen notwendige Veränderung. Das im Werden befindliche Zeitalter bedeute für die meisten Menschen eine „geistige und seelische Revolution. Unsere Aufgabe ist es, diese Revolution zu fördern" (106). Dabei übte er scharfe Selbstkritik an der bisherigen Haltung der Kirche, die sich zwar um den Einzelnen, nicht aber um die Gesamtgesellschaft gekümmert habe: „Wir vergaßen die Rettung der Gesellschaft" (107). Weiterhin müsse die Kirche einen neuen Weg einschlagen, auf dem sie das Evangelium nicht nur lehre, sondern auch lebe: „Dieser neue Lebensweg bedeutet durchgehend Verwirklichung des Gottesreiches; er bedeutet die Einstiftung echterer Grundsätze in diese schlappe Welt, beglückenderer Beziehungen, besserer Methoden" (107).

Der zweite Teil der Predigt setzte sich mit dem möglichen Einwand auseinander, daß manchem die Verwirklichung des Reiches Gottes als unausführbare Utopie erscheinen könne. Einen solchen Einwand bezeichnete er als gefährlichen Pessimismus, den er massiv angriff: *„Manche verzweifeln am Menschengeschlechte: Da die menschliche Natur so ist, wie sie ist, sagen sie, kann eine Besserung nicht eintreten. Das ist Lästerung gegen Gott und Menschen. Wir haben es mit der menschlichen Natur doch nicht nur zu tun, wie sie ist, sondern wie Christus sie gestalten kann"* (107). Und in einer Emphase, die die Schwierigkeit, Notwendigkeit und das Ziel der zu leistenden Konferenzarbeit umfaßte, schloß er: *„Das Reich Gottes aufzurichten in dieser so komplizierten Kultur des zwanzigsten Jahrhunderts, ist ein kolossales Unternehmen. Ein Unternehmen, das Gedankenarbeit, Geschicklichkeit, Geduld und Weisheit erfordert. Aber, ich wiederhole es, in Christus können wir das Unmögliche tun"* (107).

---

[144] Wir verwenden hier die deutsche Übersetzung des von Deißmann herausgegebenen offiziellen Berichtes (vgl. A. Deißmann (Hg.), Die Stockholmer Weltkirchenkonferenz. Vorgeschichte Dienst und Arbeit der Weltkonferenz für Praktisches Christentum, 19. – 30. August 1925. Amtlicher Deutscher Bericht im Auftrage des Fortsetzungsausschusses, Berlin 1926, 105ff, Zitat 105. Im folgenden zitiert als „Amtlicher Bericht"). Die folgenden im Text eingeklammerten Seitenzahlen beziehen sich auf diese Publikation.

Mit dieser Eröffnungspredigt war ein deutlicher Akzent gesetzt. Diese Linie wurde durch den anschließenden Vortrag des sächsischen Landesbischofs Ihmels nachhaltig gebrochen. Sein konzentrierter Beitrag mußte wie ein mächtiger Gegenschlag gegen das vorher Gesagte wirken; so z. B. seine Sätze: *„Nichts wäre irriger und verhängnisvoller, als die Vorstellung irgendwelcher Art, daß wir es wären, die Gottes Reich in der Welt zu bauen haben. Selbst im Ausdruck sollte man hier vorsichtig sein. Wir können nichts, wir haben nichts, wir sind nichts.“*[145]

Ausgangspunkt im Ihmel'schen Vortrag bildete die Grundaussage des sündigen Menschen, der auf die Erlösung durch Jesus verwiesen sei. Nach der Hervorhebung dieses individualistisch-anthropologischen Ausgangspunktes kam Ihmels in den folgenden Punkten auf Kernaussagen zurück, wie er sie in den erwähnten Thesen im Auftrage der Engeren Konferenz formuliert hatte.[146] Gottes Reich sei nicht „ethische Gemeinschaft, die durch einen Zusammenschluß von Menschen entstünde", sondern „von Gott in die Welt hineingewählt, Gottes Königsherrschaft in den Herzen der Menschen, die sie unter sich zwingt, mit Gott verbindet, dann freilich auch untereinander" (134). „Reich Gottes" stehe zwar in Beziehung zu den natürlichen Lebensordnungen, erkenne aber die „Eigengesetzlichkeit dieser natürlichen Lebensordnungen" an; lediglich das „Gemeinschaftsleben" eigne sich für eine sauerteigartige Durchdringung durch das Reich Gottes.

Das grundlegende Ziel christlichen Zeugnisses müsse „christozentrischen Charakter tragen" und auf die „Weckung persönlichen Glaubens" zielen. „Immer nur auf dem Umwege einer Bekehrung der Persönlichkeiten" sei eine „wirkliche Christianisierung auch des Gemeinschaftslebens innerhalb der natürlichen Lebensordnungen" zu erreichen (137). Die Durchdringung der natürlichen Lebensordnungen mit dem Reich Gottes sei notwendigerweise unvollständig: „Es ist nichts als Schwärmerei, wenn man das Reich Gottes sich innerhalb dieses Äons in allmählicher Entwicklung vollenden

---

[145] Vgl. den Abdruck der Rede von Ihmels bei Deißmann, Amtlicher Bericht, a.a.O., 132ff, Zitat 135. Die folgenden im Text eingeklammerten Seitenzahlen beziehen sich auf diese Publikation.
[146] Vgl. oben den Abschnitt über „Positionen im Bereich der Evangelischen Kirchen".

läßt" (137). Eine darauf aufbauende Sozialethik besaß die Nüchternheit und Schwierigkeit, daß sie nur für die Christen, also nur für einen Teil der Gesellschaft, Gültigkeit beanspruchen konnte. Grundlegende Veränderungen schienen so nur schwer möglich.

Die Zuhörer müssen das Gefühl eines Wechselbades gehabt haben, als nach Ihmels der US-amerikanische Presbyterianer Charles Wishart das Wort ergriff.[147] In einer selbstbewußt spritzigen, mit Humor und Ironie gewürzten Rede umriß Wishart das breite Spektrum der nordamerikanischen Kirchen und stellte deren Aktivitäten dar. Prinzipielle Auseinandersetzungen mit dem Bedeutungsinhalt von „Reich Gottes" und der einzunehmenden Funktion christlicher Kirchen wurden von Wishart gemieden. Stattdessen stand die generelle Aussage, daß die Kirchen in den USA ihre Verantwortung im Angesicht des Reiches Gottes dadurch wahrnehmen wollten, die Menschen für das Reich Gottes bereit zu machen und sie dazu anzuregen, in dieses Reich hineinzugehen (138). Zur Erläuterung wählte er das Bild einer Brücke zwischen Himmel und Erde. Wichtigste Aufgabe der Kirche sei es, die Menschen über die Brücke ins Himmelreich zu führen, *„aber ein Teil dieser Aufgabe liegt eben darin, daß wir diese Erde zu einer geeigneten Schwelle zum Eingang in den Himmel gestalten. Wenn die Menschen auch nur über diese Brücke hinwegschreiten sollen (und nicht etwa sich darauf ansiedeln), so können wir sie doch für die ewige Stätte nur so vorbereiten, indem wir diese Brücke rein und sicher, bequem, hell erleuchtet und schön machen"* (138f.). Dieses etwas simple, von Fortschrittsoptimismus geprägte Bild mußte bei den an theologischen Grundlagenproblemen interessierten Konferenzteilnehmern den Verdacht von Oberflächlichkeit erregen.

Wishart appellierte an die Regierungen, auf die Einhaltung christlicher Ideale zu achten und „möglichst viele zum Gottesreich zu führen", indem die ökonomischen und industriellen Rahmenbedingungen entsprechend human verändert würden (139). Er legte einen starken Akzent auf die weltweite Verantwortung des Staates wie der Kirchen in den USA – eine die

---

[147] Die Rede von C. Wishart ist abgedruckt bei Deißmann, Amtlicher Bericht, a.a.O., 137ff. Die folgenden im Text eingeklammerten Seitenzahlen beziehen sich auf diese Publikation.

eigene Regierungspolitik der „splendid isolation" kritisierende Komponente – und formulierte dabei scharf hinsichtlich der Verantwortung für den Frieden: „Sagen, daß wir den Krieg nicht beseitigen können, heißt behaupten, daß Gott, der seinen Sohn in die Welt gesandt hat, um für ihre Rettung zu sterben, ihn genarrt hat" (141).

Aktivismus contra Inaktivismus?

Woraus resultierten die Unterschiede? Waren es Unterschiede, die in den Verschiedenheiten der Personen gründenten? Dies trifft wohl auch zu. Ihmels wird von einem Berichterstatter in der Situation seiner Stockholmer Rede folgendermaßen gekennzeichnet: „Der Landesbischof von Sachsen, L. Ihmels, erscheint noch im Schmuck von Frack und Orden auf der Kanzel und spricht ... im Tone der wissenschaftlichen Abhandlung."[148] Von Wishart hieß es dagegen: „Auf einzelne unserer deutschen ... Freunde wirkte z. B. das robuste, paradox optimistische Pathos von Dr. Charles F. Wishart, das ohne jeden Versuch einer vorherigen lokalen Betäubung auf sie losfuhr, wie eine seelische Tätowierung, die sie nicht leicht abwaschen konnten. So setzte sich ein falscher Eindruck ‚des‘ Amerikanismus bei ihnen fest ... ".[149]

Die Stereotype vom Aktivismus und der theologischen Oberflächlichkeit bzw. Naivität der Amerikaner, die viele deutsche Lutheraner in dem Auftreten Wishars bestätigt sahen, fand auf US-Seite eine Entsprechung in der Kritik am Individualismus und Inaktivismus deutscher Theologie. Dies trat besonders deutlich in einer spöttischen Umdichtung zutage. Aus dem Kirchenlied

Rise up, O man of God
have done with little things
give heart and soul and mind and strength
to serve the King of Kings
wurde in Parodie auf die deutsche Theologie:

---

[148] F. Siegmund-Schulze, Die Weltkirchenkonferenz in Stockholm. Gesamtbericht über die Allgemeine Konferenz der Kirche Christi für Praktisches Christentum, Berlin 1925, 25.
[149] A. Deißmann, Die Stockholmer Bewegung. Die Weltkirchenkonferenzen zu Stockholm 1925 und Bern 1926 von innen betrachtet, Berlin 1927, 84f.

Sit down, O men of God
His kingdom He will bring
Whenever it may please His will
You cannot do a thing[150]

So sehr sich diese Urteile – z.T. bis heute – gehalten haben, so deuten sie höchstens die halbe Wahrheit an. In Stockholm hat es z. B. US-Amerikaner gegeben, die – auch als Nichtlutheraner – Positionen vertreten haben, die auf der Linie von Ihmels lagen. Zum anderen gab es in Stockholm eine Kontroverse, in der ein lutherischer Generalsuperintendent keinesfalls einen inaktiven Standpunkt zeigte und die vermeintlich „amerikanische" Position von einem Franzosen vertreten wurde.

Spaltende Gegensätze? Kontroverse zu „Reich Gottes" mit politischen Implikationen

Im Rahmen der thematischen Auseinandersetzungen auf der Stockholmer Konferenz zur Frage der internationalen Beziehungen prallten die Gegensätze so stark aufeinander wie ansonsten an keiner anderen Stelle. In der Kontroverse zwischen dem Rheinischen Superintendenten D. Klingemann, dessen Region ab 1923 von französischen Truppen besetzt war und dem französischen Theologen E. Gounelle, dessen Land zwar zu den Siegermächten des Ersten Weltkrieges gehörte, das aber wirtschaftlich auch erheblich unter den Folgen des Krieges litt, kam es zu einem ungeplanten Schlagabtausch. Angesichts des hohen Stellenwertes dieser Kontroverse für die Offenlegung des mit der Reich-Gottes-Thematik verbundenen realen Konfliktfeldes, seien im folgenden die wichtigsten Passagen dieser beiden Reden im Wortlaut widergegeben. Klingemann führte aus:

„... Um Gottes Reich ist es uns zu tun. Aber wir können unmöglich Gottes Reich mit einem Zustand diesseitiger Wohlfahrt gleichsetzen, auch nicht in dem Maße, wie es vielfach hier geschehen ist, die Herstellung friedlicher menschenwürdiger Zustände als die Bedingung baldigen Kommens von Gottes Reich ansehen. Vollends unmöglich ist es uns, die Verewigung gegenwärtiger Zustände und Verhältnisse im Völkerleben mit der Vorarbeit für das Reich Gottes in Einklang zu bringen.

---

[150] Vgl. W.A. Visser't Hooft, Memoirs, London/Philadelphia 1973, 26.

Wenn wir die Pflege einer Gesinnung, die Frieden und Verständigung unter den Völkern vorbereitet, für ein dem Herrn der Kirche wohlgefälliges Werk erkennen, dem wir von Herzen unsre Mitarbeit gewähren, so können wir an einen nahen Zustand wahren Friedens nicht glauben, solange unserm Volke die Segnungen des Friedens versagt bleiben. ... Wir wissen nicht, ob es Gott gefallen wird, unser Zeitalter mit dem Anbruch wahrer Friedenszeit zu segnen, oder ob er neue Gerichte über die Völkerwelt in waltender Hand bereit hält. In Gottes Walten einzugreifen, müßte uns als Vermessenheit erscheinen, und sein Reich hängt nicht von den Zuständen ab, die wir herbeizuführen vermögen. Genug, wenn wir im Gehorsam seinen Willen tun, soweit wir ihn erkennen, und daran arbeiten, Hindernisse seines Reiches aus dem Wege zu räumen.

Meine Landsleute im Rheinland, die katholischen nicht anders als die evangelischen, würden es nicht verstehen, wenn nicht an dieser Stelle unser Verlangen nach Befreiung von schwerem inneren und äußeren Druck laut würde. Wir sind dazu verurteilt, unter einem unerträglichen Druck zu leben. Unser Land und Volk ist zerrissen, unser Wohlstand zerstört, unsre Wirtschaft geknechtet. ... Es ist zugestanden, daß es schließlich im Leben der Völker Verwicklungen geben kann, die nur der Krieg zu lösen vermag. Und dann machen Sie sich klar, daß wir entwaffnet inmitten einer von Waffen starrenden Welt leben. Vergebens warten wir auf die vertraglich zugestandene allgemeine Entwaffnung, die es uns erst ermöglichen würde, an den dauernden Frieden zu glauben. Es muß mir fern liegen, den Gedanken des Völkerbundes, der Völkerverständigung zu unterschätzen. Aber abgesehen davon, daß viele unter uns seine Verwirklichung für eine Unmöglichkeit ansehen, ja in dem Gedanken selbst eine Gefahr für die wahre Freiheit und das Selbstbestimmungsrecht der Völker, bin ich außerstande, in der gegenwärtigen Gestalt des Völkerbundes irgendeine religiöse Kraft, irgendeine innere Verbindung mit dem Reich Gottes zu erkennen. Für uns ist zur Zeit der Völkerbund der Wächter und Bürge eines Zustandes, der für uns unerträglich ist. ..."[151]

Die anschließende Mittagspause bot dem Franzosen E. Gounelle Gelegenheit eine Antwort zu formulieren. Auch diese Rede wird aus den aufgeführten Gründen in Auszügen wiedergegeben:

---

[151] Vgl. Deißmann, Amtlicher Bericht, a.a.O., 459f. (gekürzt).

112

„... Unsre Konferenz ist sehr geteilt in der Auffassung jener biblischen Idee, von der wir alle gleichermaßen uns ergriffen wissen, der Idee des Reiches Gottes. Die einen sehen darin dasselbe, was Heil aus Gnaden, Vergebung besagen; die anderen meinen eine neue soziale Ordnung auf Erden unter Gottes Herrschaft. Aber wie auch unsre Erklärung des Begriffes ,Reich Gottes' sein mag, spiritualistisch oder realistisch, individualistisch oder sozial, was tut's! Die Beziehungen zwischen den Nationen müssen für uns alle, die wir hier sind, in der Praxis durch die Gesetze dieses Reiches geregelt werden, und wir alle, die wir das Tatbekenntnis des Herrngebetes wiederholen, müssen wollen, daß der Wille Gottes, der Gerechtigkeits- und Friedenswille ist, auf Erden geschehe. Solches müssen wir glauben und so müssen wir handeln. Wohlverstanden, wir können in Gottes Pläne nicht eindringen, wir können die Widerstände nicht voraussehen, die aus der Tatsache entstehen, daß verschiedene Kräfte in Freiheit miteinander ringen. Folglich kann niemand mit unbedingter Sicherheit behaupten, daß das Reich Gottes da oder dort auf Erden aufgerichtet wird. Aber es bleibt dabei, daß wir Gottes Mitarbeiter am Reiche sind, also berufen, an der irdischen Verwirklichung dieses Reiches mitzuwirken. Heute morgen hat ein Redner der deutschen Delegation, mit der ich persönlich während dieser Tage die herzlichsten Beziehungen gepflegt habe, die besonderen Leiden seines Volkes uns vor Augen geführt. Er hat sie vielleicht etwas zu schwarz gemalt – und er hat geglaubt, das feststellen zu müssen gerade gegenüber der Einstellung der von ihm sogenannten Siegerstaaten, die an diesem Zustand offenbar nichts auszusetzen hätten. Er hat es abgelehnt, in den Versuchen zur Sicherung des Friedens, vor allem in denen des Völkerbundes, irgendeinen Beitrag zur Aufrichtung der Gerechtigkeit und der Brüderlichkeit zu sehen, – während doch für uns französische Christen diese Versuche, so unvollkommen und ungenügend sie auch sein mögen, Meilensteine auf dem Wege des Reiches Gottes sind.

Auch wir sind weit davon entfernt, den gegenwärtigen Frieden mit der Gerechtigkeit Gottes und seines Reiches gleichzusetzen. Wir sind, leider, sehr weit davon entfernt. Auch wir sind nicht zufrieden. Es gibt nicht einen, der zufrieden wäre. Wer könnte es denn auch sein bei einem Frieden, der vergiftet ist durch Mißverständnisse, durch Mißtrauen, durch schlimme Leidenschaften? Nicht Sie allein leiden; auch wir leiden, und wer darf, wer kann es wagen, die Leiden der Völker miteinander zu vergleichen? Wir *lehnen uns auch auf gegen jene entmutigende Lehre und gegen jene fatalistische und pessimistische Auffassung, die uns heute morgen dargelegt worden ist; wir lehnen uns dagegen auf, sowohl im Hinblick auf das Reich Gottes (das ist mein religiöser Vorbehalt), als auch im Hinblick auf den Völkerbund (das ist mein Vorbehalt in sozialer und internationaler Hinsicht). ...* "[152]

Der Beitrag Klingemanns zeigte, daß die politische Lagebeurteilung entscheidend war für seine Annahme, daß der wahre Friede noch nicht herbeigekommen oder der Völkerbund keine „innere Verbindung" mit dem Reich Gottes aufweise. Gounelles Rede wies Klingemanns theologische Unterstellung einer Verrechnung des Reiches Gottes mit bestimmter menschlicher Programmatik von sich, unterstrich aber die Rolle von Christen als Gottes Mitarbeiter. Den Kern des Konfliktes markierte er durch die Feststellung, daß Klingemann „zu schwarz gemalt" habe und im Völkerbund keinen Beitrag zu Gerechtigkeit bzw. Brüderlichkeit sehe, während französische Christen darin „Meilensteine auf dem Wege des Reiches Gottes" sehen. Die politische Wahrnehmung hatte den einen darin bestärkt, „Reich Gottes" als streng von den weltlichen Zuständen geschieden zu sehen, während der andere in der Nachkriegsentwicklung politische Zeichen erkannte, die auf das Reich Gottes wiesen.

In den Reden Klingemanns und Gounelles waren die Gegensätze so stark aufeinandergeprallt, wie sonst an keiner Stelle der Konferenz. Das zutagegetretene Konfliktpotential war stark genug, daß daran die Konferenz hätte auseinanderbrechen können; die Wirkung des Konfliktes war indes konstruktiv! Die Aussprache hatte einen befreienden Charakter.

Statt drohender Spaltung bewirkte das Offenlegen der theologisch-politischen Gegensätze eine Reduzierung des vorher verdeckt anschwellenden Überdrucks. Das Gewitter des offenen Schlagabtausches war die Voraussetzung für die Suche nach Verbindungselementen zwischen den Extremen und für eine Bewegung der Hauptkontrahenten aufeinander zu. Beide Elemente hatten sich damit als wichtig erwiesen.

---

[152] Vgl. a.a.O., 462-464 (gekürzt).

Wechselseitig sich befruchtende Gegensätze und Annäherung
in der Reich-Gottes-Frage

Der vorherrschende Eindruck der Konferenz war und blieb geprägt durch die Gegensätze der Positionen zur Reich-Gottes-Frage. Und doch gab es vereinzelt Vorschläge, die diese Gegensätze theologisch fruchtbar zu machen versuchten. Diese kamen vor allem von dem damals gerade zum Bischof von Hadersleben (Dänemark) gewählten Lutheraner Valdemar Ammundsen, der nach einer Kritik an den Extremen einen Vorschlag zur Verbindung der unterschiedlichen Reich-Gottes-Auffassungen folgendermaßen formulierte:

Die Auffassung, die das Reich Gottes auf Erden begründen wolle, sei *„mutig und kraftvoll. Aber nur zu optimistisch. Sie ist eine Religion der Jungen, die die Mächte des Bösen noch nicht begriffen haben, weder in der Welt noch in der eigenen Persönlichkeit. Sie muß enttäuscht werden. Und sie ist oft so geschäftig, daß das innere Leben durch Überhastung Schaden leidet, und ist so selbstsicher, daß die Kraft des Herrn nicht in der Schwachheit mächtig werden kann."* [153] Ebenso, wenn auch nicht ganz so scharf, kritisierte er den Gegenpol: *„Unsere Tradition ist lutherisch mit ihrer Predigt des Todeselendes des Menschen in der Sünde und unsers Heils allein durch die Gnade Gottes. Wir waren seither vielleicht nicht imstande, dieses Evangelium voll zu begreifen. Jedenfalls aber fanden wir hier zu wenig von der Sauerteigkraft der Religion."* Die nachfolgenden Sätze deuteten eine Synthese an, die nach Ammundsen in Kreisen dänischer Christen schon vor der Konferenz zustandegekommen sei: *„Da geschah es, daß wir eine fruchtbare Anregung vom Westen her erhielten, einen mächtigen Ruf zur Arbeit. Das gab neuen Mut und Tätigkeitsdrang. Aber nach und nach entdeckten wir in unserm Arbeiten und unsern Enttäuschungen und Niederlagen noch einmal die geradezu wunderbare Wahrheit des lutherischen Evangeliums. Dieses Evangelium war es, das uns einen Ruhepunkt gab außerhalb unsres Selbst: in Christus. Aber wir vergaßen nun deswegen nicht etwa die Belehrung, die wir vom Westen erhalten hatten."* [154] Ammundsen schloß seine Rede mit dem Zuge-

---

[153] Vgl. die Rede von Ammundsen in: Deißmann, Amtlicher Bericht, a.a.O., 618-620, Zitat 619.
[154] Vgl. a.a.O., 619f.

ständnis, daß er durch eine angelsächsisch geprägte Auffassung vom Reiche Gottes auf verlorengegangene Elemente der eigenen theologischen Tradition gestoßen und somit auch ein besserer Lutheraner geworden sei.

Ammundsens Beitrag deutete auf einen verheißungsvollen Horizont, der ansonsten für die Auseinandersetzungen der Konferenz zu diesem Thema nicht bestimmend gewesen war.

Über diesen Vorschlag von Ammundsen hinaus gab es auch eine reale Annäherung zwischen Repräsentanten der in Stockholm vertretenen Extrempositionen. Diese Lernprozesse waren vielleicht nicht vornehmlich durch die offiziellen Reden gewährleistet worden. Vielmehr mögen dabei die zahlreichen Möglichkeiten persönlicher Begegnung eine Rolle gespielt haben sowie die Gemeinsamkeiten, die in den Gottesdiensten wuchsen: Gebete und Lieder der täglichen Andachten hatten zu einem Zusammenwachsen ungeachtet bestehender Gegensätze beigetragen. Das „Vater-Unser" und der im „Stockholmer Lied" vielgesungene Vers „O, seliger Tag, des in Hoffnung wir harren, da einst die Welt Gottes Reich worden ist ..." trugen dazu bei, im Reich-Gottes-Begriff nicht nur die Unterschiede, sondern auch das Gemeinsame zu sehen, zu sprechen und zu empfinden.

Dieser Hintergrund ist nicht zu unterschätzen für die Annäherung, die zwischen den Kontrahenten zum Abschluß der Stockholmer Konferenz sichtbar wurde. Die eine stammte von dem prominenten Vertreter des US-amerikanischen Social Gospel, Shailer Mathews. In einer kurzen Abschlußrede betonte er, daß die Amerikaner in ihrem „Optimismus der Unerfahrenheit" viel von den traditionsreichen Kirchen Europas haben lernen können, und zwar gerade auch zur Reich-Gottes-Thematik. Und sogar bei Ihmels, der die „deutsche" Position am ersten Konferenztag so in sich abgeschlossen formuliert hatte, ergaben sich im Verlauf der Konferenz wichtige andere Akzente: Am Abschluß der Konferenz wurde deutlich, daß Ihmels im Verlauf der gemeinsamen Beratungen zu weitergehenden Überlegungen veranlaßt worden war, die an den Kern seiner Reich-Gottes-Vorstellungen rührten – freilich ohne ihn schon konkret verändert zu haben. In einer der abschließenden Tischreden deutete er an, in welcher Richtung beide Grundpositionen voneinander zu lernen hätten: *„Die einen urteilten sehr optimistisch, während die andern aus der*

116

Schrift das Gegenteil glaubten herauslesen zu müssen. Aber auch die ersten konnten sich nicht verbergen, daß die Wirklichkeit der Sünde für eine vollendete Durchdringung des natürlichen Gemeinschaftslebens das dauernde Hindernis bilde, und umgekehrt dürfen die anderen nicht daran denken, die bleibende Unvollkommenheit zu einer Entschuldigung ihrer Trägheit zu machen."[155] Das war ein Entgegenkommen, das nicht zu gering veranschlagt werden sollte, weil es ein öffentlich geäußertes Eingeständnis war. Durch den anschließenden Satz, „daß je größer die Schwierigkeiten seien, umso ernster an ihrer Überwindung gearbeitet werden müßte", sprach sich Ihmels für eine weitergehende Beschäftigung mit dieser Thematik aus, was er wohl kaum getan hätte, wenn er in Stockholm nicht erste fruchtbare Ansätze eines Austausches gesehen hätte.

Einschätzung der Auseinandersetzungen zu „Reich Gottes" in Stockholm

Das Interesse an der Frage nach dem Reich Gottes war schon vor der Stockholmer Konferenz in verschiedenen Ländern gewachsen, so wie es Monod am ersten Konferenztag drastisch formuliert hatte: „Die Exegeten und Theologen hatten in gewaltigem Ringen den Urgedanken des Reiches Gottes wieder entdeckt, der wie ein Pompeji unter der Asche jahrhundertealter Irrtümer verborgen lag."[156] In Stockholm waren in einem internationalen Forum von Theologen die Gegensätze in der Fassung von „Reich Gottes" aufeinandergetroffen.

Im Gegensatz zur weithin vertretenen Grundannahme, daß in Stockholm nur ein unverbundenes Nebeneinander vieler verschiedener Themen zu verzeichnen war, ergibt eine genauere Betrachtung, daß zu dieser theologisch brisanten Thematik Positionen dargestellt, fortwährend über die gesamte Konferenz verteilt Kommentare und Ansichten dazu formuliert wurden, die zu einem offenen Schlagabtausch (Klingemann – Gounelle), zu verbindenden Erklärungsversuchen sowie zu Ansätzen wechselseitiger Befruchtung führten.

---

[155] Vgl. die Tischrede von Ihmels in: Deißmann, Amtlicher Bericht, a.a.O., 707ff., Zitat 709.
[156] Vgl. den Abdruck dieser Rede Monods in deutscher Übersetzung bei Deißmann, a.a.O., 120ff., Zitat 123.

Eine über Jahre im Rahmen von Life and Work aufgestaute Diskussion hatte sich in Stockholm entladen. Die Darstellung von Standpunkten und die Diskussion zur Reich-Gottes-Frage im Zusammenhang der anderen Konferenzthemen ließen ein Bündel unterschiedlicher Motive, Interessen und Positionen zutagetreten, die nicht auf einen Nenner gebracht werden konnten. Gleichzeitig schien bei einer Mehrzahl der Delegierten die Überzeugung vorhanden zu sein, daß der Frage des Reiches Gottes eine theologisch vordringliche Bedeutung zukomme. Offensichtlich herrschte das Bewußtsein vor, daß die Reich-Gottes-Frage den Schlüssel für das jeweilige christliche Selbstverständnis böte, so daß um dieses Problem mit äußerster Zähigkeit gerungen wurde. Deutlicher als vorher noch wurde in Stockholm, daß weniger die konfessionelle Zugehörigkeit als die gesamte staatlich kulturelle Einbindung (mitsamt deren Rückwirkungen auf das jeweilige Selbstverständnis von Kirchen) die Perspektive über die vordringlichen Anliegen, die sich im Reich Gottes ausdrücken, bestimmten. Erstaunlich war aber die Tatsache, daß bei aller Härte der Auseinandersetzung – beispielhaft ist an die Kontroverse Klingemann-Gounelle zu erinnern – doch ein Klärungsprozeß einsetzte, der im Laufe der Konferenz zu einem vorsichtigen, aber doch deutlichen Aufeinanderzugehen der Hauptkontrahenten führte. Die Konferenz war lang genug und die Kontakte zwischen Vertretern unterschiedlicher theologischer Richtungen offensichtlich ausreichend, um von einer starren Haltung, die nur auf Wahrung der eigenen Positionen zielte, abzurücken.

Welche Gründe mag es dafür gegeben haben? Ein wichtiger Faktor lag darin, daß das Stockholmer Forum unterschiedliche Positionen zum Reich Gottes in authentischer Form zum Ausdruck brachte. Dabei mögen etliche Vorurteile in der Sache geschwunden sein. Wichtig war sicher auch die Tatsache, daß die Vielzahl von Stimmen in Stockholm auch innerhalb der konfessionellen und nationalen Gruppen so unterschiedliche Ansätze aufwies, daß eine einfache Einteilung in feste Blöcke kaum mehr möglich schien. Gleichzeitig wurde Verständnis dafür geweckt, innerhalb welcher unterschiedlichen Lebensbedingungen Christen z. B. in Deutschland und in den USA ihre Hoffnungen auf das Reich Gottes artikulierten. Als wichtig erschienen die sachlichen Vermittlungsversuche von Personen wie V. Ammundsen. Besonders ansprechend mag die Aussage Ammundsens gewesen sein, daß er als Lutheraner viel von den Impulsen der amerikanischen Theologen gelernt habe; dieser Erfahrungsbericht war dazu geeignet, anderen die Angst zu nehmen, ihre eigene (konfessionelle) Identität preisgeben zu müssen, wenn die besonderen Herausforderungen abweichender theologischer Ansätze ernst genommen werden.

Den Lutheranern in Europa, besonders in Deutschland, konnte ein solches Votum die Augen dafür öffnen, daß auch in den Ansätzen amerikanischer Theologen genuin lutherische Traditionselemente lagen. Es konnte Mut machen, durch die Verkrustungen einer Lutherinterpretation, wonach Politik und Wirtschaft eines Staates aus dem Aufgabenbereich der Christen ausgegrenzt seien und eine verantwortliche Beteiligung in diesen einer „Eigengesetzlichkeit" unterliegenden Bereichen für einen Christen nicht geboten sei, hindurchzustoßen, um zumindest die Frage möglicher Querverbindungen zwischen einem jenseitigen Reich Gottes und dem Verhalten von Christen in ihrem jeweiligen Kontext zu stellen. Umgekehrt konnten Ausführungen wie die von Ihmels zur Vorsicht mahnen, die Hoffnungen auf Verbesserungen im Horizont von Reich Gottes nicht ins Illusionäre zu steigern. Eine solche, eher nüchterne Position vertrat ab Ende der 20er Jahre der für die nächsten Jahrzehnte einflußreichste Theologe Nordamerikas, Reinhold Niebuhr.[157] Ammundsen und andere wiesen mit ihren Argumenten darauf, daß eine Theologie, die sich auf Luther beruft, durchaus christliche Eschatologie und eine christlich gebotene Ethik umfasse, die keinen Lebensbereich ausklammere. Wichtig, vielleicht sogar entscheidend, waren die persönlichen Kontakte und die gemeinsamen Gottesdienste in Stockholm, die das Vertrauen zu den Personen wachsen ließen, auch wenn sie eine andere Theologie vertraten, die es möglich machten, in fremden Positionen nicht nur Abweichungen und Gefahren zu sehen, sondern sie zumindest als eine persönlich integere Form christlicher Glaubensüberzeugung zu respektieren. Immerhin konnten auf deutscher Seite die Gefahr eines Inaktivismus und auf amerikanischer Seite die Gefahr einer Politisierung christlicher Hoffnungen im

---

[157] Vgl. z. B. Reinhold Niebuhr, Let liberal Churches stop fooling themselves!, in: Christian Century, 25.3.1931, 402-404.

Kontext der eigenen Lebenswirklichkeit wahrgenommen werden. Und das war angesichts der vorherigen Unkenntnis und Verhärtung schon sehr viel. Extrempositionen konnten auf diese Weise in ihren Überzeichnungen erkannt werden: *„Vielleicht haben beide Auffassungen in ihrer Weise Recht, aber in ihrer Einseitigkeit Unrecht"*, schrieb Walter Simons und schlug statt eines Streitens vor, *„daß jeder Teil dem anderen von den Werten abgibt, die er in besonderem Maße sein nennt, der Kontinent die geistige Tiefe, die vor Oberflächlichkeit bewahrt, das Angelsachsentum die zukunftsfrohe Energie, die den Quietismus überwindet. Im Sinne der Heilsbotschaft Christi scheint es mir gleich falsch zu sein, ob man sich mit seinen guten Werken oder mit seinem eschatologischen Tiefsinn brüstet."* [158]

3.) Stellenwert der Reich-Gottes-Frage in der Zeit nach der Stockholmer Konferenz bis zum Zweiten Weltkrieg

Nach einem kurzen Aufflackern der öffentlichen Diskussion zur Stockholmer Konferenz im allgemeinen und zur Reich-Gottes-Frage im besonderen kam es bis Anfang der 30er Jahre zu einem erheblichen Abflauen des Interesses, sich mit der in Stockholm aufgebrochenen Frage nach der Bedeutung von „Reich Gottes" auseinanderzusetzen. Auch bei den ökumenisch Aktiven setzte sich eine Mischung aus Einsicht und Müdigkeit durch, sich weiterhin mit den aufgezeigten Extremen auseinanderzusetzen.

„Reich Gottes":
Annäherung im akademisch-theologischen Bereich
Eine Ausnahme bildete der akademische Bereich, in dem weiter an dieser Frage gearbeitet wurde. So versammelte sich im April 1927 eine Reihe jüngerer deutscher und britischer Theologen in Canterbury, um die Diskussion zu Stockholm auf wissenschaftlicher Basis fortzusetzen. Auf deutscher Seite nahmen die damals jungen Theologieprofessoren G. Kittel, P. Althaus, H. Frick, K. L. Schmidt, W. Stählin und W. Vollrath

---

[158] Vgl. W. Simons, Die Weltkirchenkonferenz in Stockholm, in: Blätter des Deutschen Roten Kreuzes, Dezember 1925, 5.

teil. Auf britischer Seite standen die Anglikaner E. Hoskins, H. E. J. Rawlinson, J. K. Mozley und E. G. Selwyn, der Methodist Prof. C. H. Dodd und der Presbyterianer J. H. Oldham. In den Referaten zeigten sich zunächst deutliche Unterschiede. In zwei der deutschen Referate wurde die Unverfügbarkeit, das ganz Andere des Reiches Gottes und die jenseits der Zeiten katastrophenhaft hereinbrechende Reich-Gottes-Herrschaft so stark betont, daß die Hinweise und Rückschlüsse auf verantwortliches Handeln von Christen als fast kraftlos erschienen. Der von den englischen Referenten vertretene Standpunkt unterstrich den Prozeßcharakter des Reiches Gottes in der menschlichen Geschichte, verband eine im Pfingstereignis gegründete Eschatologie mit einer daraus folgenden Ethik und ließ die einer Endzeit vorbehaltene Dimension eines vollständig erfüllten Reiches Gottes als ungewichtig erscheinen. In der Diskussion wurde sichtbar, daß man im Prinzip stärker übereinstimmte, als dies in den Referaten zum Ausdruck gekommen war. Das Protokoll konnte an einem sehr frühen Diskussionspunkt weitreichende Übereinstimmung verzeichnen. Die Standpunkte aus den Referaten von Dodd, Hoskyns und Kittel erschienen als einander annäherungsfähig, zumal die jeweiligen Positionen in der Diskussion durchgehend vorsichtiger formuliert wurden und sich anderen Perspektiven öffneten.[159]

Eine Ausnahme bildete der Beitrag von Schmidt. Die Kritik an Schmidts Ansatz wurde jedoch nicht von englischen Teilnehmern, sondern ausschließlich von seinen deutschen Kollegen formuliert. Stählin kritisierte dessen absolute Antithesen zwischen Jetzt- und Endzeit[160]; Althaus wandte sich entschieden gegen Schmidts apodiktische Behauptung, das Reich Gottes sei nur das ganz Andere und bestritt, daß das Reich Gottes nichts mit der Ethik zu tun habe.[161] Schmidt

---

[159] Vgl. z. B. für das Entgegenkommen des englischen Teilnehmers Mozley seine Formulierung: „The kingdom of God certainly means the appearance of a completely new form", in: A Brief Report of a Conference between German and English Theologians at the Deanery Canterbury, April 4-9, 1927 (Lambeth Palace Library, Bell Papers, Vol. 62, 250-287), 5.
[160] Vgl. a.a.O., 7.
[161] Vgl. a.a.O., 6. Vgl. zur generellen Position von Althaus auch sein Referat „Das Reich Gottes und die Kirche" in: ThBl 6 (1927), Sp. 139-141.

stand mit seiner Position in der Defensive[162]; die Diskussion zeigte, daß es bei seinen Kernaussagen nicht um eine „deutsche" Position, sondern um einen starr verteidigten Standpunkt ging, der auch unter jüngeren deutschen Theologen umstritten war, wenn nicht gar als überholt galt. Vor diesem Hintergrund war es durchaus zutreffend, wenn die Teilnehmer der Canterbury-Konferenz am 7.4.1927 in einem Brief an A. Deißmann formulierten, daß es zur Bedeutung von „Reich Gottes" große Übereinstimmung gegeben habe und die zutagegetretenen Unterschiede nicht zwischen Deutschen und Engländern, sondern innerhalb der deutschen Teilnehmer aufgetaucht seien.[163]

Das Thema der Frage nach dem Reich Gottes schien damit auch für diese Gruppe erledigt, so daß man sich in weiteren Treffen anderen Themenbereichen zuwandte.

Welt- und korrekturoffener Studienprozeß in den 30er Jahren

Damals wie heute wenig beachtet ist der vom „Ökumenischen Rat für Praktisches Christentum" – das organisatorisch gestärkte Fortsetzungsorgan der Stockholmer Konferenz und direkter Vorläufer des 1948 gegründeten „Ökumenischen Rates der Kirchen" – in den 30er Jahren betriebene Forschungsprozeß zu „Reich Gottes und Geschichte". Und doch ist er vom Umfang, von der Intensität und vom Spektrum der Teilnehmer her gesehen außerordentlich beachtlich und in diesen Dimensionen bis heute nicht wieder erreicht. Der Studienprozeß zu „Reich Gottes und Geschichte" erstreckte sich von 1933 – 1937/38, umfaßte außer zwei internationalen Konferenzen einen Konsultationsprozeß, an dem Dutzende von herausragenden Vertreterinnen und Vertretern aus allen Konfessionen, aus Philosophie, Wirtschaftswissenschaften und Politik, an dem Liberale, Nationale und Marxisten aus allen Teilen Europas und Nordamerika beteiligt waren – und führte zu beachtlichen Ergebnissen, die allerdings nur teilweise publiziert worden sind. Im folgenden soll dieser Studienprozeß skizziert werden, wobei – wie oben begründet – den Positionen von H.-D. Wendland besonderes Augenmerk ge-

---

[162] Vgl. z. B. Schmidts Argumentation gegen Kittel in: A Brief Report ..., a.a.O., 7.
[163] Vgl. a.a.O., 28.

schenkt wird, sowie einige unveröffentlichte Positionen – einschließlich einer Passage von Paul Tillich, die nur auf englisch publiziert, dort aber entschärft worden ist – dokumentiert werden.

Die Auseinandersetzung mit der Reich-Gottes-Frage verlief in zwei Phasen. In den Jahren 1933/34 nahm man bewußt die unerledigten Fragen der Stockholmer Konferenz auf und versuchte, zu einer Bestandsaufnahme der verschiedenen Reich-Gottes-Auffassungen zu kommen. Die Jahre 1935-37 waren geprägt von dem Studienprozeß zum Thema „Reich Gottes und Geschichte", der Bestandteil der theologischen Grundlagenarbeit für die Oxford-Konferenz 1937 war.

Kern der ersten Phase war die von M. Dibelius und N. Ehrenström organisierte Studienkonferenz „Gottesreich und Geschichtswelt als sozialethisches Problem", die vom 5.-7. April 1934 in Paris durchgeführt wurde.[164]

Die mangelnde Erfahrung im international-interkonfessionellen Dialog führte zu einigen Schwierigkeiten, die aber das friedliche Klima der Unterredungen nicht wesentlich beeinträchtigten. Die Offenheit der Teilnehmer zeigte sich darin, daß primär nicht die konfessionelle Ein- und Abgrenzung gesucht wurde. So gestanden der Anglikaner Hodgson und der Orthodoxe Fedotoff frei zu, daß in ihrer jeweiligen Konfession unterschiedliche Auffassungen von „Reich Gottes" bestanden hätten und bestünden.[165] Die Gegensätze, die in Stockholm aufeinandergeprallt waren, waren in Paris nicht mehr vorhanden. Man versuchte vielmehr, diese Positionen hinter sich zu lassen. Mit dem Zurücklassen der alten, waren indes noch lange nicht die neuen Probleme gelöst. In der Diskussion blitzten zeitgeschichtliche Dimensionen auf, die das Thema „Reich Gottes und Geschichte" in seinem Bezug zur zentralen politischen Herausforderung der damaligen Zeit kennzeichneten. So sagte Peter Barth zum Stichwort „ungeschichtlicher Eschatologismus", mit dem die Theologie seines Bruders Karl

---

[164] Ehrenström in seiner Funktion als Mitglied der Genfer Forschungsabteilung, M. Dibelius als stellvertretender Vorsitzender der Theologenkommission von Life and Work.

[165] Vgl. Mitschrift Paris, Archiv des ÖRK, Life and Work, Box 27, 25f u. 29. Die folgenden im Text eingeklammerten Seitenzahlen beziehen sich auf diese Publikation.

Barth belegt worden war, „daß gegenwärtig in Deutschland, wo mein Bruder eine Rolle spielt, wir vor dem Faktum stehen, daß gerade diese eschatologisch-ausgerichtete reformierte Kirche nun eminent geschichtlich, existentiell da ist als eine bekennende, widerstehende Gemeinde" (40). Die politische Wirklichkeit hatte Karl Barth zu einer energischen Zuschärfung seines theologischen Ansatzes herausgefordert. In anderer Weise galt dies auch für Wendlands Ansatz. Wendland hatte in einem schriftlich vorgelegten und mündlich erläuterten Referat den großen Stellenwert der Erhaltungsordnungen betont. In der Diskussion hatte M. Dibelius dagegen zu bedenken gegeben, daß die Ordnungen nur im guten Fall Vehikel der Botschaft Gottes seien, faktisch aber zumeist *die Sicht auf Gott verstellen. Jedenfalls dienen unzählige unserer Zeitgenossen Gott zunächst in der Verhüllung dieser Ordnungen und bringen für diese Ordnungen ein Maß von Hingabe und Liebe auf, welches entweder wirklich das ist, was ich als präreligiös bezeichnen möchte, oder was zum Götzendienst führen kann.*" (67) Wendland wandte sich in seiner Antwort im Prinzip zwar auch gegen derartige „Ersatzgötter", sah aber eine Parallele zwischen der „Freudigkeit des Christen, der im Rahmen dieser Ordnungen seinem Glauben gehorsam ist" und der Freude des „natürlichen Menschen... in der Hingabe an den Staat" und fügte an: *„Das gilt für unzählige meiner nationalsozialistischen Freunde. Etwas Echtes und Ursprüngliches an Opfer- und Dienstwilligkeit. Was ich hier sehe an Leistung und Hingabe des natürlichen Menschen, hat mich sehr häufig gedemütigt und beschämt. Es geschieht heute im Dienste der ordinationes Dei manches Werk, das die Kirche als externa durchaus demütigen und beschämen kann"* (68).

H.-D. Wendland: Ökumenischer Ansatz und NS-Ideologie

Auch andere Beiträge Wendlands in Paris sowie das Bekenntnis zu seinen Lehrern Hirsch und Althaus ließen deutlich werden, wo sein Herz schlug (6 u. 73). Hatte Wendlands Reich-Gottes-Auffassung eine solche Präferenz begünstigt? Dieser Frage ist kurz nachzugehen, weil Wendland in den Jahren ab 1934 ein großes Gewicht in der ökumenischen Auseinandersetzung um das Reich Gottes besaß und für die Beurteilung seiner Voten die Korrelation zwischen theologischem Begriff und politischer Option wichtig ist.

Noch zwei Jahre zuvor hatte es so ausgesehen, als ob Wendland gerade aufgrund seiner aus ökumenischem Anliegen entsprungenen Reich-Gottes-Auseinandersetzung die nationalsozialistische Ideologie nachhaltig ablehnte. In einem Aufsatz aus dem Jahre 1932 mit dem Titel „Nationalismus und Evangelium"[166] hatte sich Wendland mit dem allumfassenden Anspruch der NS-Ideologie auseinandergesetzt und eindeutig „jede Absolutsetzung eines politischen Ziels" verurteilt, da diese im Widerspruch zum Glauben an das kommende Reich Gottes stehe. Der Anspruch des Staates habe eine „eschatologische Grenze" zu finden, deren Überschreitung mit einem „evangelischen Protest" beantwortet werden müsse.[167] Dieser gegenüber dem Nationalsozialismus prinzipiellen Kritik, die aus dem eschatologischen Charakter des Reiches-Gottes-Begriffes gewonnen wurde, folgten noch eindeutigere Verurteilungen der „politischen Eschatologie"[168] des Nationalsozialismus.

Die Woge der „deutschen Wende"[169] verführte H.-D. Wendland 1933/34 dazu, eine Verknüpfung zwischen „Reichsidee und Gottesreich"[170] unter Aufnahme zentraler NS-Kategorien zu konstruieren. Hatte Wendland die strenge eschatologische Fassung seines Reich-Gottes-Begriffes aufgegeben? Keinesfalls, aber wie er 1932 Hitler als „19. Jahrhundert" unterschätzte, so beurteilte er 1933/34 die Lage falsch. Er sah in der neuen Regierung eine politische Kraft, die nach seiner Ansicht durch elementare Kräfte „von unten" gespeist war und sich – im Gegensatz zur sozialistischen oder westlich-demokratischen Utopie – ganz auf das Gebiet der Politik konzentrierte. Die Reichsidee des Nationalsozialismus wurde von ihm nicht als Utopie, sondern als legitimer „geschichtlich-politi-

---

[166] H.-D. Wendland, Nationalismus und Evangelium. Zum Problem der politischen Religion, in: Die Furche 18 (1932), 2ff.
[167] A.a.O., 20.
[168] A.a.O., 21.
[169] So eine Kapitelüberschrift des Buches von Emmanuel Hirsch: Die gegenwärtige geistige Lage im Spiegel philosophischer und theologischer Besinnung. Akademische Vorlesungen zum Verständnis des Jahres 1933, Göttingen 1934.
[170] So der Titel eines von Wendland 1934 publizierten Buches.

scher Sendungsgedanke"[171] eingeschätzt. Das auf den abendländischen Geschichtsraum begrenzte zukünftige Reich der Deutschen weise allerdings hin auf das Reich Gottes: „Wenn die Ordnung des Reiches es vermag, Völker zusammenzufügen und ihnen Frieden, Freiheit und Gerechtigkeit zu spenden, so weist es dadurch über sich selbst hinweg hin auf die absolute Ordnung des Reiches Gottes, das allen Kämpfen und Gegensätzen ein Ende macht" (82f.). Bei allen Konzessionen an die neuen „Mächte" von Blut, Boden, Gemeinschaft und Führertum (38f.) vermied Wendland eindeutig eine Gleichsetzung von „Reich Gottes" mit den neuen Machthabern. Vielmehr warnte er vor einer Vermengung der „politischen mit der christlichen ‚Eschatologie'" (80), bestritt, „daß das Reich Gottes nach einer Aufrichtung eines universalen politischen Endreiches hereinbreche" und relativierte die Hoffnungen auf die damalige geschichtliche Stunde: „*Wenn das Reich der Deutschen errichtet sein wird, so ist dies allerdings Erfüllung einer deutschen Sehnsucht und Hoffnung, so wird dies der größte Tag unserer deutschen Geschichte sein und zugleich der Beginn eines neuen Zeitalters der Geschichte Europas und darüberhinaus. Aber die Erfüllung dieser Sehnsucht wird Geschichte sein und mit dem Kommen des Reiches Gottes nichts zu tun haben*" (81).

Wendland selbst hat nie versucht, diese Schrift zu verschweigen oder zu beschönigen, sondern hat sie tief bedauert, weil sie von einer Fehleinschätzung des Nationalsozialismus getragen war.[172] In dem Augenblick, als ihm deutlich wurde, daß dieser Staat keinesfalls „wieder wirklich Staat" geworden war, sondern seinen Machtanspruch auf die Kirche und ihre Lehre erstrecken wollte, wandte sich Wendland im Herbst 1934 von seiner positiven Einschätzung der NSDAP ab und trat der Bekennenden Kirche bei. Aus dieser veränderten Lagebeurteilung resultierten deutlich andere Akzente in Wendlands weiteren Beiträgen für Life and Work.

In seinen „Ergänzungen und Erläuterungen zu den Pariser Thesen" vom Januar 1935 wandte sich Wendland gegen eine

---

[171] Wendland, Reichsidee und Gottesreich, Jena 1934, 60. Die folgenden im Text eingeklammerten Seitenzahlen beziehen sich auf diese Publikation.

[172] Vgl. H.-D. Wendland, Wege und Umwege. 50 Jahre erlebte Theologie 1919-1970, Gütersloh 1977, 166.

„Theologie", die das deutsche Jahr 1933 zum Ort göttlicher Heilsoffenbarung stilisiere und dadurch zu einer utopisch-idealistischen Geschichtsphilosophie werde. Mit Tillich und ausdrücklich gegen Hirsch verwahrte sich Wendland vor einer Gleichsetzung der Jahre „1933" und „33" und formulierte nun viel vorsichtiger: „Daß Neues in der Geschichte geschieht, haben wir als Christen nicht zu leugnen. Aber seine Bezogenheit auf das Kommen der Gottesherrschaft bleibt uns verborgen."[173] Wendland hatte zwar auch 1933/34 nicht das Gegenteil behauptet, aber in seiner damaligen Argumentation der Erhaltungsordnungen doch eine größere Nähe zwischen der damaligen Wendepolitik in Deutschland und einem aus der Reich-Gottes-Dimension entwickelten christlich-verantwortbaren Handeln gesehen.

In einer Zeit des zunehmenden Totalitarismus mußte theologisches Reden von Gottes Ordnungen vorsichtiger werden, um nicht in den (berechtigten oder unberechtigten) Verdacht einer Legitimierung politischer Willkürherrschaft zu geraten. Gegen die Auffassung, daß auch eine unterdrückerische Regierung als Gottes Ordnung legitimiert werden könne, protestierte der Orthodoxe Vyscheslavzeff mit dem Satz: „Das ist die Theorie Iwans des Schrecklichen."[174]

Weitere Öffnung des Studienprozesses

Kennzeichnend für die Studienarbeit zu „Reich Gottes und Geschichte" war, daß zusätzlich zu Auseinandersetzungen auf Konferenzen eine umfangreiche schriftliche Begutachtung der jeweiligen Hauptbeiträge durchgeführt wurde. Neben der allgemein gestiegenen Wertschätzung der Arbeit von Life and Work war es im besonderen der Autorität und der vertrauenerweckenden Persönlichkeit J.H. Oldhams zu verdanken, daß Dutzende von Theologen sich als Referenten und Korrespondenten an dem Studienprozeß in z.T. sehr engagierten und intensiven Beiträgen beteiligten. Durch das Korrespondenzver-

---

[173] Vgl. H.-D. Wendland, Reich Gottes und Geschichtswelt. Ergänzungen und Erläuterungen zu den Pariser Thesen, ÖRPCh, verv. Paper, Jan. 1935 (Archiv des ÖRK, L+W, Box 41), 7.
[174] Vgl. die deutsche Mitschrift der „Oekumenischen Forschungsgruppe: Gottesreich und Geschichtswelt", Schloss Hemmen, den 2. und 3. Mai 1935 (Archiv des ÖRK, L+W, Box 41), 16.

fahren wurden viel mehr Personen an der Studienarbeit beteiligt als dies aufgrund der geringen Etatmittel von Life and Work durch Konferenzen möglich gewesen wäre; Vertreter aus Ländern und Gruppierungen konnten dadurch mit einbezogen werden, die aus räumlichen, theologischen o.a. Gründen bislang nicht oder nur sporadisch an der inhaltlichen Arbeit von Life and Work beteiligt waren. Durch derartige Vertreter wurden auch neue oder bis dahin gemiedene Themen an Life and Work herangetragen. Durch die schriftliche Begutachtung von Hauptbeiträgen vor und nach entsprechenden Konferenzen wurde zudem ein Studienprozeß möglich, der sich über mehrere Jahre erstreckte.

Einige Fakten mögen diese allgemeinen Hinweise konkretisieren. Von 1935-1937 wurden rund 50 Theologen (darunter zwei Theologinnen) als Referenten und Korrespondenten an dem Studienprozeß zu „Reich Gottes und Geschichte" beteiligt. Als Referenten wurden eingeladen u. a. Richard Niebuhr und der emigrierte Paul Tillich aus den USA; C.H. Dodd und Christopher Dawson aus Großbritannien; M. Dibelius und H.-D. Wendland aus Deutschland; J. Hylander aus Schweden; Peter Barth aus der Schweiz und aus dem Bereich der Orthodoxen G. Fedotoff, Erzbischof Chrysostomos und P. Bratsiotis. Abgesehen davon, daß die meisten der Referenten die Entwürfe der anderen Autoren kommentierten, gab es noch eine lange Liste von renommierten Korrespondenten, die schriftlich Stellungnahmen zu einzelnen Referaten abgaben; unter ihnen Arnold Toynbee, Leonhard Ragaz und E.G. Homrighausen. Mit den genannten Personen ist angedeutet, daß Theologen aus den USA und aus den Bereichen des orthodoxen Christentums neu in die Studienarbeit einbezogen wurden. Mit Ragaz hatte man einen klassischen Vertreter des religiösen Sozialismus, mit Homrighausen einen amerikanischen Barthianer und mit Dawson einen katholischen Historiker für die Studienarbeit gewinnen können. Besonders durch Tillich, aber auch durch Dawson, Berdiaew und Vida Scudder gewann die Auseinandersetzung mit dem Sozialismus und der marxistischen Einstellung zur Geschichte eine große Bedeutung in Life and Work. Im Gegensatz zu den eher flüchtigen, zumeist abwertenden Hinweisen in den 20er Jahren, stellte der Marxismus nun eine ernst genommene Herausforderung dar. So schrieb Berdiaew: *„Der Marxismus bedeutet die Entlarvung der* *falschen Heiligtümer, die Entlarvung eines Christentums, das seine Wahrheit nicht verwirklicht hat. Darin besteht seine religiöse und seine prophetische Bedeutung... Trotz der scheinbaren Amoralität des Marxismus, die mit seinem naiven Materialismus zusammenhängt, bedeutet der Marxismus als solcher die Entlarvung der Ursünde der Geschichte (die Ausbeutung des Menschen durch die Menschen und die Verwandlung des Menschen in eine Sache)."*[175] Christopher Dawson setzte sich im Rahmen einer katholischen Geschichtsperspektive ausführlich mit dem Marxismus auseinander,[176] und Vida Scudder bemerkte zu den Beiträgen von Lyman und Wood, zu denen sie schriftlich Stellung beziehen sollte, daß sie einen spekulativ-unrealistischen Charakter trügen, weil sie den Marxismus als wichtigste Weltanschauung nicht berücksichtigten.[177]

Paul Tillich forderte in seinem Beitrag „Reich Gottes und Geschichte" angesichts der Bedrohtheit der geschichtlichen Existenz ein Handeln über den engeren Bereich der Kirchen hinaus. Wegen der Bedeutung und der Schärfe seiner Position ist im folgenden eine längere Passage seines in deutscher Sprache geschriebenen Textes, der nur in verkürzter und abgeänderter Version in englischer Übersetzung publiziert worden ist, wiedergegeben:

„Tragisch ist eine Situation, in der gerade die wertvollsten tragenden Elemente durch die Komplexität des Ganzen zur Selbstzerstörung treiben. Dieses ist der Fall ebenso mit der im Kapitalismus enthaltenen Humanität, wie mit dem im Nationalismus enthaltenen Reintegrationswillen, wie mit der im Bolschewismus enthaltenen Gerechtigkeitserwartung.

... Für das innerkirchliche Handeln der Kirche folgt aus der gegenwärtigen Bedrohtheit der geschichtlichen Existenz die Aufgabe, das im Christentum enthaltene allgemein reintegrierende

---

[175] Vgl. N. Berdiaew, Christliches und marxistisches Geschichtsverständnis, ÖRPCh, Nov. 1935, Vertraulich, verv. Paper maschsch. (Archiv des ÖRK, L+W, Box 41).
[176] Vgl. Christopher Dawson, The Catholic Interpretation of History, ÖRPCh, o.D., verv. Paper, maschsch. (Archiv des ÖRK, L+W, Box 41), besonders 6ff.
[177] Vgl. Vida Scudder, Comment on E.W.Lyman's „The Evolutionary View of History" and H.G. Wood's Introductory Chapter on „The Kingdom of God and History", ÖRPCh, verv. Paper (Archiv des ÖRK, L+W, Box 43, File 1).

Prinzip, die Mitte der Geschichte überhaupt, als gegenwärtige Mitte neu zu erfassen. Das bedeutet negativ die Befreiung der Kirche aus ihrer Verflechtung mit den desintegrierenden Mächten der Gegenwart und Vergangenheit; es bedeutet positiv die Vorbereitung einer neuen geschichtlichen Existenz durch kirchliches Handeln.

... Es muß mit der Möglichkeit gerechnet werden, daß die im engeren Sinne protestantische Periode der Kirchengeschichte zuende gekommen ist, um einer neuen nachprotestantischen Form der Christenheit Platz zu machen. Die Kirche muß sich in dieser Periode der Wandlung ihrer selbst und der allgemeinen geschichtlichen Existenz gleichzeitig in sich festigen und über sich selbst hinaus gehen.

... Für das außerkirchliche Handeln der Kirche, das repräsentative und das freie, folgt aus der gegenwärtigen Bedrohtheit der geschichtlichen Existenz die Aufgabe, den dämonischen Zerspaltungen gegenüber die im Reiche Gottes enthaltene Einheit konkret zur Geltung zu bringen. Das bedeutet der kapitalistischen Dämonie gegenüber Anwendung des Kriteriums der materiellen Gerechtigkeit. Es bedeutet der nationalistischen Dämonie gegenüber Anwendung des Kriteriums der Einheit des Menschengeschlechtes. Es bedeutet der diktatorischen Dämonie gegenüber Anwendung des Kriteriums der Endlichkeit und zugleich Würde jedes Menschen.

Das Kriterium der Gerechtigkeit auf die gegenwärtige soziale Lage angewandt bedeutet Aufhebung des kapitalistischen Klassengegensatzes und der autonomen Überordnung der Wirtschaft über das Gesetz des Lebens. Die Benutzung des Wortes ‚Sozialismus‘ für diese Forderung bedeutet nicht die Entscheidung für eine Partei, sondern die Konkretheit der Gerechtigkeitsforderung in der geschichtlichen Situation des desintegrierenden Kapitalismus; Sozialismus kann darum als indirekt religiöses Symbol gebraucht werden.

Das Kriterium der Einheit des Menschengeschlechtes auf die gegenwärtige internationale Lage angewendet bedeutet Aufhebung der machtpolitischen Souveränität der Einzelstaaten. Die Benutzung des Wortes ‚Pazifismus‘ für diese Forderung bedeutet nicht die Unterstützung der gegenwärtigen pazifistischen Organisationen sondern die Konkretheit der Friedensforderung in der geschichtlichen Situation des selbstzerstörerischen Nationalismus. ‚Pazifismus‘ kann darum als indirekt religiöses Symbol gebraucht werden.

Das Kriterium der Endlichkeit und zugleich Würde jedes Menschen auf die gegenwärtige innerpolitische Lage angewendet, bedeutet die Einführung von antidiktatorischen Korrektiven in den staatlichen Machtaufbau. Die Benutzung des Wortes „Menschenrechte" für diese Forderung bedeutet nicht die Unterstützung eines liberalen Gesellschaftsaufbaus, sondern die Konkretheit der christlich-humanistischen Forderung in der Situation einer auf Massenbeherrschung sich erhebenden Tyrannis. ‚Menschenrechte' kann darum als indirekt religiöses Symbol gebraucht weden.

... Die Gewissheit, daß erfüllt wird, was als Forderung und Verheißung in einem Kairos liegt, bezieht sich auf die übergeschichtliche Einheit der immer nur fragmentarischen geschichtlichen Verwirklichung. Hier und nur hier ist alles in der Geschichte Unentschiedene entschieden und alles in ihr Unerfüllte erfüllt. Darum kann geschichtliches Handeln seiner selbst gewiß bleiben und religiöse Geschichtsdeutung ihr Recht verteidigen auch angesichts der Enttäuschung, die unerfüllte Erwartung und zweideutige Verwirklichung bereiten. Die Frage der Geschichte hat eine letzte Antwort: Das Reich Gottes." [178]

Tillich mußte sich scharfe Kritik gefallen lassen, der u. a. der Satz „Sozialismus kann darum als indirekt religiöses Symbol gebraucht werden" zum Opfer fiel.[179] Er fand aber auch prominente Zustimmung, so von Leonhard Ragaz, der im Nov. 1936 so kommentierte: „Der Tillichschen Auffassung (nicht seiner ganzen Philosophie) stimme ich im Wesentlichen zu, sowohl in Bezug auf den ganzen Entwurf als auch auf die wichtigsten Einzelheiten." Eine kleine Einschränkung fügte er aber doch an, die aufgrund seiner tiefen Enttäuschung über die Kirche (s. o. Abschnitt „Hoffnung auf die Überwindung des Kapitalismus") nur allzugut verständlich ist. So schrieb er: „Nur in einem Punkte weiche ich von Tillich ab: Ich könnte den Begriff ‚Kirche' nicht so wie er verstehen, sondern würde da, wo er ‚Kirche' sagt lieber ‚Gemeinde' sagen. Die Nuance in der Terminologie weist auf eine in der Sache hin."[180]

---

[178] Vgl. Ökumenischer Rat f. prakt. Christentum, Forschungsabteilung, Prof. P. Tillich, Okt. 1936, „Reich Gottes und Geschichte", Archiv des ÖRK, Life and Work, Box 43, File 1, 15-17, gekürzt.

[179] Kommentar vom November 1936, ebd.

[180] Vgl. Ragaz, Archiv des ÖRK, Life and Work, Box 43, Pre-Oxford 1937, Kingdom of God and History.

Die Tatsache, daß Tillichs insgesamt scharfer und kirchen-
kritischer Beitrag in die offizielle Publikation aufgenommen
wurde[181] und Ragaz am Studienprozeß teilnahm, zeigt, daß aus
der relativen Enge der 20er Jahre eine größere Offenheit entstand in der Wahrnehmung und kritischen Verarbeitung von
Christentum und Kirche, von Sozialismus und Marxismus,
von Nationalismus und Pazifismus und sogar von fremden Religionen.

Auf der Weltkonferenz von Life and Work in Oxford im
Jahre 1937 bildete die Reich-Gottes-Frage keinen eigenständigen Themenbereich. Sie wurde in zwei Sektionsberichten mit
berücksichtigt, in denen falschen Alternativen gewehrt wurde.
Man bezeichnete sowohl die Annahme, daß das Reich Gottes
mit Fortschritten in der Geschichte gleichgesetzt werden
könne, als auch die Leugnung der Wirklichkeit des Reiches
Gottes in der Geschichte als häretisch.[182] In abwägenden und
treffenden Formulierungen schien die gründliche Studienarbeit zu „Reich Gottes und Geschichte" durch.[183] In den Ar-
beitsgruppen der Oxford-Konferenz hatte man auf die solide
Vorarbeit der voraufgegangenen Jahre zurückgreifen können.

Die Thematik des Reiches Gottes war in einer bis dahin
(und bis heute) nicht gekannten Gründlichkeit, Reichweite
und Offenheit durchgearbeitet worden – und verlor weiter an
Stellenwert im Rahmen der ökumenischen Diskussion. Zwei
Faktoren waren dafür bestimmend. Zum einen hatte durch die
Verquickung von „Reich Gottes" und „Drittem Reich" bei
Deutschen Christen, die wir bei H. D. Wendland in Ansätzen
und für einen kurzen Zeitraum kennengelernt haben, dieser
Begriff eine perhorreszierende und über lange Jahre vertretene
Dimension erhalten. „Reich Gottes" war damit öffentlich
unsäglich belastet. Des weiteren waren die vorherrschenden

---

[181] Vgl. Tillichs Beitrag zusammen mit denen von C. H. Dodd, E. Bevan,
C. Dawson, E. Lyman, H. D. Wendland und H. G. Wood, in: The King-
dom of God and History, London 1938.
[182] Vgl. den entsprechenden Abschnitt im Sektionsbericht III (Church,
Community, and State in Relation to the Economic Order), in: The
Churches Survey their Task, The Report of the Conference at Oxford,
July 1937, on Chuch, Community, and State, London 1937, 96.
[183] Vgl. die entsprechenden Passagen in den Sektionsberichten III und V
(The Universal Church and the World of Nations), a.a.O., 92f und 171.

theologischen Perspektiven nach dem Zweiten Weltkrieg durch eine Verarbeitung von Grauen und Zerstörung getragen. In diesem Rahmen bildete sich – im Gegensatz zur Erstarkung der Reich-Gottes-Frage nach dem Ersten Weltkrieg – auf der Ersten Vollversammlung des ÖRK in Amsterdam 1948 eine andere Fragestellung heraus, nämlich die nach der „Unordnung der Welt in Gottes Heilsplan". Hierbei spielte die Frage nach dem Reich Gottes keine wichtige Rolle. Sie trat insgesamt in der ökumenischen Bewegung für die folgenden fast 20 Jahre in den Hintergrund, wurde erst wieder in den 60er Jahren lebendig und führte zu intensiven Auseinandersetzungen im Horizont befreiungstheologischer Ansätze aus der Dritten Welt.

II. „REICH GOTTES": UNIVERSAL ODER PARTIKULAR?

Auseinandersetzungen in der Ökumene:
Zweite Hälfte des 20. Jahrhunderts

Mit der Gründung des Ökumenischen Rates der Kirchen (ÖRK) auf der Vollversammlung 1948 in Amsterdam hatte ein Großteil der nicht zur Katholischen Kirche gehörenden Christenheit einen gemeinsamen organisatorischen Rahmen gefunden. Die Erwartungen an diesen internationalen Zusammenschluß wenige Jahre nach Ende des Zweiten Weltkrieges waren groß, zumal in Amsterdam alle westeuropäisch-nordamerikanischen Theologen mit Rang und Namen versammelt waren und der neu gewählte Generalsekretär Willem Adolf Visser't Hooft den Strängen der ökumenischen Bewegung schon im Vorfeld wichtige inhaltliche und organisatorische Impulse gegeben hatte. Dennoch gab es in den ersten gut zehn Jahren genügend zu tun, um den neuen Zusammenschluß zu festigen und auszuweiten. In dieser Phase war die Mahnung des Vorkämpfers des ökumenischen Gedankens Friedrich Siegmund-Schultze nur allzu verständlich, daß der Ökumenische Rat der Kirchen Gefahr laufe, nicht mehr zu sein als das Minimum dessen, worauf sich die Führer der im ÖRK organisierten Kirchen einigen könnten.[184] Dies war nicht die Zeit der Visionen, sondern die Zeit der sorgfältig ausgehandelten Kompromisse, der Einigung auf eine „Basisformel" als theologischer Grundlage.

Die Frage nach dem Reich Gottes spielte in dieser ersten Periode des ÖRK keine, bzw. nur eine untergeordnete Rolle. Dies änderte sich schlagartig ab Anfang/Mitte der 60er Jahre. Mit den an anderer Stelle schon erwähnten befreiungstheologischen Entwürfen besonders aus Lateinamerika schnellte der Begriff des Reiches Gottes ins Zentrum des theologischen Interesses. Dies kam besonders auf der Genfer Weltkonferenz für Kirche und Gesellschaft 1966 zum Ausdruck und setzte sich 1968 auf der Vollversammlung des ÖRK in Uppsala fort. Das Nachzeichnen dieses Stranges der Diskussion wird im folgenden ersten Abschnitt erfolgen.

Den Gipfel der Aufmerksamkeit erreichte die Frage nach dem Reich Gottes auf der Weltmissionskonferenz in Melbourne 1980. Das dortige Konferenzgeschehen mitsamt den dort geführten Diskussionen und dem in Deutschland schon im Vorfelde der Melbourne-Konferenz erfahrbaren Erschütterungen und der gründlichen Nacharbeit ist für unsere Thematik von großer Wichtigkeit und wird deswegen – im zweiten nachfolgenden Abschnitt – entsprechend beachtet werden. Wichtige Anregungen hat der Reich-Gottes-Begriff in zwei weiteren Strängen gegenwärtiger Ökumene erfahren, auch wenn er für deren Gesamtdiskussionen keine zentrale Rolle spielte: Zum einen im Rahmen der Bewegung für Glauben und Kirchenverfassung und zum anderen in den Diskussionen und Dokumenten des „Konziliaren Prozesses". Diese sollen in einem weiteren Abschnitt dieses Kapitels beachtet werden.

---

[184] Vgl. F. Siegmund-Schultze: Die ökumenische Bewegung gestern und heute, in: Ökumenische Einheit 3 (1950), 167-174, abgedruckt in: ders., Friedenskirche, Kaffeeklappe und die ökumenische Vision, a.a.O. (vgl. Anm. 65), 139ff.

1.) „Reich Gottes" im Horizont von Universalität: Öffnung auf die ganze Welt

Die 60er Jahre bedeuteten für den Ökumenischen Rat der Kirchen eine Konsolidierung, die Hoffnung auf einen Konsens mit der Römisch-Katholischen Kirche und einen durch die Christenheit auf der Südhalbkugel herausgeforderten Aufbruch. Dies sei kurz erläutert: Auf der Vollversammlung des ÖRK in Neu Delhi im Jahre 1961 wurden der Internationale Missionsrat, die Russische Orthodoxe Kirche sowie etliche Kirchen aus den gerade unabhängig gewordenen Staaten der Dritten Welt Mitglieder des Ökumenischen Rates. Im Zuge des II. Vatikanischen Konzils ergingen von Rom deutliche Zeichen einer Öffnung (Ökumenismusdekret) gegenüber der protestantischen ökumenischen Bewegung, die auf eine zunehmende Annäherung hoffen ließen.

Gleichzeitig setzte zu diesem Zeitpunkt eine weltweite Entwicklung ein, die den ÖRK vor neue Aufgaben stellte und damit eine Phase einleitete, die die soziale Verantwortung der Kirche stärker ins Zentrum rückte. Die neuen Herausforderungen waren wesentlich bedingt durch die Dekolonisationswelle in Asien 1947-49 und in Afrika um das Jahr 1960 herum. Damals keimte verstärkt das Bewußtsein und der Wille von Christen aus der Dritten Welt auf, sich nicht länger als Anhängsel westlicher Theologie und Kirche definieren zu lassen. Die aus diesem Bereich der Christenheit formulierten Anliegen, die in der vor- und nachkolonialen Situation durchweg um die Probleme von Unterdrückung und Befreiung zentriert waren, stießen im Bereich der bis dahin tonangebenden europäisch-nordamerikanischen Christenheit zunehmend auf offene Ohren, u. a. deshalb, weil der Nachkriegsprozeß in der Zwischenzeit zwar zu einer Sättigung der materiellen Bedürfnisse geführt hatte, aber die direkt nach 1945 vorhandenen Hoffnungen auf ein lebendiges religiöses Leben und eine gerechte Weltordnung nicht eingelöst worden waren.

Die Zeichen deuteten auf neue, umfassende Möglichkeiten und einen Aufbruch, in dem sich die Dynamik des ÖRK nicht durch den Minimalkonsens der in ihm vereinten Kirchen bestimmen lassen würde. Die Schwelle zu einer die christlichen Kirchen der ganzen Welt umfassenden Organisation schien überschritten, ja die Öffnung der Kirche auf die Welt geboten.

Weltkonferenz für Kirche und Gesellschaft in Genf 1966
Wie in einem Brennglas zeigten sich diese Tendenzen auf
der Weltkonferenz für Kirche und Gesellschaft in Genf 1966.
Die Weltkonferenz für Kirche und Gesellschaft mit ca. 450
Teilnehmern, von denen fast die Hälfte aus der Dritten Welt
stammten, und zu denen außer Theologen eine stattliche Anzahl von Fachleuten für soziale und politische Probleme gehör-
ten, widmete sich einer Vielzahl von Themen, die sich damals
– von deutscher Perspektive aus gesehen – erst schattenhaft am
Horizont abzeichneten: Rassismus, Vietnam-Krieg, Konflikte
zwischen reichen und armen Nationen, Revolution als Mittel
zur Befreiung. Einige Zitate bzw. Passagen aus Reden sollen
die Stoßrichtung dieser Konferenz verdeutlichen.

Die folgenden Sätze stammen von dem nordamerikanischen Theologen Richard Shaull, der lange in Südamerika gearbeitet und dort entscheidende Impulse für die von ihm vertretene Theologie erhalten hat:

*„Es kann wirklich einzelne Situationen geben, in denen nur
die Drohung oder der Gebrauch von Gewalt eine Wandlung ein-
leiten können. ... Wenn die vorgeschlagene Strategie Erfolg haben
soll, dann kann sie nicht eine Sache isolierter, sporadischer
Bemühungen sein. Sie muß vielmehr die Bildung kleiner revolutionärer Kernzellen in der ganzen Gesellschaft einschließen, intensive Bemühung um die Art der Erziehung, die neue Perspektiven auf soziale Probleme und den Weg zu neuen Experimenten
und neuen Lösungen eröffnet, und die enge Koordination der Arbeit, die von den verschiedenen revolutionären Gruppen geleistet
wird.“* [185]
Das zweite Zitat zeigt den Aufbruch von Christen in der Ersten Welt. Es stammt vom Nachfolger W. A. Visser't Hoofts
im Amt des Generalsekretärs, dem Nordamerikaner Eugene
Carson Blake:

*„Jungen und Mädchen begannen mit den Sitzstreiks in Imbiß-
stuben, lange bevor die ältere Generation, Pfarrer und Laien,
Priester und Nonnen, zu marschieren und zu demonstrieren begannen. Ich bin überzeugt, daß der Einsatz des eigenen Körpers*

---

[185] R. Shaull, Die revolutionäre Herausforderung an Kirche und Theologie, in: Appell an die Kirchen der Welt, Dokumente der Weltkonferenz
für Kirche und Gesellschaft, hg. v. ÖRK, 3.Aufl. Stuttgart/Berlin 1968,
91ff, Zitat 95.

am richtigen Ort und zur richtigen Zeit oft die einzige Form ist, in der ein Christ seiner Kirche helfen kann, an der Umformung der Gesellschaft teilzunehmen. In meinem Land findet noch ein anderer Kampf statt, an dem sich die Kirchen erst jetzt voll zu beteiligen beginnen. Es ist der Kampf gegen die Armut. Er ist eng mit dem Rassen- und Bürgerrechtsproblem verbunden, aber bisher ist es noch nicht gelungen, unsere Kirchen allgemein zur Erkenntnis der hier vorliegenden moralischen Frage zu führen. Ich hoffe, daß diese Konferenz und ihre Berichte uns dabei helfen."[186]

Eine dritte, die Genfer Konferenz kennzeichnende Passage stammt aus einem Arbeitsgruppenbericht dieser Konferenz. Hier heißt es:

„Zum gegenwärtigen Zeitpunkt der Geschichte beherrscht die weiße Rasse die Welt in wirtschaftlicher und politischer Hinsicht. Diese Herrschaft verhindert die Entfaltung einer echten menschlichen Gemeinschaft sowohl auf nationaler als auch auf internationaler Ebene. Die Christen sollten sich leidenschaftlich darum bemühen, daß diese Herrschaftsform zerbrochen wird, damit eine wahrhaft menschlichere Gesellschaft errichtet werden kann.

In diesem Zusammenhang darf die Versöhnung nicht in einer sentimentalen Harmonisierung der miteinander in Streit liegenden Gruppen bestehen. Sie verlangt Opfer. Sie bedarf der Identifizierung mit den Bedrängten. ...

Daß Kirchen und Gruppen die Sünde der Rassenüberheblichkeit und -unterdrückung verdammen, ist nicht genug. Der Kampf um eine grundlegende Veränderung der Strukturen wird unvermeidlich Leid mit sich bringen und ein kostspieliges und hartes Engagement verlangen. Ein Beiseitestehen der Christen in diesem Kampf bedeutet Ungehorsam gegenüber dem Ruf Gottes in der Geschichte."[187]

Im Zuge derartiger Aussagen mag es nicht verwundern, wenn in einem Gesprächsbeitrag des Nigerianischen Pastors Adeolu Adegbola dafür votiert wurde, „die revolutionären Bewegungen unserer Zeit als Teil von Gottes Königreich" bzw. Revolutionäre als Mitarbeiter Gottes zu sehen.[188] Diese gene-

---

[186] E. C. Blake, Wie die Kirche zur Umformung der Gesellschaft beiträgt, in: Appell an die Kirchen der Welt, a.a.O., 106.
[187] Theologische Probleme in der Sozialethik. Bericht der Arbeitsgruppe B, in: Appell an die Kirchen der Welt, a.a.O. 248ff, Auszüge 256f.
[188] Vgl. A.a.O., 25.

ralisierende Aussage wurde von der Gesamtkonferenz nicht uneingeschränkt bestätigt, sie signalisierte aber eine mit dieser Konferenz beginnende Tendenz, sozialen und politischen Protest – auch in Form der Gegengewalt – nicht von vornherein als außerhalb spezifisch christlicher Aufgabenstellung liegend abzulehnen.

„Reich Gottes" wurde – zunächst noch in einzelnen Stimmen – in dieser Phase der ökumenischen Bewegung also allmählich zum Horizont für eine umfassende Befreiung im Weltmaßstab. Die Erfahrung von Christen in der Dritten Welt, daß Befreiung möglich sei und das Wahrnehmen verfestigter Strukturen in Kirche und Gesellschaft der Ersten Welt, die nicht länger tragfähig waren, ließen umfassende Veränderungen als möglich und im Licht der Hoffnung auf das „Reich Gottes" als notwendig erscheinen.

Die Sprache und die Töne der zitierten Passagen aus Reden und Resolutionen der Genfer Konferenz mögen uns heute in ihrer Vollmundigkeit befremden. Sie waren dominant, standen aber nicht allein. So sagte der damals scheidende Generalsekretär Visser't Hooft in seinem Grundsatzreferat mit dem Titel „Die Aufgaben dieser Konferenz im Rahmen des ökumenischen Sozialdenkens":

„Als Jesus seine Verkündigung mit den Worten beginnt: ‚Das Reich Gottes ist herbeigekommen; tut Buße und glaubt an das Evangelium', wird es völlig klar, daß Buße nichts weniger bedeutet, als den Weg des Reiches Gottes zu gehen, und das heißt einen Weg, der es nicht nur, ja nicht einmal in erster Linie mit dieser oder jener Frömmigkeitsübung zu tun hat, sondern mit unserem gesamten täglichen Leben und mit unseren Beziehungen in der Gesellschaft. Darum wollen wir uns nicht schämen, uns auch mit ganz irdischen Problemen zu befassen. Es ist richtig, daß die Bekehrung zuerst eine Hinwendung zu Gott und eine Befreiung von der Welt bedeutet. Wir müssen gegen jeden Versuch, diese vertikale Dimension der Bekehrung und das in ihr enthaltene Element der Hingabe zu unterdrücken, protestieren. Genauso wahr ist aber auch, daß die Realität unserer Hinwendung zu Gott gerade in unseren alltäglichen Entscheidungen und in unserem sozialen Leben beständig auf die Probe gestellt wird. Wir werden die moderne Welt niemals von der Wahrheit des Evangeliums überzeugen können, wenn wir es ihr nicht in seiner ganzen Fülle verkündigen – nämlich mit seiner radikalen Kritik an unseren sozialen

Einstellungen und sozialen Strukturen, die durch unseren persön-
lichen und gemeinschaftlichen Gehorsam bekräftigt wird.“ [189]

Visser't Hooft hielt in seinem Votum die vertikale und die horizontale Dimension von „Reich Gottes“ zusammen. Aber auch bei ihm ist der Akzent auf eine umfassende Öffnung, auf Befreiung unverkennbar. In ähnlicher Form wird an zwei anderen Stellen des Genfer Konferenzberichtes auf die doppelte Dimension des Reiches Gottes verwiesen, wobei allerdings stark auf die Notwendigkeit eigenen „Tuns“ verwiesen wird:

„Die ferne Zukunft ist uns verborgen. Wir wissen nicht, in-
wieweit sich die radikale Ethik des Gottesreiches auf Erden ver-
wirklichen lassen wird. Aber wir wissen, daß Gott uns keine
Grenzen gesetzt hat bei dem, was in und von unserer Generation
erreicht werden kann, wenn sie ihre Probleme nur richtig verste-
hen und sich in ihren Verhältnissen gehorsam zeigen will. Wenn
wir rechten Glaubens sind, werden unsere Nachkommen die Auf-
gaben ihrer eigenen Zeit erkennen und aus unserem Gehorsam
Kraft schöpfen. Es ist Gott selbst, der über allen Veränderungen
beständig herrscht. Die Kirche weist auf Ihn und stiftet jene Stille,
in der seine Stimme gehört werden kann; und wo sie gehört wird,
da ist Mut, den Veränderungen zu begegnen, Liebe, die Wahrheit
freizusetzen, und Geduld, die Ordnung zu wahren und verant-
wortlich inmitten der Revolution zu leben.“ [190]

„Das Königreich Gottes brach mit dem Kommen Christi in die
menschliche Geschichte ein und wird sich über alle Menschen und
über die ganze Schöpfung ausbreiten. In dem Kampf zwischen dem
auferstandenen Herrn und den dämonischen Mächten können die
letzteren nicht den Sieg davontragen. Jesus der Messias ist gekom-
men und wird wiederkommen für die Juden und für die Völker,
und Zeichen seiner Herrschaft brechen in unsere Zeit ein und ver-
wandeln unsere Welt. Diese Verwandlung ist natürlich niemals
nur eine Erfüllung menschlicher Pläne und Wünsche. Sie bringt
immer neue Gesichtspunkte und Einsichten für die menschlichen
Beziehungen. Sie geschieht oft als Ergebnis eines Handelns, das
ganz andere Motive hatte. Auch können wir nicht von einer fort-

---

[189] Visser't Hooft, Die Aufgabe dieser Konferenz im Rahmen ökumenischen Sozialdenkens, in: Appell an die Kirchen der Welt, a.a.O. 35ff, Zitat 36.
[190] Bericht der Sektion I: Entwicklung in weltweiter Sicht, in: Appell an die Kirchen der Welt, a.a.O., 112.

währenden Verwandlung dieser Welt sprechen, bis sie das Reich
Gottes wird. Die Welt sieht sich in der Zukunft ebenso dem Gericht
und der Zerstörung wie dem Fortschritt und der Entwicklung ge-
genüber. Aber weil der Messias, der Gott und Mensch zugleich ist,
vom Tode auferstanden ist, in den die pervertierte menschliche
Macht ihn geschickt hat, sind Christen gerufen, für die Verwand-
lung der menschlichen Gesellschaft an jedem Punkte zu arbeiten,
in der Hoffnung, daß Gott ihre Arbeit zum Guten wenden werde,
ob sie Erfolg oder Mißerfolg haben." [191]

Einer der Hauptbeiträge zur Konferenz – und der zentrale
Beitrag zur Reich-Gottes-Frage – stammte von Heinz-Dietrich
Wendland. Wendland ging in seinem Referat „Kirche und Revolution" von einer „totalen Weltrevolution" aus, von der er
sagte „daß sie auf eine neue Gesamtordnung der Gesellschaft
in einzelnen Ländern, wie im ganzen der Kontinente und der
Menschheit tendiert, daß sie also alle gewesenen, historisch
entwickelten, historischen, sozialen und ökonomischen Formen und Kräfte zu durchbrechen, zu überholen, zu über-
schreiten versucht".[192]

Unter Revolution wurde nicht im traditionellen Sinne ein
Herrschaftswechsel (84), sondern die umfassende Umwälzung
u. a. auf technologischem, organisatorischem und gesellschaftlichem Gebiet verstanden. Da das Ausmaß dieser Veränderung
historisch ohne Parallele sei, reiche der „liberale Reformis-
mus", der nur „herumflickt", nicht aus. Christlicher Konser-
vatismus müsse abgelehnt werden, der über Jahrhunderte auf
der Seite der „herrschenden historischen Mächte" gestanden,
und damit „die Kirche und das theologische Denken in Europa um seine Bewegungsfreiheit, um seine Solidarität mit den
Menschen unserer Tage gebracht" (85) habe. Wendland richtete sich ebenfalls gegen schwärmerische Utopien einer „vollkommenen Gesellschaft" (37), um zur zentralen Aussage zu
kommen:

„Auch diejenigen, die wie wir Christen nicht an die Utopie der
perfekten Gesellschaft auf diesem Erdboden glauben, sind gleich-
wohl dazu verpflichtet und dafür von Gott verantwortlich ge-

---

[191] Bericht Arbeitsgruppe B, in: Appell an die Kirchen der Welt, a.a.O.,
253f.
[192] Wendland, Kirche und Revolution, in: Appell an die Kirchen der
Welt, a.a.O. 86.

macht, um des Menschen willen, um der Zukunft des Menschen willen für eine menschenwürdige Gesellschaft zu kämpfen und, wenn es denn notwendig sein sollte, auch für diese zu leiden. Darauf kommt es an diesem Punkte an.

Daraus ergibt sich nun für mich, und Sie werden kritisch zu prüfen haben, ob Sie mir bei dieser entscheidenden Weichenstellung folgen können, daß der Ansatzpunkt für ein christliches Verständnis der Weltrevolution ein durchaus eschatologischer sein muß, wobei ich unter Eschatologie aber nicht eine Jenseitsvorstellung, sondern vielmehr das gegenwärtige Wirklichwerden und Wirken des Reiches Gottes in Jesus Christus und in seiner Gemeinde auf diesem Erdboden verstehen möchte. In dieser entscheidenden eschatologischen Weichenstellung folge ich einem viel Größeren, nämlich einem meiner unvergessenen Lehrer, dem Deutschamerikaner Paul Tillich, der schon in den zwanziger Jahren dieses Jahrhunderts die Weichen in seiner Auseinandersetzung mit dem Nationalismus und dem Marxismus seiner Tage in eben dieser Weise gestellt hat. Das in die Welt eindringende Reich Gottes verändert die Welt, das ist sozusagen abgekürzt und einfach ausgedrückt die Revolution von oben her, und diese Revolution von oben her hat ihre menschlichen Träger in den Jüngern Christi, in seiner Gemeinde auf Erden, die in dem aktiven Ethos der dienenden Liebe an der Weltveränderung und der Weltumgestaltung arbeiten, um Freiheit, Gerechtigkeit, Wohlfahrt und eine menschenwürdige Existenz für alle Menschen zu erkämpfen. ... Wir werden hineingestellt in eine umfassende, uns alle engagierende Solidarität mit den Menschen dieser Welt. Mit allen Menschen, zuvorderst aber – denken wir an Matth. 25, die Geschichte vom Weltgericht – mit allen Hungernden und Nackten, mit allen Elenden, Armen, Kranken, Gefangenen, Unterdrückten und an den Rand der menschlichen Existenz Gedrängten. An die Seite aller dieser Elenden und Unterdrückten führt uns der apostolische Kanon: Einer trage des andern Last, so werdet ihr das Gebot Christi erfüllen' (Gal. 6, 2). ... Der Mensch ist zum Verwalter und zum Umformer, zum Organisator und Reformator der irdischen Welt und der menschlichen Gesellschaft vom Schöpfer eingesetzt. Er ist, wie Luther das einmal äußerst kühn ausgedrückt hat, in Sachen Welt der Kooperator, der Mitarbeiter Gottes, und zwar durch die weltumfassende und zugleich weltverändernde Macht der menschlichen Vernunft. ... Wir haben versucht zu sagen, daß die Revolution des Reiches Gottes, die von oben her in Christus, in

Gestalt der Kirche in die Menschheitsgeschichte eingegriffen hat, sich sehr wohl mit der menschlichen Revolution von unten her zu verbinden vermag und daß diese Synthese, diese Verbindung die weltgeschichtliche Forderung der Stunde an uns Christen sei. "[193]

In der damaligen Zeit wirkte diese Akzentuierung in Deutschland stimulierend und angsterregend zugleich. In einer Zeit umfassender kultureller und gesellschaftlicher Erschütterungen in der Bundesrepublik Ende der 60er Jahre forderte diese Dynamik heraus. Die EKD-Synode im Oktober 1968 befaßte sich mit dem Thema „Zukunft der Kirche und Zukunft der Welt" und lud als Redner Helmut Gollwitzer ein, der an der Genfer Sitzung wie an der Vollversammlung in Uppsala teilgenommen hatte. Er sprach auf der EKD-Synode zum Thema „Die Weltverantwortung der Kirche in einem revolutionären Zeitalter". Kirchen in Deutschland befaßten sich durch ökumenische Anstöße weiterhin mit den Themen Entwicklungspolitik und Rassismus. Dies bildete allerdings auch Anlaß für Befürchtungen, daß sich die Ökumene in weltlichen Themen verliere (s. o. das Kapitel „Positionen im Bereich der Evangelischen Kirchen", Schlußabschnitt).

„Reich Gottes" bildete also in dieser Phase den Horizont für eine umfassende, auf die ganze Welt gerichtete Befreiung. Diese Akzentsetzung zielte darauf ab, „Reich Gottes" im Horizont der Welt zu sehen und nicht nur auf Kirche zu beziehen. Sie nahm die Lage von Christen in der Dritten Welt zur Kenntnis und wies auf die Notwendigkeit der Veränderung von gesellschaftlichen und politischen Strukturen. Sie bezog sich auf die weltweiten Unrechtsstrukturen und stellte diesen die Verheißungen des Reiches Gottes entgegen. Sie unterstrich die universale, unteilbare, allen Menschen geltende Dimension von „Reich Gottes".

Dieser Ansatz barg indes auch Gefahren. Er sah die Ermutigung so stark an menschliche Aktivität gebunden, daß der eschatologische Vorbehalt des Wirkens Gottes wegzufallen drohte. Er suggerierte, daß umfassende Veränderungen – zumal durch die Anwendung von Gegengewalt – möglich seien. Er tendierte dazu, sich in den Anforderungen, die man

---

[193] H.-D. Wendland, Kirche und Revolution, in: Appell an die Kirchen der Welt, a.a.O., 87, 88, 90, gekürzt.

im Lichte der Verheißungen des Reiches Gottes sah, heillos zu übernehmen.

Vollversammlungen Uppsala 1968, Nairobi 1975

Die auf der Genfer Konferenz 1966 feststellbare Tendenz, die gesellschaftlich-politischen Dimensionen des Christentums ernst zu nehmen und die Notwendigkeit menschlicher Mitwirkung am „Reich Gottes" als „menschliche Revolution von unten" zu unterstreichen, intensivierte sich in den folgenden Jahren. Dies wurde auf der Vollversammlung des ÖRK 1968 in Uppsala deutlich, zumal sich die Kirchen durch die international anstehenden Probleme zunehmend herausgefordert sahen: Der Vietnam-Krieg hatte die Grundannahme der USA als Garant der freien westlichen Welt erschüttert, die aus Vietnam berichteten Brutalitäten sowie der dortige Erfolg der Kommunisten ließen diese Großmacht in einem veränderten Licht erscheinen, zumal gleichzeitig der innere Frieden der USA nachhaltig gestört schien: M. L. King, der zur Vollversammlung hatte sprechen sollen, war kurz vorher im April 1968 ermordet worden. Eine weitere Verunsicherung, auch in Bezug auf die von der Dritten Welt zu lösenden Probleme, bildete der Bürgerkrieg in Nigeria und die explosive Lage in Nahost.

Spiegelte die Genfer Konferenz 1966 den thematischen Umbruch für den ÖRK, so schien er in Uppsala 1968 auch personell vollzogen: Der für Jahrzehnte in der Ökumene verantwortliche W. A. Visser't Hooft war durch den Nordamerikaner E. C. Blake abgelöst worden, der sich in der amerikanischen Bürgerrechtsbewegung und im Kampf gegen Rassismus in seinem Lande einen Namen gemacht hatte. Wendland war in Uppsala – vermutlich aus Altersgründen – überhaupt nicht zugegen.

Aus der allgemeinen Reflexion über die Legitimität oder Notwendigkeit kirchlich-christlichen Engagements, die in Genf noch stattgefunden hatte, schien in Uppsala die Selbstverständlichkeit erwachsen zu sein, sich auf Gebieten wie der Bekämpfung des Rassismus an vorderster Stelle exponieren zu müssen. Dies wird auch durch die Tatsache bestätigt, daß der Begriff des Reiches Gottes in Uppsala nur an ganz wenigen Stellen und mit eindeutiger Akzentsetzung auftauchte, z. B. in folgendem Sektionsbericht:

„Unsere Hoffnung richtet sich auf ihn, der alles neu macht. Er richtet über unsere Denk- und Aktionsstrukturen und läßt sie überholt sein. Wenn uns falsche Sicherheit im Alten und Furcht vor revolutionärem Wandel in Versuchung führen, den Status quo zu verteidigen oder ihn mit halbherzigen Maßnahmen zu flicken, werden wir schließlich alle zugrundegehen. Der Tod des Alten mag einigen schmerzlich sein, doch das Unvermögen, eine neue Weltgemeinschaft aufzubauen, kann allen den Tod bringen. In ihrem Glauben an dies kommende Reich Gottes und in ihrer Suche nach seiner Gerechtigkeit sind die Christen gefordert, am Kampf von Millionen Menschen um größere soziale Gerechtigkeit und um die Weltentwicklung teilzunehmen.“ [194]

Für die folgenden ökumenischen Vollversammlungen spielte der Begriff des Reiches Gottes explizit keine Rolle mehr: Im Bericht der Vollversammlung von Nairobi im Jahre 1975 findet er sich nicht einmal mehr im Index, und auch in Vancouver steht er nur an zwei Stellen von Fachgruppenberichten.[195] In beiden Fällen wurde auf eine Übernahme des Begriffes „Reich Gottes“ in den auf diesen Vorarbeiten resultierenden wichtigen „öffentlichen Erklärungen“ verzichtet. Dies lag an zwei in Spannung zueinander stehenden Faktoren: zum einen daran, daß beruhend auf der Genfer Tradition wie selbstverständlich „Reich Gottes“ zumindest in der von Wendland zugespitzten Form implizit für die gesamte Tätigkeit des ÖRK auf sozialem Gebiet eine große Rolle spielte.[196]

---

[194] Bericht der Sektion III. Wirtschaftliche und soziale Weltentwicklung, in: Bericht aus Uppsala. Offizieller Bericht der Vierten Vollversammlung des Ökumenischen Rates der Kirchen, Genf 1968, 46.

[195] Er wird verwendet im Zusammenhang von Gerechtigkeit, Frieden und Militarismus: „Frieden in der Welt kann nicht allein durch menschliche Bemühungen zustande kommen. Wenn wir jedoch unseren aufrichtigen Wunsch nach Frieden in bestimmten Aktionen bezeugen, dann kann Gottes Geist unsere schwachen Anstrengungen bemerken, um die Reiche dieser Welt dem Reich Gottes ein Stück näher zu bringen“, in: Bericht aus Vancouver 8-7. Offizieller Bericht ... Frankfurt/M. 1983, 99; Vgl. auch den Arbeitsgruppen-Bericht: Für Gerechtigkeit und Menschenwürde kämpfen: „Wir bekennen unseren Glauben an den dreieinigen Gott, der Leben gibt, erlöst und heiligt. Darum hoffen, beten und suchen wir als Christen und Kirchen nach Zeichen des Reiches Gottes in seiner Schöpfung. Seit Nairobi haben wir uns auf das Ziel einer gerechten, partizipatorischen und überlebensfähigen Gesellschaft zu bewegt“, a.a.O. 110.

Des weiteren traten im Rahmen der ökumenischen Vollversammlungen grundsätzliche Reflexionen über diesen Begriff
in einer Phase verstärkten praktischen Engagements zurück,
zumal er traditionell für kontinentale europäische Theologen
die Funktion hatte, durch Hinweise auf die Unverfügbarkeit
des Reiches vom eigenen Inaktivismus abzulenken und politisch mißliebige christliche Stellungnahmen zu diskreditieren.

2.) „Reich Gottes" im Horizont von Partikularität:
Vorrang für die Armen

Ab ca. Mitte der 70er Jahre unseres Jahrhunderts hat sich
eine gewisse Ernüchterung in der ökumenischen Bewegung
gezeigt. Die Hoffnungen auf rasche, die Welt umfassende, wesentlich oder auch von Christen getragene revolutionäre Umwälzungen hatten sich zerschlagen. Globale Erklärungsmo-
delle für die Unterentwicklung in der Dritten Welt (Dependenztheorie) hatten sich als ungenügend erwiesen; die Christenheit dieser Länder zeigte sich – je nach Kontext – in unterschiedlicher Gestalt und mit z.T. unterschiedlichen theologischen Perspektiven. Weltumspannende Hoffnungen im Bereich der Ökumene traten gegenüber der Wahrnehmung recht
unterschiedlicher kontextueller Theologien zurück. Die Aussicht auf eine zunehmende Gemeinsamkeit mit der Römisch-
Katholischen Kirche hatte sich zudem nicht wie gewünscht
eingelöst. Das Trennende wurde wieder deutlicher, das Parti-
kulare strebte angesichts globaler Krisensymptome (Ölpreis-
krise, Analysen des Club of Rome, Atomwaffen) nach Geltung. Für diese Phase steht in augenfälliger Weise die Weltmissionskonferenz 1980 in Melbourne, die sich unter dem
Leitwort der zweiten Bitte des „Vater-Unser" zentral mit der
Frage nach dem Reich Gottes beschäftigte.

---

[196] Vgl. dazu Bericht aus Vancouver ..., a.a.O., 257: „Die Tätigkeit der
Programmeinheit Gerechtigkeit und Dienst' hat sich stark an der biblischen und theologischen Vision des Reiches Gottes orientiert".

Umverteilung von Macht im Horizont von „Reich Gottes"?
Vorbereitungen auf die Melbourne-Konferenz

Die Weltmissionskonferenz in Melbourne wurde international umfassend vorbereitet und sorgte schon im Vorfeld für
erhebliches Aufsehen. Im folgenden seien die wichtigsten Vor-
bereitungsarbeiten und Diskussionen in der Bundesrepublik
Deutschland herausgegriffen.

Die profundeste Analyse zum Thema der bevorstehenden
Konferenz stammte von der Theologischen Kommission des
Evangelischen Missionswerkes in Hamburg und trug den
Titel: „Das Reich Gottes und die Armen. Unsere missionari-
sche Aufgabe in der Bundesrepublik Deutschland."[197] Sie
stellte die Bedeutung der Armen für Theologie und Kirche
heraus und gelangte zu konkreten Forderungen für das öffentliche Handeln der Kirchen in der Bundesrepublik.

Grundlegend wurde gefragt, wie die „Verkündigung und
die Verwirklichung der Gottesherrschaft mit der Befreiung der
Armen" zusammenhängen. Die Antwort, die diese Studie gab,
war klar und differenziert: Die Verkündigung vom hereinbre-
chenden Reich Gottes gelte in besonderer Weise den Armen,
„weil gerade für sie das Reich kommt" (6). Mit den „Armen"
seien vor allem die sozial Schwachen gemeint: „Die Begründung für diese sozusagen primäre Zielgruppe des Evangeliums
ist ihre Hilflosigkeit und ihr Angewiesensein (Lk 5,3) und
spiegelbildlich die Sattheit der Reichen, die das, was Gott
durch Jesus anbietet, nicht nötig zu haben meinen" (6). Aber
nicht die Armut als solche qualifiziere für das Reich Gottes,
sondern „sie werden diese seliggepriesenen Armen, indem sie
in ihrem harten sozialen Geschick ihre Hoffnung auf Gott
richten und ihre Hilfe allein bei ihm suchen" (6).

Biblische Befunde und sozialwissenschaftliche Analysen zur
Armut in Deutschland wurden in der Studie miteinander in
Verbindung gesetzt und scharfe Rückfragen an die eigenen
Kirchen gestellt, etwa: „*Ist die Christenheit in der Bundesrepu-*

---

[197] Diese Studie trug den weiteren Untertitel: „Diskussionsbeiträge aus
der Arbeit der Theologischen Kommission des EMW als Zwischenbe-
richt vorgelegt zur Vorbereitung auf die Weltmissionskonferenz 1980
in Melbourne (Australien)". Sie erschien als EMW-Information Nr. 15, Jan.
1980. Die folgenden im Text eingeklammerten Seitenzahlen beziehen
sich auf diese Veröffentlichung.

blik Deutschland in ihrem sozialen Gefälle nicht Spiegelbild der
säkularen Gesellschaft und in mancher Hinsicht einer verbürger-
lichten Religion geworden ...? Wie kann aber eine reiche Kirche
solidarisch werden mit den Armen? Wie begegnen die Christen in
den reichen Ländern dem Vorwurf der Armen in der Dritten
Welt, der Reichtum der reichen Kirchen und Christen gehe auf
Kosten der Armen und sei Teil des internationalen ökonomischen
Systems von Unterdrückung und Ausbeutung?" (20) Und
schließlich: „Welche Konsequenzen ergäben sich für eine Kirche,
wenn sie ihre Priorität nicht in der Betreuung ihrer Glieder sähe,
sondern darin, sie als Werkzeug der Veränderung auf das kommende Reich Gottes hin zu befähigen?" (21) Derartige Fragen
rührten an das Grundverständnis von Kirchen in der Bundesrepublik. Die Autoren der Studie waren sich darüber bewußt,
daß solche aus der Perspektive von Christen aus der Dritten
Welt gestellten Fragen herausforderten, verunsicherten und
auch auf Abwehrmechanismen stießen. Sie forderten deswegen von der Kirche ein „freimachendes Wort", das kulturbe-
dingte Einengungen durchbrechen und „ein neues weltweites
und dialogfähiges Selbstverständnis" (21) schaffen helfe. Diese
eher allgemeine Richtung wurde mit einer Reihe konkreter
Forderungen für Gemeinden und Einzelne (z. B. einfacher Lebensstil) verbunden und die Neuorientierung christlichen Lebens in den Rahmen eines grundlegenden Perspektivenwan-
dels gestellt, wonach bei allen politischen und kirchlichen Entscheidungen „die Sicht der Armen eine entscheidende Rolle"
(24) spielen solle.

Die Neubewertung der sozial Armen als primärer Zielgruppe des Evangeliums und die damit verbundenen ekklesio-
logischen Anfragen allein bargen hinreichend Zündstoff für
Auseinandersetzungen. Das entscheidende Stichwort, das für
öffentliches Aufsehen sorgte, verbarg sich in dem Abschnitt
über Ursachen von Armut in Deutschland. Hier hieß es:
„Theologische Reflexion der Armut in der Bundesrepublik
dürfte das Problem der Umverteilung von Macht ebensowenig
vernachlässigen wie eine Diskussion über gesellschaftliche Ar-
beits- und Lebensbedingungen, die Armut und Verelendung
immer neu produzieren" (18). Auf der EKD-Synode in Garmisch-Partenkirchen Ende Januar 1980 war in der Berichter-
stattung über die Aktivitäten des Evangelischen Missionswerkes für die Vorbereitung der Weltmissionskonferenz auf die im

Licht von „Reich Gottes" erforderliche Neubewertung „der Armen" hingewiesen und u. a. das Stichwort der „Umverteilung von Macht" als Herausforderung für westliche Staaten genannt worden. Dieses Stichwort führte in der Presse zu heftigen Reaktionen, wobei der Verdacht, daß die Forderung einer Machtumverteilung auf eine gewaltsame Revolution ziele, die öffentliche Diskussion emotionalisierte.[198] Gleichzeitig fand auf der Synode eine Grundsatzdiskussion über den EMW-Bericht statt, in der das Stichwort der „Umverteilung von Macht" sowohl für harsche Kritik als auch für Zustimmung sorgte.[199] So setzte sich der Evangelikale Scheffbuch von diesem Begriff, der Gewalt impliziere, scharf ab und forderte dazu auf, zur Mission als Heilsverkündigung Jesu zurückzukehren (13f.). Umgekehrt plädierte Prof. Grohs, der als Mitglied des Zentralausschusses des ÖRK Kenner der ökumenischen Diskussion war, für die Notwendigkeit von Veränderungen im persönlichen Lebensstil wie in Machtstrukturen, um für Christen in der Dritten Welt glaubwürdig zu bleiben. Im Zuge dieser Kontroverse spielte die Frage nach dem Mandat von Kirche und Mission die entscheidende Rolle. Hierin eingebettet fanden sich die Kontroversstandpunkte zur Bedeutung von „Reich Gottes". So warnte der Württembergische Dekan i. R. Hennig vor einer von ihm in den Vorbereitungsdokumenten für die Melbourne-Konferenz gesehenen Anschauung einer Vorwegnahme des Reiches Gottes durch menschliche Aktivitäten: „Es ist hier ein klares Nein zu sagen". Es gebe zwar Zeichen, aber keine Methoden und Maßnahmen für dieses Reich (19). Gegen diese Einschätzung verwahrte sich der ebenfalls aus Württemberg stammende Synodale Herwig Sander. Er teile die im Bericht des EMW enthaltene Erwartung, daß es in Melbourne zu einer wichtigen Begegnung mit „Schwestern und Brüdern" aus der Dritten Welt kommen

---

[198] Vgl. hierzu den Abdruck von Zeitungsartikeln in: epd-Dokumentation Nr. 11, Frankfurt 1980.
[199] Vgl. die Aufzeichnungen zur Kontroversen Diskussion auf der Synode von Garmisch-Partenkirchen in: epd-Dokumentation Nr. 20, 1980 mit dem Titel „EKD-Synode in Garmisch, Teil 4: Kontroverse um den Bericht des Evangelischen Missionswerkes (II)", Frankfurt 1980. Die folgenden im Text eingeklammerten Seitenzahlen beziehen sich auf diese Veröffentlichung.

werde, „die im Zeugnis für das kommende Reich schon jetzt den Mächten des Todes jedes mögliche Stück Gerechtigkeit, Freiheit und Leben abringen" (24).

Soweit einige kontroverse Stimmen aus einer Debatte, in der das Engagement der Teilnehmerinnen und Teilnehmer zeigte, daß es um grundlegende Dimensionen des eigenen Selbstverständnisses ging. Hierbei geriet die aus der ökumenischen Christenheit gestellte Grundannahme, daß das hereinbrechende Reich Gottes vorrangig den Armen gelte, zeitweilig aus dem Blickfeld.[200]

Von den Vorbereitungen aus anderen Erdteilen durfte allerdings geschlossen werden, daß diese Frage mit großer Vehemenz in die Sitzungen der Weltmissionskonferenz getragen würden. Hierbei spielte die enge Verbindung von Zusagen im Horizont der Reich-Gottes-Erwartung mit dem Drängen auf soziale Veränderungen zur Überwindung von Unterdrückung eine wichtige Rolle. Hiervon zeugt das folgende im Vorfeld der Melbourne-Konferenz publizierte Gebet von Julia Esquivel aus Guatemala:

‚,Vater unser im Himmel! Dein Reich komme!'

Möge dein Reich kommen, dein Reich der Freiheit und Liebe, der Brüderlichkeit und Gerechtigkeit, des Rechts und des Lebens, der Wahrheit und nicht der Heuchelei.

Möge allem, was Leben auf der Welt zerstört, ein Ende gemacht werden, so daß dein Reich kommen kann. Möge all dem ein Ende gemacht werden, Gott, was Menschen nötigt, wie Tiere zu leben.

Dein Reich kommt, wenn es Land gibt für alle Bauern und nicht nur für wenige Grundbesitzer, wenn den Enteigneten und Ausgestoßenen Bildung zuteil wird, wenn die Gesetze nicht mehr die Entwicklung und den Zusammenschluß von Menschen verhindern, sondern erleichtern und unterstützen.

---

[200] Institutionell verschaffte man sich zudem ein Polster gegenüber den auf der Grundlage des skizzierten Berichtes der Theologischen Kommission an die Synode gestellten Anfragen: Der vorgelegte Bericht des EMW wurde von dessen Vorstandsvorsitzenden noch auf der Synode zurückgezogen, dem Berichterstatter, der die Thesen vorgetragen hatte, wurde eine weitere Betätigung im EMW verwehrt.

*Dein Reich kommt, wenn die Kirchen ihre Macht- und Herr-
schaftsstrukturen aufgeben und zur Quelle von Leben und
Menschlichkeit werden.*"[201]

Weltmissionskonferenz in Melbourne 1980

Die Mehrheit der über 500 Delegierten von Melbourne
stammte aus den Ländern Afrikas, Asiens und Lateinamerikas,
und die in diesen Ländern aktuellen Themen bestimmten
auch die Diskussionen dieser Konferenz. Der zwei Monate vor
Konferenzbeginn während eines Gottesdienstes ermordete
Erzbischof Oscar Romero, der gesagt hatte: „Und wenn sie
mich töten, werde ich im Volk El Salvadors wieder auferste-
hen", war „so etwas wie ein Heiliger" der Weltmissionskonferenz geworden.[202] Von stolzen Rechenschaftsberichten über
Missionserfolge oder gar massiven, auf Expansion bedachten
Missionsprogrammen war in Melbourne nicht die Rede.[203]
Der verschärfte Rassenkonflikt in Südafrika, der durch Kern-
waffenversuche bedrohte Südpazifik und die zugespitzte Lage
in Mittelamerika bildeten den atmosphärischen Hintergrund
für die Auseinandersetzung mit der Reich-Gottes-Frage.

Auf der Konferenz von Melbourne traten drei Themen-
kreise heraus: Die unbedingte Notwendigkeit von Veränderung, vor allem der Überwindung weltweiter Unterdrückung,
die besondere Stellung der Armen als vorrangige Adressaten
des Evangeliums und schließlich die Neubesinnung von Kirche und Mission im Lichte der Botschaft vom Reich Gottes.

„Reich Gottes" und internationale Gerechtigkeit: Die Forderung
nach Gerechtigkeit und Überwindung von Unterdrückung im
weltweiten Maßstab wurde mit unterschiedlicher Akzentuierung von den Teilnehmern der Konferenz vertreten. Dies

---

[201] Vgl. Julia Esquivel, Besinnung zu Mt 6,10, in: Dein Reich komme.
Biblisch-ökumenische Perspektiven zum Thema der Weltmissionskonferenz 1980. Anregungen und Texte für Gottesdienst, Besinnung und
Gruppenarbeit, Hg. EMW, Hamburg 1979, 7 (gekürzt).
[202] Vgl. V. Schmid, Mission am Rand der Welt?, in: Dein Reich komme,
Bericht der Weltkonferenz für Mission und Evangelisation in Melbourne
1980, Hg. M. Lehmann-Habeck, Frankfurt/M. 1980 (hinfort abgekürzt
als „Dein Reich komme"), 61ff., Zitat 63.
[203] Vgl. oben G. M. Osthatios im Abschnitt über „Positionen im Bereich
der Orthodoxen Kirchen".

war bereits im Gebet der Julia Esquivel hervorgetreten. Und es war das Anliegen des Südafrikaners Allan Boesak, der mit folgenden Worten an die Konferenz appellierte:

„Ich möchte von dieser Konferenz die Nachricht mit nach Hause nehmen, daß die Menschen in aller Welt über unsere Situation in Südafrika Bescheid wissen, daß sie willens sind, mit uns zu teilen und zu kämpfen und sich mit uns zu identifizieren, wenn wir nach Gerechtigkeit suchen. Wir wollen, daß ‚die gute Nachricht für die Armen' nicht nur zu einem Wort wird, das man sonntags hört, sondern daß es Wirklichkeit wird, etwas, womit wir leben können – jeden Tag!"

Dies wurde auch vom deutschen Neutestamentler Ernst Käsemann betont, der sagte: Christen könnten *„nicht neutral oder schweigend der entsetzlichen Unmenschlichkeit zusehen, welche gegenwärtig die Erde in ein Inferno verwandelt. Das Evangelium wird verkümmert, wo man Seele und Leib, Heil und irdische Hilfe für die Heillosen scheidet, die Freiheit nur dem Himmel vorbehält und sie damit irdisch in ein Opium für Ausgebeutete, Gemarterte, Vergewaltigte verfälscht ... heute sind wir Zeugen eines weltweiten Klassenkampfes, in welchem Wohlstandsgesellschaften in hemmungsloser Besitzgier und mit allen wissenschaftlichen und technischen Fähigkeiten ihre Privilegien verteidigen und ganze Kontinente dafür zahlen und sich ausbluten lassen"*.[204] Und mit scharfer Kritik an der Rolle der eigenen Kirche fügte er hinzu: *„Zu lange haben die alten Kirchen mit den Mächtigen paktiert und sich auf eine bürgerliche Mittelschicht gestützt, die Schreie der Verdammten dieser unserer Welt jedoch überhört oder sogar verachtet"* (123). Die konformistisch gewordenen Kirchen unterstützten mit *„frommen Parolen den Zweckoptimismus der Politiker und Wirtschaftler"*, um die bestehenden Machtverhältnisse nicht zu gefährden. In diesem Rahmen verkümmere die Auffassung von der Gottesherrschaft zu metaphysischen Gebilden, *„welche wie die Inseln der Seligen über den Wolken schweben und allenfalls in Gotteshäusern und privater Erbauung etwas zu suchen haben"* (118). Christentum müsse dagegen *„überall gärender Sauerteig und die Stimme der Unterdrückten, kritisches Gewissen gegen die Besitzgier, Plünderung der*

---

[204] Vgl. E. Käsemann, Die endzeitliche Königsherrschaft Gottes, in: Dein Reich komme, a.a.O., 123. Die folgenden im Text eingeklammerten Seitenzahlen beziehen sich auf diese Publikation.

Erde, Vergewaltigung ihrer Geschöpfe, Festschreiben des gegen-
wärtigen Status quo sein ... Doch überläßt man es dem lieben
Gott, damit fertigzuwerden" (118).

Diese Auszüge aus dem von Käsemann in Melbourne gehaltenen Referat mögen zeigen, daß sich auch westliche Theologen ganz auf die Perspektive von Christen aus der Dritten
Welt eingelassen haben und diese Sicht zu kritischen Rückfragen an die eigene Gesellschaft und Kirche sowie an ein von irdischen Realitäten abgehobenes Verständnis von „Reich
Gottes" geführt hat. Käsemann hatte im Lichte der Botschaft
vom Reich Gottes auf die Schuld westlicher Expansion gewiesen und die Notwendigkeit umfassender politisch-strukturel-
ler Veränderungen angemahnt. Er hatte damit einen Ton getroffen, der von der Mehrheit der Konferenzteilnehmer, die
aus der Dritten Welt kamen, ohnehin angestimmt wurde und
zeigte, daß er deren Anliegen verstand und teilte.[205] Er blieb –
aufs ganze gesehen – damit im westlichen Lager eine Ausnahme.

Die Armen als vorrangige Adressaten des Reiches Gottes: Die
Hauptbedeutung der Konferenz in Melbourne bestand darin,
die Frage nach dem Reich Gottes in die Perspektive der Armen
zu stellen. Dies fand seinen Ausdruck bis hin zur „Botschaft
der Konferenz", in der es u. a. heißt: *„Die Armen und die*
Hungrigen schreien zu Gott. Unser Gebet ‚Dein Reich komme'
muß in Solidarität mit dem Schrei der Millionen gebetet werden,
die in Armut und ungerechten Verhältnissen leben. Zahllose Men-
schen leiden in stummer Verzweiflung, doch ihre Qualen spiegeln
sich auf ihrem Anlitz wider. Und so kann sich die Kirche nicht
von ihnen abwenden, weil ihr ja aus ihren Gesichtern das Anlitz
Jesu entgegensieht (Matthäus 25).

In einer solchen Welt gilt die Ankündigung des Reiches Gottes
allen Menschen: den Armen, denen sie die Kraft verleiht, für ihre
Menschenwürde, ihre Befreiung und ihre Hoffnung zu kämpfen.
Den Unterdrückern, für die sie Gericht, Herausforderung und

---

[205] Vgl. hierzu den Bericht der Sektion IV: Christus – gekreuzigt und auferstanden – fordert menschliche Macht heraus, in: Dein Reich komme,
a.a.O., 165ff.

Aufruf zur Buße ist. Den Gleichgültigen, die sie zur Wahrneh-
mung ihrer Verantwortung aufruft."[206]

Diskussion über das Verständnis von „Reich Gottes" und Arme:
Der Text der Botschaft und Formulierungen wie „im Blick auf
das Reich bevorzugt Gott die Armen"[207] konnten von den
Konferenzteilnehmern gemeinsam getragen werden. Der Ausdruck „vorrangige Option für die Armen" ist zum Kennzei-
chen der generellen Tendenz in Melbourne geworden, die gute
Nachricht vom anbrechenden Gottesreich als vornehmlich an
die Armen gerichtet anzusehen. Unter der Oberfläche der ver-
abschiedeten Resolutionen gab es allerdings eine Reihe von
Diskussionen, die ein Licht auf unterschiedliche Prioritäten
im Verständnis von „Reich Gottes" warfen: Hierbei gab es sowohl Warnungen vor einem exklusiven Anspruch der Armen
auf die Zusagen von „Reich Gottes" als auch Warnungen vor
einer zu starken Politisierung dieses Symbols.

Nicht in der Konferenz insgesamt, aber in einzelnen Aussagen und Vorgängen wurde eine Tendenz sichtbar, einen Exklu-
sivitätsanspruch der Armen zu vertreten. Dies wurde u. a. am
Gang der Entstehung der Sektionsberichte deutlich. Im Sektionsbericht I hieß es zunächst: „Das Kommen des Reiches ist
eine Zeit des Gerichts für Reiche und Arme".[208] Hieraus wurde
in der endgültigen Formulierung: „Das Kommen des Reiches
als Hoffnung für die Armen ist deshalb eine Zeit des Gerichts
für die Reichen".[209] Die einseitige Betonung, vor der gewarnt
worden war, setzte sich also im Schlußdokument durch.

Zur näheren Qualifizierung, wer diese Armen nun seien,
wurde – von deutschen Theologen – folgende Formulierung
empfohlen: „Was die Armen für das Reich Gottes qualifiziert,
ist nicht ihre materielle oder soziale Bedingung als solche. Sie
werden jedoch in ihrer Armut und Notsituation die ‚gesegne-

---

[206] Vgl. „Die Botschaft der Konferenz", in: Dein Reich komme, a.a.O.,
125f, Zitat 125.
[207] Vgl. hierzu den Bericht der Sektion I: Gute Nachricht für die Armen,
in: Dein Reich komme, a.a.O., 127.
[208] Vgl. P. G. Buttler, Gute Nachricht für die Armen, in: Dein Reich
komme, a.a.O., 34.
[209] Vgl. den entsprechenden Sektionsbericht in: Dein Reich komme,
a.a.O., 128.

ten Armen', indem sie nach Gerechtigkeit verlangen und die Verheißung des Reiches annehmen, die Jesus gibt, und auf diese Weise ihre Hoffnung auf Befreiung und ihre Chance, ein menschenwürdiges Leben zu gewinnen, entdecken und erkennen".[210] Aus diesem Vorschlag wurde schließlich die Formulierung: „Die Armen sind ‚selig', weil sie sich nach Gerechtigkeit sehnen und auf Befreiung hoffen. Sie nehmen das Versprechen an, daß Gott gekommen ist, um sie zu retten, und entdecken und erkennen in seiner Zusage ihre Hoffnung auf Befreiung und auf ein Leben in menschlicher Würde".[211]

Die Zentrierung auf die „Armen", denen die Verheißungen des Reiches Gottes in besonderem Maße gälten, warf die Frage auf, ob denn die gute Nachricht für die Armen nicht schlechte Nachricht für die Reichen bedeute. Die Frage nach den vorrangigen Adressaten der Hoffnung auf das Reich Gottes zielte auf Partikularität, die durch die spezifischen Ausformungen kontextueller Theologien noch zusätzlich betont wurde. Sitz im Leben dieser Reich-Gottes-Hoffnung war ein besonderes sich Angesprochen-Fühlen im Rahmen einer bestimmten sozialen Position: Der Zugang zum Text des Evangeliums war bestimmt durch den Kontext der jeweiligen umfassenden Lebensverhältnisse.

Die Stoßrichtung der Voten in Melbourne zielte, wie der Tübinger Theologe Ernst Käsemann auf dieser Konferenz sagte, darauf ab, daß das Christentum endlich zu begreifen habe, daß Reich Gottes „eine politische Dimension besitzt, die auch hinausgeht über die soziale Dimension etwa des letzten Jahrhunderts."[212]

Käsemann sprach allerdings auch von der Gefahr einer Überbetonung der politischen Dimension, so „daß man die Gegenwart des Reiches Gottes in einer Weise betont, daß die Vorläufigkeit all dessen, was Christen in dieser Welt können, nicht zum Ausdruck gebracht wird."[213] Diese Mahnung wurde

---

[210] Vgl. a.a.O., 36.
[211] Vgl. a.a.O., 128.
[212] Vgl. die Aussage von E. Käsemann im Film „Dein Reich komme", EMW 1980, unveröffentlichtes Skript, 1f.
[213] Vgl. ebd.; vgl. auch E. Käsemann: Die endzeitliche Königsherrschaft Gottes, in: Dein Reich komme, a.a.O., 114ff.

von ihm auf dem Hintergrund einer nicht gerade bescheidenen und wenige Monate zuvor auf der EKD-Synode heiß diskutierten Forderung geäußert, nämlich des von ihm als notwendig bezeichneten Verzichts der Reichen auf ihre Privilegien und auf eine Umverteilung von Macht.

Im Rahmen der Diskussionen in Melbourne lag der Akzent auf einem diesseitigen, auf die Armen gerichteten Verständnis von „Reich Gottes". Forderungen darauf, den eschatologischen Vorbehalt von „Reich Gottes" stärker zur Geltung zu bringen, trafen auf das tiefsitzende Mißtrauen vieler Christen der Dritten Welt, die diesen Akzent als Ausflucht vor jeglicher aktiver Weltverantwortung kennengelernt hatten. Fragen nach dem eschatologischen Vorbehalt spielten deswegen keine zentrale Rolle in Melbourne, fanden aber doch Eingang in die Sektionsberichte und waren in verschiedenen – nicht nur europäischen – Voten enthalten. So hieß es im Sektionsbericht I (neben der schroffen Aussage, daß Gottes Gericht zugunsten der Armen gefällt werde und diese deswegen für den Sturz der sie bindenden Mächte befähigt seien): „Da das Reich in seiner Fülle nur eine Gabe von Gott selbst ist, kann jede menschliche Errungenschaft in der Geschichte zum endgültigen Ziel nur annähernd und relativ sein".[214] Und auch in Diskussionen wurde vor einer Gleichsetzung politischer Befreiung mit dem Reich Gottes gewarnt. So berichtete eine Teilnehmerin aus dem gerade unabhängig gewordenen Zimbabwe, daß sie zwar glücklich über die Befreiung sei: „Aber das bedeutet doch nicht, daß jeder im befreiten Zimbabwe auf dem Weg in das Reich Gottes ist". Ebenfalls – gerade aus der Dritten Welt – kam die Warnung, das Reich Gottes mit einer Befreiungstheologie gleichzusetzen, z. B. mit der Schwarzen Theologie. Nicht alle Schwarzen stünden „auf der Seite Gottes", nicht alle Weißen seien „Unterdrücker gegen Gott".[215]

Kirche und „Reich Gottes": Der dritte in Melbourne wichtige Gedankenstrom befaßte sich mit der Thematik von Kirche im Rahmen einer vorrangig an die Armen gerichteten Verkündigung des Reiches Gottes. Hierbei wurde eine klarere Ausrich-

---

[214] Vgl. Dein Reich komme, a.a.O., 128.
[215] Vgl. beide Zitate nach P.G. Buttler, Gute Nachricht für die Armen, in: Dein Reich komme, a.a.O., 30ff. Zitate 35 u. 38.

tung von Kirche auf eine Vision des Reiches Gottes hin gefordert. Kritik setzte daran an, „*daß die Kirchen oft das Esta-
blishment unterstützt haben, um ihre eigene traditionelle Identität zu wahren. Damit haben sie aufgehört, authentische Zeichen
des Reiches Gottes zu sein. In vielen Ländern haben die Kämpfe
um Befreiung und Selbstbestimmung außerhalb der Kirchen, und
sogar trotz der Kirchen stattgefunden*".[216] Dem Vorwurf einer
Politisierung wurde entgegnet, daß die Hauptentscheidungen
von Kirchen in der Dritten Welt nicht aus politisch-ideologi-
schen, sondern aus theologischen Gründen getroffen würden,
um in einer Situation der Armut und Unterdrückung das
Evangelium zu bezeugen (140). Im Zusammenhang mit Staaten in der Dritten Welt, die die Unabhängigkeit erreicht
haben, wurde an die eschatologische Dimension von „Reich
Gottes" erinnert; hieraus rühre die generell einzuhaltende Distanz von Kirchen gegenüber ihren Regierungen (139).

Auf dem Hintergrund der Erwartung des Reiches Gottes
wurden die Kirchen dazu aufgefordert, „*zu ihrer prophetischen
Aufgabe im menschlichen Ringen zu erwachen und das zu beja-
hen, was mit dem Reich Gottes übereinstimmt, wie es sich der
Menschheit im Leben Jesu Christi offenbart hat, und das zu ver-
neinen, was die Würde und Freiheit der Menschen und alles was
lebt, entstellt*" (137). Diese allgemeine Formulierung wurde
durch den Hinweis auf möglicherweise unumgängliche Leiden
konkretisiert: „*In ihrem Zeugnis für das Reich in Wort und Tat
müssen es die Kirchen wagen, an den wunden Stellen der Menschheit dabei zu sein und bei denen, die Böses erleiden. Sie müssen
dabei auch das Risiko tragen, daß sie zu den Bösen gerechnet werden.*" (137).

Den Armen als den vorrangigen Adressaten des Gottesreiches eigne eine grundlegende Würde, die sich auch im Blick
auf Kirche ausdrücke. Die Armen seien nicht länger Almosen-
empfänger der Kirchen, sondern selber aktive, die Kirchen
herausfordernde christliche Gemeinschaften: „*Die Kirchen
werden auch bereit sein müssen, auf die Armen zu hören, so daß
sie das Evangelium von den Armen hören können*" (134).

---

[216] Vgl. Dein Reich komme, a.a.O., 139. Die folgenden im Text eingeklammerten Seitenzahlen beziehen sich auf diese Publikation.

Einschätzung der Diskussion

„Reich Gottes" bildete in dieser Phase den Horizont für diejenigen, die sich als die Armen sehen, die Verheißungen des Evangeliums in besonderer Weise auf sich zu beziehen und aus dieser Zusage ihre Hoffnung zu entwerfen. Diese Schwerpunktsetzung war notwendig. Sie reduzierte die hochfahrenden und überzogenen Hoffnungen auf weltweite Befreiung und stellte die berechtigten Anliegen der Armen dieser Welt heraus. Sie sprach nicht über die Armen, denen mehr Aufmerksamkeit und Gerechtigkeit zukommen solle; die Armen sprachen vielmehr für sich selbst und interpretierten im Lichte der neutestamentlichen Botschaft ihren Status neu: Sie fanden sich nicht länger mit ihrer soziologischen oder politischen Einordnung als Randgruppe oder Unterdrückte ab, sondern sahen sich in einem neuen Licht, das ihnen Würde und Anspruch verlieh: Als die Armen, denen in vorrangiger Weise die gute Botschaft von „Reich Gottes" gilt.

Zu fragen ist, ob dieser Ansatz nicht Gefahr läuft, „Reich Gottes" dauerhaft für eine Gruppe zu vereinnahmen, durch eine vorgegebene Aufteilung der Menschheit den universalen Charakter der Heilszusagen Gottes zu beschneiden, die im Reich Gottes liegenden Zusagen zu instrumentalisieren und damit sein Hoffnungspotential menschlicher Verfügung zu unterstellen.

Die Gefahr eines Exklusivitätsanspruches für „die Armen" muß in der Tat bei Einzelvoten und in einzelnen Aussagen der Melbourne-Konferenz gesehen werden. Diese Gefahr wurde dort aber auch – wie beschrieben – von Theologinnen und Theologen aus der Dritten und der Ersten Welt angesprochen. Durch schriftliche und mündliche Voten auf der Konferenz konnten somit zwar deutliche Akzente gesetzt werden, ohne dabei aber gefährlichen Vereinseitigungen exklusiv den Weg zu bahnen. Das Forum der in Melbourne versammelten Theologinnen und Theologen aus aller Welt stellte sich der Grundfrage nach dem Verhältnis zwischen „Reich Gottes" und den Armen und verband biblische Zusagen mit einer Analyse der vorherrschend als destruktiv angesehenen weltweiten politisch-ökonomischen Entwicklung. Theologisch herrschte ein auf Befreiung gerichteter Ansatz vor. Was auf der Synode in Garmisch-Partenkirchen zu einer öffentlich stark beachteten Kontoverse über die Forderung einer „Umverteilung der

157

Macht" geführt hatte, bildete angesichts der Dominanz von Christen aus Ländern der Dritten Welt und ihren Erfahrungen über Ausbeutung durch Menschen eine Selbstverständlichkeit, ohne die die notwendigen strukturellen Veränderungen nicht denkbar wären.

Hintergrund der Kritik in Garmisch-Partenkirchen war eine Theologie, die vorrangig die Notwendigkeit sah, eine Bekehrung des Einzelnen zu Jesus zu bewirken, da alle Menschen – gleich ob arm oder reich – als Sünder der Erlösung bedürften; mit dieser Grundannahme mußte es der Kirche vor allem darum gehen, den persönlichen Glauben an Jesus zu wecken und in ihm das Heil zu suchen. Sozialpolitisches Engagement rückt bei diesem Ansatz an die zweite Stelle. Von diesem – nur grob skizzierten – Verständnis her war den Kritikern des EMW-Berichtes das dort vorgetragene Anliegen ein Dorn im Auge, der ein genaues Hinsehen auf die Anliegen von Christen in der Dritten Welt, wie sie in Melbourne vorgetragen wurden, unmöglich machte. Die im Bericht des Evangelischen Missionswerkes vorgetragene Position betonte dagegen die enge Verbindung zwischen Erlösung in Christus und sozialpolitischem Handeln. Christlicher Glaube müsse sich aus der Perspektive der Benachteiligten im sozialpolitischen Bereich als lebendig erweisen und könne gerade nicht auf kirchliche religiöse Vollzüge oder theologische Grundsatzreflektionen begrenzt werden. Dieser Ansatz bezieht sich auf Jesu Armut und das Weltgericht in Mt 25, wonach das Eintreten für die sozial Deklassierten ein zentrales Kriterium für die Nachfolge Jesu bildet. Für die Kirche bedeutet ein solcher Ansatz die Notwendigkeit, im öffentlich-politischen Bereich tätig zu werden und im Horizont von „Reich Gottes" auf eine gerechte Gesellschaft hinzuarbeiten. Dieser theologische Ansatz war auf dem Hintergrund ökumenischer Theologie, die den Erfahrungsbezug von Christen aus der Dritten Welt aufnahm, gewachsen. Er bildete die theologische Grundströmung für die Arbeit in Melbourne.

Die Anstöße, die die Weltmissionskonferenz in der Frage nach dem Reich Gottes vermitteln konnte, wurden in Deutschland weniger von den Missionswerken aufgenommen. Die Kontroverse von Garmisch-Partenkirchen hatte die Befürworter einer solchen Linie in die Defensive gedrängt. Die Weltmissionskonferenz in Melbourne bildete aber den direkten Anlaß für die Evangelische Kirche der Union, in den 80er Jahren einen Studienprozeß zu „Reich Gottes" in die Wege zu leiten. Die unter dem Titel „Die Bedeutung der Reich-Gottes-Erwartung für das Zeugnis der christlichen Gemeinde" 1986 publizierte Studie versuchte eine umfassende Bestandsaufnahme unter Einschluß gründlicher exegetischer, kirchengeschichtlicher und praktisch-theologischer Untersuchungen.[217] Auch wenn die Studie nicht dem selbstgesteckten Ziel gerecht wird, eingängige katechetische Leitsätze zur Reich-Gottes-Frage zu formulieren, so ist sie doch in ihrem Versuch, trotz gegenwärtiger Defiziterfahrungen und Zwiespälte an der Hoffnung auf das Reich Gottes festzuhalten, eine wichtige Grundlage für weitergehende Auseinandersetzungen bei uns. Dagegen ist es bezeichnend, daß das deutsche Luthertum dies nicht einmal versuchte.

3.) Ausblick:
„Reich Gottes" im Horizont von Koinonia und Konziliarität

Seit Mitte der 80er Jahre ist – mit zunehmender Tendenz – von einer umfassenden Krise der ökumenischen Bewegung die Rede. Nicht die Kritik von außen – von denen also, die der Ökumene aus verschiedenen Gründen schon immer skeptisch gegenüberstanden –, sondern die Kritik von innen – von denen, die aktiv in der Ökumene mitarbeiten –, weist die größten Schärfen auf. Der Generalsekretär des ÖRK, Konrad Raiser, hat selber weitreichende Bedenken über die Unschlüssigkeit der heutigen ökumenischen Bewegung formuliert.[218] Es geht gegenwärtig darum, sich grundlegend neu zu orientieren. Dieser Gärungsprozeß hängt mit der Binnen-Entwicklung des ÖRK, dem Profil seiner Mitarbeiterinnen und Mitarbeiter sowie den verschiedenen Problemen seiner Mitgliedskirchen zusammen. Er ist aber auch hineingestellt in die gegenwärtige Lage der Welt. Nach der Auflösung der Zweiten Welt, d.h. des Ostblocks, sehen wir eine weltumfassende Orientierungskrise,

---

[217] Vgl. Die Bedeutung der Reich-Gottes-Erwartung für das Zeugnis der christlichen Gemeinde. Votum des Theologischen Ausschusses der Evangelischen Kirche der Union, Neukirchen-Vluyn 1986.
[218] Vgl. z. B. K. Raiser: Ökumene im Übergang. Paradigmenwechsel in der ökumenischen Bewegung, München 1989.

die einen nicht unwesentlichen Hintergrund für die Krise der gegenwärtigen ökumenischen Bewegung bildet.

Diese Situation erfordert eine grundlegende Besinnung. Fragen nach einer kohärenten ökumenischen Theologie treten in den Mittelpunkt, die in dem Prozeß der Gärung eine Orientierung vermitteln kann und die das zusammenhält, was ansonsten theologisch (z. B. kontextueller und historisch-hermeneutischer Ansatz) auseinander zu fallen droht. Der Blick im Ökumenischen Rat richtet sich dabei auf Fragen der Ekklesiologie. Diese ist traditionell das Thema von „Faith and Order", von „Glaube und Kirchenverfassung" im ÖRK. Auf deren Arbeit im Rahmen der Vorbereitung und Durchführung der 5. Weltkonferenz in Santiago de Compostela im August 1993 ist kurz einzugehen. In einem Vorbereitungspapier zur Konferenz wird ein „Nachlassen des Enthusiasmus und der Verpflichtung gegenüber dem Ziel der sichtbaren Einheit" der Kirchen beklagt.[219] Dies mag im Blick auf die Arbeit von Faith and Order zunächst erstaunen, da diese Abteilung in einer Phase des beginnenden Auseinanderklaffens der ökumenischen Bewegung – Stichwort Partikularität – einen auch von der Katholischen Kirche mitgetragenen Konsenstext über „Taufe, Eucharistie und Amt" (1982, Lima-Dokumente) hatte erarbeiten können. Dieser Erfolg auf der Ebene theologischer Übereinstimmung konnte aber nicht den Gesamttendenzen einer ökumenischen Ernüchterung gegensteuern und wurde von den Kirchen nur ungenügend rezipiert. Die Reflexion über die Gründe für dieses Ungenügen führte dazu, daß die Notwendigkeit gesehen wurde, Fragen der Einheit der Kirche in der Lehre mit Fragen eines glaubwürdigen Zeugnisses der Kirchen in Beziehung zu setzen: „Was Christen über die ‚Kirche' sagen, könnte Menschen, die sich nach Frieden und Gerechtigkeit sehnen, einleuchten, wenn jede Ekklesiologie die Kirche auch als Zeichen und Werkzeug des Reiches Gottes verstehen würde, in dem Friede und Gerechtigkeit herrschen."[220] Damit hatte die Frage

---

[219] Vgl. Auf dem Weg zur Koinoia im Glauben, Leben und Zeugnis. Ein Diskussionspapier, Glauben und Kirchenverfassung Dokument Nr. 161, Genf 1993, 13.
[220] Vgl. A. M. Aagaard, „Kirche und Welt". Zu einer Studie der Kommission für Glauben und Kirchenverfassung, in: ÖR 41 (2/92), 137ff, Zitat 142.

nach dem Reich Gottes als „allumfassende ekklesiologische Perspektive"[221] mit starker sozialethischer Komponente Eingang in die Fragestellungen von Faith and Order gefunden. So heißt es denn auch in einem Ergebnistext der Konferenz von Santiago de Compostela: „Es ist daher von entscheidender Bedeutung, daß Kirche, Menschheit und Kosmos ganzheitlich und in der Perspektive des Gottesreiches betrachtet werden." „Reich Gottes" sei eine Gabe und dessen Vollendung das Werk Gottes selbst. Als Teilhabende am trinitarischen Leben seien die Glieder der Kirche jedoch dazu aufgerufen, „Gottes Mitarbeiter und Mitarbeiterinnen (1. Kor. 3,9) bei der Verwirklichung der Werte des Gottesreichs in der Welt zu sein".[222] Mit diesem Votum hat sich die Arbeit von Faith and Order im ÖRK auf eine Perspektive zubewegt, die im Horizont von „Reich Gottes" das Ziel der Einheit der Kirche mit der Notwendigkeit eines Zeugnisses auf den Gebieten von Gerechtigkeit, Frieden und Schöpfungsbewahrung verbindet. Diese Verbindung von angestrebter Kircheneinheit mit den Zielen des Konziliaren Prozesses wurde als „teure Einheit" (Rønde) bezeichnet.[223]

---

[221] Vgl. a.a.O., 140. Vgl. auch den Gesamttext in: Kirche und Welt. Die Einheit der Kirche und die Erneuerung der menschlichen Gemeinschaft. Studiendokument der Kommission für Glauben und Kirchenverfassung, Frankfurt/M. 1991.

[222] Vgl. den Bericht der Sektion IV, Zum gemeinsamen Zeugnis für eine erneuerte Welt berufen, Absatz 8, in: G. Gaßmann/D. Heller (Hg.), Santiago de Compostela 1993. Fünfte Weltkonferenz für Glauben und Kirchenverfassung, 3. bis 14. August 1993. Berichte, Refarate, Dokumente (Beiheft zur ökumenischen Rundschau 67) Frankfurt/M. 1994, 247. Die folgenden im Text eingeklammerten Seitenzahlen beziehen sich auf diese Publikation.

[223] Vgl. hierzu die ausführliche Studie, in der auf Kirche, Reich Gottes und Menschheit eingegangen wird und auf der die Formulierungen von Santiago de Compostela aufruhen: Kirche und Welt. Die Einheit der Kirche und die Erneuerung der menschlichen Gemeinschaft. Studiendokument der Kommission für Glauben und Kirchenverfassung, Frankfurt/M. 1991. Das Dokument von Rønde heißt: Teure Einheit. Eine Tagung des Ökumenischen Rates der Kirchen über Koinonia und Gerechtigkeit, Frieden und Bewahrung der Schöpfung, 24.-28. Februar 1993 in Rønde/Dänemark, Genf o. J. In Auszügen abgedruckt in: W. Stierle/D. Werner/M. Heider (Hgg.), Ethik für das Leben. 100 Jahre ökumenische Wirtschafts- und Sozialethik. Quellenedition ökumenischer Erklärungen, Studientexte und Sektionsberichte des ÖRK von den Anfängen bis 1996, Rothenburg o. d. Tauber 1996, 105ff.

Im Blick auf eine theologische Tradition, in der „Reich Gottes" mit weltlichem Fortschritt zusammengesehen wurde, wird in einem Kommissionsbericht von Santiago de Compostela eindringlich gewarnt: *„Die Geschichte und die gegenwärtigen Verhältnisse in der Welt sind sprechende Beweise dafür, daß der Begriff ‚Fortschritt' vermieden werden sollte, wenn es um den Weg hin zur vollkommenen Verwirklichung des Reiches Gottes geht' ... Es wird heute weithin anerkannt, daß die Ideologie des Fortschritts in vieler Hinsicht zerstörerisch geworden ist"* (247). An diese Aussage ist im Schlußteil anzuknüpfen, wenn es darum geht, einen Gegenbegriff zu dem der Fortschrittsideologie zu finden.

Es scheint, als wäre in dieser noch andauernden Phase der Reich-Gottes-Begriff Ausdruck für die Besinnung auf eine tragfähige theologische Basis, auf einen Haltepunkt. „Reich Gottes" ist dabei verstärkt bezogen auf Kirche als „Koinonia". Im Rahmen des Bildes von Kirche als Koinonia wurde gefordert, in den Bemühungen um Kircheneinheit mehr auf das ohnehin Gemeinsame als auf das noch Trennende zu achten. Der Generalsekretär des ÖRK, Konrad Raiser, forderte dafür eine ökumenisch-interkulturelle Hermeneutik, die es erlaube, Kircheneinheit als Gemeinschaft von bleibend Verschiedenem anzusehen und sich von einer zu starken Zentrierung auf kirchenorganisatorische Einheit zu lösen.[224]

Die Impulskraft von „Reich Gottes" für ein Verständnis von Kirche, das sich weniger auf seine institutionellen Formen denn auf seinen Auftrag bezieht, für Gerechtigkeit, Frieden und Bewahrung der Schöpfung einzutreten, ist unübersehbar. Zeugnis und Einheit der Kirche im Horizont von „Reich Gottes": Dies erscheint als eine Aufgabe auf der Höhe der ökumenischen Diskussion.

Auch hier dürfen indes potentielle Gefahren nicht ausgeblendet werden. Sie liegen vor allem in der Möglichkeit, daß der Reich-Gottes-Begriff einer Verkirchlichungstendenz unterliegt. Wenn in einem Schreiben der Glaubenskongregation

---

[224] Vgl. Konrad Raiser, Die Zukunft des Ökumenischen Rates der Kirchen und die Rolle von Glauben und Kirchenverfassung im Kontext der ökumenischen Bewegung, in: Gaßmann/Heller (Hgg.), Santiago de Compostela 1993, a.a.O., 191.

der Römisch-Katholischen Kirche unter dem Begriff der „Communio" – dem lateinischen Pendant des griechischen „Koinonia" – eine Ekklesiologie vertreten wird, die die Einheit der Kirche nur „cum Petro et sub Petro" als möglich sieht[225], so sind Bedenken angebracht, ob die communio/koinonia sich vornehmlich der Impulskraft von „Reich Gottes" auf dem Gebiet von Gerechtigkeit, Frieden und Bewahrung der Schöpfung öffnen oder in den Machtanspruch kirchlicher Institutionen eingebettet wird.

Umgekehrt erscheint eine Verbindung zwischen dem weiten thematischen Rahmen des Konziliaren Prozesses mit Fragen von Glauben und Kirchenverfassung als produktive Bodenhaftung. Die Verwendung von „Reich Gottes" in zentralen Dokumenten des konziliaren Prozesses ist zudem eher allgemeiner Natur. So wird gegen menschliches Unvermögen und Versagen auf den Gebieten von weltweiter Gerechtigkeit, von Frieden und von Schöpfungsbewahrung gefordert, „uns erneut auf die Wirklichkeit des Reiches Gottes einzulassen. Das bedeutet, daß wir nun in Gedanken, Worten und Werken den Mächten der Zertrennung und der Zerstörung Widerstand leisten und mit den leidenden Menschen in aktiver Solidarität leben."[226] Diese umfassenden Forderungen bewußt an die Möglichkeiten von Kirche zurückzubinden, schützt vor ins Leere gehenden Proklamationen. Die überlebensnotwendigen Fragestellungen des Konziliaren Prozesses in das Selbstverständnis von Kirche zu integrieren, bewahrt umgekehrt Kirche davor, zentrale Probleme der Welt und drängende Fragen der eigenen Glieder aus dem eigenen Aufgabenfeld auszuklammern.

---

[225] D.h. „im Rahmen und unter dem Stuhl Petri", womit Kircheneinheit gekoppelt wird mit der Funktion des römisch-katholischen Papstamtes und seiner Vormachtstellung. Vgl. den Text des „Communio-Briefes" der Glaubenskongregration, in: Herder Korrespondenz (7) 1992, 319-323, sowie H. Vorster, Geht es wirklich nur so? Die Glaubenskongregation zur Kirche als Communio, in ÖR 41 (4/92), 464ff, bes. 473.

[226] Vgl. diese Formulierung in der Einleitung zu den „Zehn Affirmationen zu Gerechtigkeit, Frieden und Bewahrung der Schöpfung" der Weltkonvokation des ÖRK in Seoul 1990, in: Stierle/Werner/Heider, a.a.O., 95. Vgl. zur Verwendung von „Reich Gottes" in den Themenbereichen des konziliaren Prozesses G. Planer-Friedrich (Hg.), Frieden und Gerechtigkeit. Auf dem Weg zu einer ökumenischen Friedensethik, München 1989.

C. BILANZ UND PERSPEKTIVEN

Im Durchgang durch die verschiedenen Positionen zu „Reich Gottes" und in Aufnahme zentraler Debatten des 20. Jahrhunderts über das, was „Reich Gottes" heißen könnte, ist deutlich zutage getreten, daß diese Vision für Christen aus allen Erdteilen immer wieder eine große Anziehungskraft besessen hat. Zeitweise bildete „Reich Gottes" in verschiedenen Teilen der Christenheit den Schlüsselbegriff für das eigene Selbstverständnis, zeitweise stieß er allerdings auch auf wenig Resonanz. Wir wollen abschließend eine Einschätzung für diese Wellenbewegung zu geben versuchen. Weiterhin soll die Korrelation zwischen „Reich Gottes", Kirche und ökumenischer Bewegung geklärt werden. Für Antworten auf diese Fragen wird auf die voranstehenden Teile zurückgegriffen, ohne daß dabei freilich alle Punkte der Darstellung aufgenommen werden können. In der Auswertung wird besonders auf die Anstöße zur Frage nach dem Reich Gottes durch die ökumenische Diskussion geachtet. Dabei werden die im Teil A aufgenommenen konfessionellen und kontextuellen Positionen nicht ausgeblendet, zumal diese allesamt einen erheblichen Stellenwert in den Auseinandersetzungen der ökumenischen Bewegung gespielt haben.

1.) Unterschiedliche Intensität von „Reich Gottes"

Dialektik von Vergessen und Erinnern: Im Zusammenhang der intensiven Debatte über verschiedene Auffassungen zu „Reich Gottes" in Stockholm wurde das Aufflammen der Erwartung des Reiches Gottes mit der Wiederentdeckung Pompejis verglichen. Diese Erklärung geht davon aus, daß theologische Begriffe überlagert werden können und in den Hintergrund treten. Ohne Gründe dafür anzugeben, liegt der Akzent dieses „Pompeji-Modells" darauf, daß wie durch einen Zufall nach längerer Zeit unter der Oberfläche eines fast schon abgelegten Begriffs der Reichtum von lebendigen Vorstellungen aufgedeckt wird, der zu näherem Hinsehen, zur Identifikation und zu Begeisterung über die Kraft eines schon verloren gegebenen Symbols der eigenen Tradition veranlaßt.

Hier soll nicht gefragt werden, ob dieses Erklärungsmuster für die Intensität der Reden und der Auseinandersetzungen in Stockholm allein hinreicht. Festzuhalten ist, daß der Begriff des „Reiches Gottes" in einer Dialektik von Vergessen und Erinnern zu stehen scheint, die die Voraussetzung dafür bildet, diese Vision immer wieder unter neuen Vorzeichen und mit neuer Perspektive auf sich zukommen lassen zu können. Fraglich ist, ob Theologie und Kirche diesen Prozeß steuern können; sie tragen aber die Verantwortung dafür, daß der Begriff revitalisiert werden kann und eine „Ausgrabetätigkeit" in den dafür anstehenden Zeiten betrieben wird, die sich auf die Lebendigkeit des neu Zutagetretenden richtet. Im Zugehen auf den Reich-Gottes-Begriff gibt es offensichtlich Wellenbewegungen. Die folgenden Unterpunkte fassen zusammen, weshalb es diese Hoch- und Tiefzeiten gibt.

Verdrängung: Neben dem lapidaren Grund, daß sich theologische Begriffe abnutzen können und ihre ständige Wiederholung gerade das versperren kann, worauf sie ursprünglich zielten, erscheint hinsichtlich der Reich-Gottes-Frage ein Mechanismus als wichtig, der als „Verdrängungs-Modell" bezeichnet werden könnte. Vielleicht erklärt dieser Ansatz die Hindernisse im Bereich westeuropäischer Christenheit, auf die Vision von „Reich Gottes" zuzugehen. Vielleicht steht die Hoffnung quer zu den lebensweltlichen Erfahrungen und zum Selbstverständnis der Mehrheit unserer Bevölkerung. Warum sollte man auf das „ganz Andere" des Reiches Gottes hoffen, wenn man selber abgesättigt ist oder resigniert hat? Wie sollte einen die Hoffnung auf umwälzende Veränderungen ansprechen, wenn es einem so gut geht, daß Änderungen nur im Horizont von Verschlechterungen wahrgenommen werden? Oder wie sollten derartige Hoffnungen von denen aufgenommen werden, die im sozialen, politischen und ökologischen Bereich grundlegende, für die Zukunft verhängnisvolle Schwierigkeiten sehen, demgegenüber es uns jetzt noch einigermaßen gut geht? Wo soll der Wurzelgrund für gelebte Hoffnung herrühren, wenn es uns – materiell – noch zu gut und – im

Blick auf die verstellten Zukunftsperspektiven – schon zu schlecht geht?

Unter dieser Voraussetzung sind die Faktoren der Gebrochenheit und Gegensätzlichkeit zu stark, um auf eine eindeutige Vision wie die des Reiches Gottes zugehen zu können. „Reich Gottes" könnte das labile Gleichgewicht einer Gesellschaft gefährden, die auf entscheidenden Gebieten (Umwelt, Arbeitslosigkeit, soziale Gerechtigkeit) ohnehin keine sicheren generationen- und klassenübergreifenden Perspektiven bietet. „Reich Gottes" könnte, so haben z. B. die konfessionellen Positionen gezeigt, eine tiefgreifende Infragestellung für Kirchen sein, die sich organisatorisch und soziologisch auf die bürgerliche Mittelschicht stützen.

Befreiungshoffnung: Der entscheidende Faktor für eine Stärkung des Reich-Gottes-Begriffs liegt in der Hoffnung auf persönliche und vor allem soziale Befreiung. „Reich Gottes" ist offensichtlich der Horizont, der für Menschen an Bedeutung gewinnt, die zunehmend unterdrückt werden bzw. sich der Unterdrückung bewußt werden und die all ihre Hoffnung auf das ganz Andere des Reiches Gottes setzen. Hoffnung auf Lebensmöglichkeiten, die den gravierenden Einschränkungen der eigenen Wirklichkeit entgegenstehen, hat sich in vieler Hinsicht gezeigt: Im Blick auf die Notwendigkeit, das kapitalistische Wirtschaftssystem zu überwinden (Ragaz), rechtliche und soziale Ungleichstellung abzuschaffen (M. L. King), Ausbeutung im Weltmaßstab anzuprangern (Theologie der Befreiung), auf nicht patriarchalische Maßstäbe in Theologie und Gesellschaft zuzugehen (feministische Theologie) oder Rassismus zu überwinden (Südafrika). Die Vision von „Reich Gottes" erstarkt angesichts erfahrener Unterdrückung und im Zuge des ansetzenden Widerstandes dagegen.

Stärkung durch Konfrontation: Die Auseinandersetzungen über verschiedene Ansätze im Verständnis des Reiches Gottes, die für die Konferenzen von Stockholm und Melbourne nachgezeichnet worden sind, haben gezeigt, daß damit keine Gefährdung oder ein nachlassendes Interesse verbunden waren, sondern im Gegenteil die Notwendigkeit einer intensiven Beschäftigung und Klärung dieses Begriffes gesehen wurde. Umgekehrt war auch zu erkennen, daß der Klärungsprozeß, der auf diesen Konferenzen einsetzte und durch theologische Arbeit weitergeführt wurde, nicht notwendigerweise zu einer größeren Hoffnung auf das Reich-Gottes führte. Vielleicht entfaltet dieser Begriff eine größere Stärke in der Auseinandersetzung *um* ihn als im Konsens *über* ihn.

Ambivalenz von Stärkung und Schwächung durch Überidentifikation und Vereinseitigung: In den dargestellten Ansätzen sind eindeutige Schwerpunkte im Verstehensansatz dessen, was „Reich Gottes" heißt, zutagegetreten, weniger aber Positionen, die sich eine bestimmte Reich-Gottes-Position zueigen machen, von der aus andere Gruppierungen als heillos verdammt werden. Derartige Identifikationen mit einem fundamentalistischen Verständnis von „Reich Gottes", das die Weltgeschichte in Entwicklungsstadien aufteilt und bestimmte Verhaltensweisen im Blick auf ein „tausendjähriges Reich" fordert, liegen in den millenaristischen Bewegungen vor, die z. B. in den USA einen starken Zustrom haben. Die Stärkung der Erwartung auf das Reich Gottes ist verbunden mit einer Fixierung der Reichsvorstellung. Dadurch wird der Reichtum der biblischen Bildworte von „Reich Gottes" erheblich gestutzt und damit der Begriff selber – zumal durch eine ideologisch-politische Instrumentalisierung – geschwächt.

Dies ist ein anderer Vorgang als beispielsweise die Zuspitzungen der Reich-Gottes-Vorstellungen auf der Konferenz von Melbourne. Während auf dieser Konferenz um das Verständnis von „Reich Gottes" gerungen wurde und die Zuschärfung der „vorrangigen Option für die Armen" im Kontext von Pro- und Contraargumenten herausgearbeitet wurde, beziehen die fundamentalistisch-millenaristischen Vorstellungen von „Reich Gottes" ihre vermeintliche Stärke durch Setzung einer verdinglichten Vorstellung, die in Isolation erstarrt und nicht durch die Bewährung kontroverser Diskussion hindurchgeht.

Bewußte Zurückstellung: Anders als beim Mechanismus der Verdrängung kann es auch eine bewußte Abstinenz in der Verwendung des Reich-Gottes-Begriffes geben. Dies kann notwendig sein, wenn er durch intensiven Mißbrauch negativ besetzt ist. Beispiele dafür sind – wie wir gesehen haben – die Verbindung zwischen „Reich Gottes" und „Drittem Reich" oder der Apartheidregierung. Im Zusammenhang mißbräuchlicher Aneignung kann es notwendig sein, den Begriff des Reiches Gottes zeitweilig wenig zu benutzen, um ihn nach einer Übergangsphase mit neuem Zugang wieder besetzen zu können.

Ein anderer Begründungszusammenhang für eine Zurückstellung findet sich in Ländern, in denen der Kampf um Befreiung erfolgreich verlaufen ist. Wie sollte es möglich sein,
Begriffe wie den des Reiches Gottes, der in Zeiten des Widerstandes und des öffentlichen Eintretens von Christen für Befreiung eine zentrale Rolle gespielt hat, mit derselben Intensität weiter zu benutzen? Theologen in Südafrika empfinden es
als unangebracht, sich weiter zentral auf einen Begriff zu beziehen, der in seiner Wucht als Vision gegen totale Unterdrückung notwendig war. Die demokratische, sozial und politisch differenzierte Wirklichkeit im Lande lasse andere Begriffe
(wie Wahrheit, Gerechtigkeit und Versöhnung) in den Vordergrund treten. Die Vision von „Reich Gottes" müsse dagegen zurückstehen.

Résumée: Hoffnungspotential und Begriff wechselnder Stärke.
„Reich Gottes" ist ein Begriff, der keine Statik hat, der in
Veränderungsprozessen aufbricht und diese stärkt und in Zeiten der Überwindung von Unterdrückung sich abschwächt
und als überflüssig erscheinen mag.[227] Veränderungsprozesse
bilden den Rahmen, in dem Reich-Gottes-Vorstellungen kei-
men; *und* Reich-Gottes-Hoffnungen treiben gleichzeitig solche Veränderungen voran, die Unterdrückung überwinden
helfen.

Die Vision des „Reiches Gottes" eignet sich nicht als theologischer Zentralbegriff, der eine gleichbleibende, zentrale Bedeutung einnehmen muß. „Reich Gottes" ist eine gefährdete
Vision, die sich nicht unabhängig von persönlichen Lebens-
umständen und politischen Rahmenbedingungen einfangen
läßt. Es ist nicht angemessen, unter allen Umständen auf eine
Zentralstellung dieses Symbols in Theologie und Kirche hinzuarbeiten. „Reich Gottes" bildet den Horizont für Hoffnungen wechselnder Stärke. Gerade für die Kraft und den Reichtum dieses Symbols ist es notwendig, es zu bestimmten Zeiten

---

[227] Vgl. auch das siebenbändige Werk von K. S. Latourette, History of the
Expansion of Christianity, dt. gekürzte Fassung: Geschichte und Ausbrei-
tung des Christentums, Göttingen 1956. Der Prozeß von Ebbe und Flut
ist das Strukturprinzip dieser Abhandlung. Wenn in diesem Ansatz nicht
das Naturhafte im Vordergrund steht, sondern der Wechsel angesprochen
ist, kann er durchaus als Parallele zur geringen und starken Besetzung von
Reich Gottes angesehen werden.

sparsam zu verwenden. Daneben gibt es aber auch eine Schwächung der Reich-Gottes-Erwartung, die mit Verdrängung zusammenhängt. In diesem Fall ist zu prüfen, wo die Barrieren liegen, die es schwierig oder unmöglich machen, den „Lichtstrahl des Reiches Gottes" (Wendland) als Zusage und Herausforderung wahrzunehmen. Damit unter den Bedingungen der Verdrängung überhaupt eine Resonanz (A. Schweitzer) auf „Reich Gottes" neu möglich wird, ist es erforderlich, diese Barrieren wahrzunehmen und nach Ansätzen ihrer Überwindung zu suchen.

Wer vermag zu bewerten, ob es kluger Einsicht oder einem durch Barrieren bedingten Unvermögen entspringt, die Vision des Reiches Gottes stärker im Hintergrund zu halten? Wer kann die Scheidelinie zwischen lebendiger, intensiver, nach dem Evangelium zugeschärfter Vision von „Reich Gottes" und einer Überidentifizierung mit einer gestutzten und verdinglichten Vorstellung dieses Symbols angemessen ziehen? Diese Fragen sind am schwierigsten für den je eigenen Bereich zu beantworten. Wie eine starke oder schwache Besetzung von „Reich Gottes" beurteilt zu werden hat, kann am ehesten in wechselseitiger Wahrnehmung von Christen gewonnen werden, die unterschiedliche historische und gegenwärtige Erfahrungen und Perspektiven mit diesem Begriff verbinden. Diese Möglichkeit ist, wie wir gesehen haben, in besonderem Maße im Rahmen der ökumenischen Bewegung vorhanden.

2.) „Reich Gottes", Kirche, Ökumene

Die Ökumene bildet einen notwendigen und produktiven Bezugsrahmen, um theologische Begriffe wie den des Reiches Gottes überhaupt angemessen erfassen zu können. Die ökumenische Bewegung bietet – zumindest im Blick auf die Frage nach dem Reich Gottes – das Forum, in dem diese zentrale christliche Dimension im theologischen Denken und im Hoffen der Gemeinde wachgehalten ist. Dies aber ist wichtig, weil mit dem Reich-Gottes-Symbol das notwendig Überpersönliche und Überindividuelle, das in Zeiten von Rezession und Mutlosigkeit zusammenzuschrumpfen droht, festgehalten und repräsentiert wird. Dazu gehört aber auch das Wissen, daß das Reich Gottes etwas anderes ist als die beste soziale Befreiung (obgleich deren Beförderung) und oft nur im Glauben der beteiligten Menschen (also innerlich!) gültig anwesend sein kann. Dies ist nicht zu diffamieren, sondern mit der politischen Akzentuierung zusammenzuhalten.

In den unterschiedlichen Ausprägungen, die wir im Rahmen der jüngeren ökumenischen Diskussion kennengelernt haben, mögen Elemente enthalten sein, die an Potentiale der eigenen theologischen Tradition erinnern oder die neue Anstöße für Theologie und Glaubensleben bieten. Hierzu gehört auch die Möglichkeit des kritischen Abstandes gegenüber Positionen, die man für zu einseitig oder gefährlich halten mag. Derartige Kritik richtet sich nicht einlinear auf Positionen, sondern vermag sich im indirekten oder direkten Dialog mit ihnen in Beziehung zu setzen. Auseinandersetzung und Dialog sind für die Wahrheitssuche im Rahmen der Ökumene konstitutiv.

Die Kraft zur Einheit polarer und auseinanderstrebender Motive und Momente kann nur daraus resultieren, daß auch das Verständnis von „Reich Gottes" – je nach Lage – verschieden akzentuiert sein kann und muß. Es gilt, das Hoffnungspotential von „Reich Gottes" mit Bezug auf die Spannungsbögen in den angesprochenen traditionellen Gegenpolen und im Blick auf gegenwärtige ökumenische Erfahrungen freizulegen.

Für die jüngeren Entwicklungen in der Ökumene erscheint es notwendig, die ebenso auf Universalität wie auf Partikularität gerichteten Zugänge zum Reich Gottes soweit möglich zusammenzubinden und -zuhalten. Dem Reich-Gottes-Begriff eignet die Qualität, die in unserer heutigen Welt vorhandenen Tendenzen auf eine machtvolle weltumspannende Uniformität *und* den dazu in Kontrast stehenden, z. T. kriegerischen Bestrebungen auf regionale Abgrenzung zu begegnen und in eine theologische Perspektive zu stellen, die die Zusagen Gottes und seine Gerichtsandrohungen sowohl auf die gesamte Menschheit wie auf das Anliegen einzelner Gruppen und Menschen bezieht. Die ökumenische Bewegung muß die ganz anderen Ansatzpunkte und Werte, zu denen „Reich Gottes" im weltumspannenden wie lokalen Bezug fordert, aufgreifen, um auf globaler Ebene ein Gegengewicht gegen machtvolle Uniformität oder diffuse Weltförmigkeit und auf lokaler Ebene Identifikationsmöglichkeiten, die nicht auf Kosten anderer gehen bzw. gewaltvoll gegen andere gerichtet sind, zu entwerfen.[228] Nur dann ist es möglich, im ökumenischen Bezugsrahmen sowohl den globalen wie den lokalen Bezug – Universalität und Partikularität – in je ihrem Recht und ihrer Notwendigkeit zu vertreten. „Reich Gottes", das ist dann die alles entscheidende Perspektive christlicher Hoffnung in einer hoffnungslosen Welt.

„Reich Gottes" und Kirche: Unsere Untersuchung hat gezeigt, daß die Verbindung zwischen „Reich Gottes" und Kirche in weit auseinandergehenden Perspektiven gesehen wird. Die Ansätze reichen von einer weitgehenden Identifikation von „Reich Gottes" mit der Kirche bis hin zu extrem scharfer Kirchenkritik im Horizont von „Reich Gottes". Bei allen Unterschieden bildet „Reich Gottes" immer den Anspruch, auf notwendige Veränderungen in der Kirche zuzugehen. Ein starker Akzent liegt darin, daß Kirche im Angesicht von „Reich Gottes" soweit möglich Verantwortung im öffentlichen Bereich wahrnimmt. In Stockholm klafften die Ansichten über die Möglichkeiten von Kirchen, Einfluß in sozial-politischen Fragen zu nehmen, erheblich auseinander. Hier ging es um die Frage, ob der Einfluß im öffentlichen Bereich nur über die Bekehrung der Herzen und im Rahmen christlicher Gemeinde möglich ist, oder ob er sich auf Veränderungen in den Strukturen der Gesellschaft insgesamt beziehen kann. In der zweiten Hälfte des 20. Jahrhunderts standen andere Fragen im Vordergrund, die starke Rückwirkungen auf das Selbstverständnis von Kirche hatten. Hier ging es im Horizont des Reiches Gottes von einem Enthusiasmus, der in der Zusage des Reiches Gottes das Movens für die Beteiligung von Kirchen für eine weltumspannende Befreiung sah, über Vorstellungen von Christen, die sich als Arme in besonderem Maße von der Reich-Gottes-Botschaft angesprochen sahen, bis hin zu einer sozialethisch relevanten Ekklesiologie.

Kirche der Anderen: Während es in der Stockholmer Auseinandersetzung darum ging, unterschiedliche Positionen besser zu verstehen und Ängste voreinander abzubauen, hat sich

---

[228] Vgl. J. B. Metz, Die „Eine Welt": Eine Herausforderung an das westliche Christentum, in: F. E. Anhelm (Hg.), 1992 – Fünfhundert Jahre danach. Von kolonialem Blick zum interkulturellen Dialog? Bielefeld 1992, 125ff und T. Diallo, Mondialisierungsprozeß und Vereinheitlichungstendenz des „Modernen Systems", a.a.O., 97ff.

die im Zusammenhang mit der ökumenischen Diskussion in Melbourne aufgebrochene Frage nach den vorrangigen Adressaten des Evangeliums zu einer grundlegenden Anfrage an das Wesen von Kirche entwickelt. Ich sehe die wesentliche Herausforderung dieser Diskussion in dem folgenden Gedankengang, der sich in der Vorstellung einer – wie ich es nennen möchte – „Kirche der Anderen" bündeln läßt.

Auf dem Hintergrund der Debatte in Melbourne kann Kirche m. E. nicht primär vom Eigenen her definiert werden, ausgehend von der eigenen konfessionellen Tradition oder von eigener organisatorischer Stärke. Die diakonische Ausrichtung einer „Kirche für Andere" wie der auf Gemeinschaft zielende Ansatz einer „Kirche mit Anderen" ist weiterhin zu beachten, aber nicht ausreichend. In Zuspitzung der Herausforderungen, die sich aus der jüngeren ökumenischen Debatte über das Reich Gottes ergeben, tritt m. E. die Notwendigkeit einer „Kirche der Anderen" hervor. Kirche ist nur Kirche, insofern sie die Anderen zum Ausgangspunkt nimmt und von daher auf das Eigene zugeht. Kirche ist nicht Kirche durch sich selbst, sondern durch die Anderen. Die Diskussion in Melbourne könnte dazu veranlassen, diese Priorität im Bereich der Ekklesiologie zu verankern. „Kirche der Anderen" wäre das schmerzhafte Eingeständnis, daß die „eigene" Kirche nicht weiter an erster Stelle steht, daß die „eigene" theologische Tradition nicht weiter dominante Richtschnur ist, daß die „eigene" organisatorische und finanzielle Stärke nicht letztendlich die tragfähige Basis abgibt. „Kirche der Anderen" ist die Wahrnehmung, gerade in denen, die marginalisiert und ohnmächtig sind, authentische Zeugen des Evangeliums zu sehen.

„Kirche der Anderen" ergänzt die anspruchsvollen Bestimmungen einer „Kirche für Andere" oder „Kirche mit Anderen"[229]: Es reicht nicht, daß sich Kirche – vielleicht gar im Bewußtsein eigener Stärke – anderen Menschen zuwendet (Diakonia) oder im Gemeinschaftsstreben Gegensätze zwischen Reich und Arm überwinden will (Koinonia). Notwendig ist

---

[229] Das Plädoyer für die Vorrangigkeit einer „Kirche für Andere" geht bekanntermaßen auf Dietrich Bonhoeffer zurück, das einer „Kirche mit Anderen" ist schon früh durch Theologen wie Friedrich Siegmund-Schultze entwickelt worden und findet sich im Konvivenz-Begriff von Th. Sundermeier.

172

darüberhinaus eine radikale Umorientierung der Perspektive: Kirche, die individuell und sozial auf Heilung und Heil zielt (Soteria), kann dies nur aus der Perspektive von Armut und Ohnmacht, kann dies nur in einer konsequenten Umwertung weg von einem Kirchenverständnis, das auf dem Eigenen baut, hin zu einer Ekklesiologie, die den Vorrang im Anderen sieht: „Kirche der Anderen".

„Reich Gottes" und Einheit der Kirchen in der ökumenischen Bewegung: Im Laufe der Untersuchung hat sich gezeigt, daß „Reich Gottes" für die ökumenische Bewegung selber eine zentrale Herausforderung und ein notwendiger Horizont ist. Die Betrachtung der Entwicklung der Reich-Gottes-Frage führt zu dem Ergebnis, daß die verschiedenen Dimensionen von „Reich Gottes" klar im Bewußtsein gehalten und für eine kohärente ökumenische Theologie gestärkt werden müssen. Anton Houtepen, katholischer Ökumeniker aus den Niederlanden, hat dazu schon vor Jahren eindringlich gemahnt, daß die ökumenische Bewegung sich weniger auf die Suche nach Konsens in Texten, sondern mehr auf Einheit in der Sache des Reiches Gottes konzentrieren solle. Und er spitzt seinen, die spezifischen protestantischen und römisch-katholischen Ausprägungen übersteigenden Vorschlag in dem Satz zu: „Nicht sola sciptura oder sola traditio, sondern solum Regnum Dei soll die zusammenbindende Glaubensregel sein."[230]

Houtepen mahnt eine ökumenische Hermeneutik an, die sich nicht länger auf den Konsens von Texten konzentriert, sondern die sowohl den Kriterien der Identität als auch denen der Kohärenz entspreche (279). Er fragt nach der Möglichkeit einer hermeneutischen Gemeinschaft, die sich nicht auf Texte fixiert, sondern in der kontextuelle Vielfalt und gemeinsame Richtung wie Perspektive zusammengebunden sei. Hierzu sei ein Ansatz von „versöhnter Verschiedenheit" herauszuarbeiten, der die Einheit der Kirche nicht in Uniformität oder Zentralismus, sondern in Gemeinschaft, Solidarität, Kohärenz und Liebe sehe. Diese Vorstellung sei im Neuen Testament veran-

---

[230] Vgl. A. Houtepen, Ökumenische Hermeneutik. Auf der Suche nach Kriterien der Kohärenz im Christentum, in: ÖR 39 (3/1990), 279ff, Zitat 293. Die folgenden, im Text in Klammern gesetzten Seitenzahlen beziehen sich auf diesen Aufsatz.

kert[231] und stütze die Sicht der Einheit von Kirche, die sich in „einer hermeneutischen Erzählgemeinschaft auf der Suche nach dem Reich Gottes" (287) manifestiere. In der ökumenischen Bewegung sei zwar die Erfahrung gemeinsamer Praxis und gemeinsamen Hoffens gemacht worden, diese sei aber nicht auf die Ebene des Bekenntnisses transponiert worden: „Uns fehlt ein soziales Credo, uns fehlt eine gemeinsame Vision des Reiches Gottes" (288).

Aus diesem Grunde gehe es bei der Suche nach Kriterien für eine ökumenische Hermeneutik der Kohärenz nicht in erster Linie um Texte, „sondern um die Sache, das Reich Gottes" (292). Kirche als hermeneutischer Erzählgemeinschaft gehe es nicht so sehr um die Definition von Lehrmeinungen, sondern um die Gemeinschaft der Glaubenden, der Gott Suchenden im Horizont von „Reich Gottes". Um der Zielvorstellung einer kohärenten ökumenischen Hermeneutik Konturen zu geben, formuliert Houtepen in Anlehnung an die alte Lehre vom vierfachen Schriftsinn ein „ökumenisches Viereck", das vom Bezug auf die biblischen Schriften (res gesta), die gegenwärtige Erzählgemeinschaft vom Wort, Sakrament, Zeichen der Präsenz Christi und dem Heiligen Geist (allegoria), die Nachfolgepraxis in unterschiedlichen Kontexten (sensus moralis) und „die Berufung und Bestimmung des Menschen im Blick auf das Reich Gottes in konkreter prophetischer Ansage der Hoffnung und Absage an all das, was dem Reich Gottes widerspricht (anagogia)" (293), gebildet wird.

Houtepen hat mit diesen Ausführungen einen wichtigen Beitrag geleistet, um die Vorstellungen der in der Ökumene gesuchten Einheit nicht nur auf kirchenorganisatorische oder lehramtliche Fragen zu richten, die traditionell in Konsenstexten voranzutreiben versucht wurden, sondern um die Priorität stärker in der Verbindung zwischen Bekenntnis und Zeugnis zu sehen. Hierfür erscheint der Ansatz der von Houtepen vorgeschlagenen ökumenischen Hermeneutik als sehr gut geeignet.

Im Zusammenhang der Konferenz von Santiago de Compostela haben wir bereits auf den Vorschlag von Konrad Rai-

---

[231] „Auf dem Boden historischer Vielfalt hat sich eine Gemeinschaft des Erzählens, des gemeinsamen Handelns und der gemeinsamen Suche nach dem Reich Gottes gebildet", vgl. a.a.O., 287.

174

ser verwiesen, kirchliche Einheit im Rahmen einer öku-
menisch-interkulturellen Hermeneutik als Gemeinschaft von
bleibend Verschiedenem anzusehen. Diese Vorstellung, die
mit dem zuvor referierten Ansatz gut verbunden werden kann,
beruht auf einer an anderer Stelle von Raiser vorgebrachten
grundsätzlichen Reflexion zur ökumenischen Bewegung. Raiser sieht in der gegenwärtigen Ökumene einen Übergang von
der klassischen Perspektive der Königsherrschaft Christi hin zu
einer messianischen Perspektive des Reiches Gottes.[232] Er fordert, das neutestamentliche Christuszeugnis stärker in die
„theozentrische Gesamtperspektive der Bibel einzubetten"
(94). Dies sei aus drei Gründen notwendig. Die Perspektive
der noch ausstehenden Herrschaft Gottes wiederzugewinnen
sei wichtig, um „zu verhindern, daß der Christozentrismus
unter der Hand zum ‚Ekklesiozentrismus' wird" (95). Weiterhin sei gegenüber einer Christologie „von oben", die vor allem
das Bekenntnis zur Göttlichkeit Jesu herausstelle, eine Christologie „von unten" notwendig, die „in dem Menschen Jesus
Gottes liebende und befreiende Zuwendung zu allen Menschen, vor allem den Gott-Fernen, erkennt und bekennt"
(ebd.). Schließlich sei die theozentrische Gesamtperspektive
der Herrschaft Gottes stärker zu betonen, um einer „christo-
monistischen" Frömmigkeitshaltung zu begegnen, die jeden
Dialog mit Menschen anderen Glaubens versperre. Hierzu
müsse das Wirken des Heiligen Geistes in die Deutung des
Christusgeschehens stärker einbezogen werden (94).

Raiser mahnt damit eine Perspektivenveränderung an, die
Gottes Macht und Wirken nicht auf die Kirche begrenzt und
über die zweite Person der Trinität, Christus, hinaus die Aufmerksamkeit auf die erste und dritte Person, also Gott und
Heiliger Geist, lenkt. Die Frage nach Gott und seiner Herrschaft gewinnt in diesen Überlegungen zunehmendes Gewicht. Von hier aus kommen die Menschen insgesamt in das
Blickfeld, auch die Angehörigen anderer Religionen. Die Perspektive des Reiches Gottes weist damit in eine Richtung, die
die christliche Ökumene selbst herausfordert.

---

[232] Vgl. K. Raiser: Ökumene im Übergang. Paradigmenwechsel in der
ökumenischen Bewegung, München 1989, 100. Die folgenden, im Text
in Klammern gesetzten Seitenzahlen beziehen sich auf diese Publikation.

3.) „Reich Gottes" im Judentum, Islam und Buddhismus

Ist die Vorstellung eines „Reiches Gottes" ausschließlich im Christentum zu finden oder gibt es Entsprechungen in anderen Religionen? Für eine Antwort auf diese Frage sind einige Vorbemerkungen erforderlich.

Die Erwartung wäre überzogen, die verschiedenen, im Christentum liegenden Dimensionen von „Reich Gottes" in identischer Form in anderen Religionen wiederzufinden. Dies ist zum einen nicht möglich, insofern die Reich-Gottes-Erwartung mit der Verkündigung Jesu im engen Zusammenhang steht. Zum anderen ist darauf zu achten, daß die Erwartungen an die Eindeutigkeit von Begriffen in anderen Religionen nicht überzogen werden. In den konfessionell-kontextuellen Ansätzen von „Reich Gottes" im Christentum haben wir ganz unterschiedliche Gewichtungen dieses Begriffes kennengelernt. Im Blick auf andere Religionen sollte dies zur Vorsicht mahnen, bei äquivalenten Begriffen anderer Religionen nicht mit überzeitlich systematisierbaren Termini zu rechnen, sondern mit lebendigen Vorstellungen, die im Laufe der Geschichte, in verschiedenen Kontexten und von unterschiedlichen Gruppierungen („Konfessionen") der jeweiligen Religion unterschiedlich gefaßt werden. Kurz: Es ist in der Suche nach Ansätzen in anderen Religionen, die dem „Reich Gottes" entsprechen, auf die Gefahren der Überformung, der Vereinfachung und der Zuschreibung von außen zu achten. Andernfalls könnten christliche Vorstellungen von „Reich Gottes" in die Termini anderer Religionen gepreßt, verwandte Begriffe geschichts- und kontextlos interpretiert und Systematisierungen in solcher Eindeutigkeit vorgenommen werden, daß sich die Angehörigen anderer Religionen darin nicht wiederzuerkennen vermögen.

Das Vorhaben in diesem Abschnitt hat damit von Begrenzungen auszugehen. Es soll um die Wahrnehmung dessen gehen, worauf Vertreterinnen und Vertreter anderer als der christlichen Religion im Horizont von „Reich Gottes" in der eigenen Tradition gestoßen werden. Aus den verschiedenen Religionen werden im folgenden das Judentum, der Islam und der Buddhismus zur Sprache kommen. Neben entsprechender Literatur wird hierbei wesentlich auf die Beiträge von Vertretern dieser Religionen zurückgegriffen, die sich im Rahmen eines interreligiösen Seminars im Wintersemester 1996/97 an der Universität Hamburg mit der Thematik des „Reiches Gottes" befaßt haben.[233]

Im folgenden geht es damit mehr um authentische Positionen als um eine abgeschlossene Systematik. Dieses Vorgehen steht dem ansonsten vorherrschenden Ansatz entgegen, andere Religionen als festumrissene Glaubenssysteme zu verdinglichen. Es verzichtet auf den Anspruch der Vollständigkeit und basiert auf dem – in Deutschland erst beginnenden – interreligiösen Dialog auf Ortsebene, ohne dabei allerdings die zugängliche Literatur zu unterschlagen.

„Reich Gottes" im Judentum

Für das Judentum könnte man am ehesten davon ausgehen, eine direkte Entsprechung zum Reich-Gottes-Symbol zu finden.[234] Die Verflochtenheit zwischen Judentum und Christentum birgt aber auch die Gefahr, christliche Vorstellungen in das Judentum hineinzuprojizieren. Nähe und Distanz sind auch bei der Betrachtung des Reich-Gottes-Begriffes zu beachten.

1. Malkut Šāmajim: Die Nähe ergibt sich durch eine terminologische Entsprechung, der malkut šāmajim, d. h. Herrschaft der Himmel bzw. Herrschaft Gottes. Eine enge Verbindung zu christlichen Vorstellungen könnte auch in Formulie-

---

[233] Ich danke an dieser Stelle den Mitgliedern dieses Seminars, besonders: dem aus Israel stammenden Landesrabbiner Dov-Levy Barsilay (Hamburg), der ebenfalls aus Israel stammenden, in Südafrika lebenden Rabbinerin Dr. Azila Reisenberger (Kapstadt), der deutschen islamischen Theologin Imam Halima Krausen und dem aus Pakistan stammenden Imam Mehdi Razvi (beide Islamisches Zentrum Hamburg), dem deutschen Buddhisten Gelong Dschampa Tendsin (Oliver Petersen) und dem Tibeter Geshe Thubten Ngawang (beide Tibetisches Zentrum Hamburg), sowie der deutschen Seminarleiterin Brigitte Werner (Hamburg). Ich stütze mich im folgenden auf die Beiträge der Genannten zum Thema und bedanke mich für das Gegenlesen und die Anregungen zum Skript dieses Kapitels des vorliegenden Buches.

[234] Ich beziehe mich auf die im genannten Seminar gehaltenen Referate zum Thema „Reich Gottes" von Rabbinerin Dr. Azila Reisenberger (13. November 1996) und Landesrabbiner Dov-Levy Barsilay (27. Novemver 1996). Vgl. zum Verständnis von Herrschaft Gottes im Judentum auch: L. Jacobs, Art. Herrschaft Gottes/Reich Gottes, III. Judentum, in: TRE 15 (1986), 190-196 (mit Literatur); M. Buber, Königtum Gottes, 3. Aufl. Heidelberg 1956; Shalom Ben-Chorin, Reich-Gottes Erwartungen in jüdischer und christlicher Sicht, in: cummunio viatorum 24 (1981), 97-108.

rungen etwa von Martin Buber gesehen werden, der schrieb: „Die Verwirklichung der allumfassenden Gottesherrschaft ist das Proton und Eschaton Israels."[235] Gemeinsam ist die Hoffnung auf einen umfassenden, universalen Frieden, auf dessen Bilder (etwa in Jes 11 „... da werden die Wölfe bei den Lämmern wohnen") Christen und Juden gleichermaßen zugehen.

Um – bei aller Gemeinsamkeit zwischen christlicher und jüdischer Religion – nicht in eine Tradition der Vereinnahmung jüdischer durch christliche Theologie zu gelangen, sind die dem Judentum spezifischen Vorstellungen von „Gottes Herrschaft" oder „Königtum Gottes" zu beachten. Eigentlich überflüssig zu erwähnen, aber doch leicht unterschlagen, ist die unterschiedliche Verankerung dieses Begriffes: Im Christentum ist er mit der Verkündigung Jesu verknüpft, während für das Judentum die Ankunft des Messias noch aussteht. Im Judentum ist der Begriff der Herrschaft Gottes zudem nicht von der Geschichte Israels abzulösen. Er steht im Spannungsfeld zwischen der Universalität des verheißenen Shalom, der allen Menschen gilt (Jes 2, 1-5: Schwerter zu Pflugscharen, Micha 1-5) und der Partikularität der besonderen Erwählung des Volkes Israel. Herrschaft Gottes oder – parallel in der Bedeutung – Herrschaft der Himmel (malkut šāmajim) bedeutet im Judentum zunächst einmal, das Joch der Königsherrschaft Gottes auf sich zu nehmen, und das heißt, die Gebote zu halten. Das freiwillige Auf-Sich-Nehmen dieses Joches impliziert die eigene und die Freiheit der Anderen. In diesem Sinne ist die Anerkennung der Herrschaft Gottes eine aktive Anerkennung, die an die Erfüllung des Willens Gottes gebunden ist. Herrschaft Gottes beinhaltet zudem einen umfassenden Anspruch. Gott allein, der Herr der Welten, ist König im gesamten Leben. Seine Macht gilt in der Religion und in der Politik. Diese Grundannahme richtet sich gegen Machtansprüche weltlicher Herrschaft und weist auf den allein, dem Macht und Gehorsam gebührt. Herrschaft Gottes trägt aber noch einen weiteren Akzent, der einer Hierarchisierung von Herrschaftsansprüchen radikal entgegensteht: Sie ist in dem Bund, den Gott mit dem Volk Israel geschlossen hat, auf eine Gegenseitigkeit angelegt, die Oben und Unten verbindet und nicht spaltet.[236]

---

[235] Vgl. M. Buber, Königtum Gottes, a.a.O., LXIV.
[236] vgl. Buber, Königtum, 93ff.

2. Diesseitigkeit und Shalom: Eine wichtige Kennzeichnung von Herrschaft Gottes im Judentum ist die Betonung der Diesseitigkeit. Eine Zentrierung nur auf die Jenseitigkeit in der Vorstellung von „Reich Gottes" wird abgelehnt. Die Bundesgenossenschaft Gottes mit den Menschen bezieht sich wesentlich auf die Aufgaben in dieser Welt, auch wenn diese Vorsaal der späteren Welt ist. In der Torah liegt der eindeutige Akzent auf dieser Welt. Wenig wird über ein Fortleben nach dem Tode gesagt. Insofern gibt es keine auf ein Leben nach dem Tod projizierte individuelle Vorstellung eines Reiches Gottes.

Die Betonung im Judentum liegt damit auf der Diesseitigkeit und auf der Dimension des Zusammenlebens in Gerechtigkeit. Nicht der Einzelne, sondern die Gemeinschaft steht im Zentrum der Gebote (Fürsorge für Arme, Witwen, Waisen etc.). Die Akzentuierung des Diesseits ist verbunden mit dem Gebot der Freude (Lev 23, Dt 12). Die Gottesebenbildlichkeit des Menschen und der Bund Gottes mit dem Menschen zielen auf Recht und ausgleichende Gerechtigkeit: auf den Shalom. Die Menschheit müsse mehr Anstrengungen für den Weltfrieden übernehmen: „Die Verwirklichung des Reiches Gottes können nur wir Menschen schaffen oder verhindern" (Barsilay).

3. Befreiung: Ähnlich wie in der westlichen Christenheit ist der Begriff der Herrschaft Gottes auch im gegenwärtigen Judentum keine zentrale Kategorie. Vielleicht spielen hier die Erwägungen, die für das Christentum zu einer unterschiedlichen und wechselnden Intensität dieses Begriffes vorgebracht worden sind, ebenfalls eine Rolle. Ein Indiz dafür könnte darin liegen, daß im Gegensatz zum heutigen Judentum die Hoffnung auf das Kommen des Reiches Gottes im Chassidismus stark ausgeprägt war.[237]

Angesichts der Unterdrückung in Osteuropa haben die Juden dort ein Frömmigkeitsleben entwickelt, in dem die Hoffnung, die sich gegen die erfahrene Realität richtete, einen großen Stellenwert einnahm. In den chassidischen Geschichten geht es um die Würde des Menschen vor Gott, um Respekt für Andere, um kleine hoffnungsvolle Schritte, um Tröstung und Aufrichtung der Seelen, darum, andere Menschen

---

[237] Vgl. M. Buber, Die Erzählungen der Chassidim, Zürich o. J., 28f.

nicht in Verlegenheit zu bringen. In vielen dieser Geschichten leuchtet Lebensfreude und Lebensmut gegen erfahrene Unterdrückung auf: Hoffnung auf „Erlösung". Hierbei steht nicht der Glaube als solcher, sondern das Tun im Zentrum, die aktive Suche nach dem „Reich Gottes".

Im Judentum wie im Christentum rückt der Begriff der Herrschaft Gottes vielleicht gleichermaßen ins Zentrum, wenn es darum geht, den Erfahrungen von Unterdrückung eine Hoffnung auf Befreiung entgegenzustellen.

„Reich Gottes" im Islam

„Reich Gottes" läßt sich nicht direkt mit einem Begriff aus der islamischen Theologie gleichsetzen. Es gibt aber zwei islamische Begriffe, von denen aus eine vergleichende Betrachtung mit „Reich Gottes" vorgenommen werden kann, und zwar Rububiya und Mulk.[238]

1. Rububiya: Dieser Begriff meint „Herrschaft" im Sinne von Erziehung, Fürsorglichkeit und Entfaltung der Schöpfung. In ihm spiegelt sich die Vorstellung von Gottes Gegenwart und Handeln in der Welt. Dieses Handeln bezieht sich auf Vergangenheit, Gegenwart und Zukunft und richtet sich auf den einzelnen Menschen, die Gesellschaft und die Natur. Hieraus entspringt eine Verantwortung des Menschen, Gott „in freiwilligem Gehorsam" zu dienen. Da die Geschöpfe „Zeichen Gottes" sind, soll die Beziehung der Menschen untereinander und zur Natur nicht durch Zweckrationalität und Beherrschen geprägt sein. Rububiya als Herrschaft Gottes umfaßt die Aspekte des Lehrens, Erziehens und Unterstützens. Diese Dimensionen sind auch von Menschen gefordert, wobei diese Verantwortlichkeit im Rahmen der dem Menschen zu-

---

[238] Die folgenden Überlegungen verdanken sich wesentlich der islamischen Theologin Imam Halima Krausen, unveröff. Vorlesungsskripte vom 8. und 15. Januar 1997 und den Kommentaren von Imam Mehdi Razvi. Vgl. auch A. V. Ström, Art. Herrschaft Gottes/Reich Gottes, I. Religionsgeschichtlich, in: TRE 15 (1986), 174-176 (mit Literatur) und S. Balic, Reich Gottes, 3. Islamisch, in: Lexikon religiöser Grundbegriffe. Judentum, Christentum, Islam (Hg. A. T. Khoury), Graz/Wien/Köln 1987, 909. Vgl. zum Begriff „Mulk" den entsprechenden Artikel von M. Plessner in der Encyclopedia of Islam, Bd. VII, Leiden/New York 1993, 546f und den Artikel „Monarchy" von Peter Avery in der Oxford Encyclopedia of the Modern Islamic World, Bd. 3, New York/Oxford 1995, 127f; siehe auch M. Buber, Königtum Gottes, a.a.O., 117f.

gesprochenen grundlegenden Freiheit gedacht ist. Herrschaft Gottes ist mit seiner Langmut und Liebe für die Menschen verbunden. Der Mensch hat darauf durch ein Streben nach Gutem zu antworten. „In der islamischen Theologie sind menschliche Bemühungen und Gottes Gnade und Segen nicht voneinander getrennt als Heilsfaktoren zu denken." (H. Krausen).

2. *Mulk:* Dieser Begriff bezeichnet die Herrschaft (oder Reich/Königreich) und den Anspruch Gottes. Im Horizont der Gerechtigkeit und Liebe Gottes sind die Menschen aufgefordert, Destruktion und Unrecht zu überwinden. Dem Menschen ist hierfür eine Frist für „Umkehr" zum Guten gegeben. Diese Forderung auf Umkehr ist mit einer speziellen Mahnung an die Mächtigen verbunden. Mulk als Herrschaft Gottes bedeutet nicht Willkür, sondern fordert eine weltliche Herrschaft der Kompetenz, fordert eine Gesellschaft verantwortlicher wechselseitiger Beziehungen und Verantwortung gegenüber der Schöpfung/Umwelt, zielt schließlich auf Gerechtigkeit im persönlichen wie im sozio-ökonomischen Rahmen. Dies ist bereits in den Grundpfeilern des Islam verankert (Gebet als Ausdruck der Verantwortung vor Gott; Zakat als Loslösung von Gier und als Hilfe für Arme, bzw. Beitrag für Gerechtigkeit; Fasten als Selbstdisziplin und Teilen; Pilgerfahrt als Einsicht der Einheit in Vielfalt).

Die völlige Verwirklichung von Gerechtigkeit und Liebe wird von Muslimen z. T. im Jenseits („Garten der Wohnstatt") gesehen, z. T. in einer Endzeit (Erscheinen des Imam Mahdi, der in der Welt Frieden und Gerechtigkeit durchsetzen wird), z. T. aber allgemeiner auf die Zukunft bezogen (Bewährungschance für Einzelne und Gesellschaften auf Umkehr). Diese Dimensionen schließen sich nicht aus, sondern können zusammengesehen werden.

3. Weiterhin kann auch der islamische Friedensbegriff „Salam" im Sinne von „Reich Gottes" verstanden werden. Das grundlegende Anliegen des Islam besteht darin, Frieden zu schaffen. Diese Forderung wurzelt in prophetischer Tradition und zielt auf Bildung, Verantwortung, Gleichbehandlung aller Menschen als von Gott geschaffen und auf kooperative Lösungsversuche sozialer und politischer Probleme. Diese zentralen koranischen Forderungen sind z. T. aus dem Blickfeld geraten und müssen wieder erinnert und gestärkt werden.

Hierzu gehören a) die Zielsetzung eines islamischen Staates, der auf Gerechtigkeit und Frieden basiert (mit äußerer Sicherheit, gerechter Verteilung der Güter, Rechtssicherheit auch für Minderheiten, Bildung, Raum für unterschiedliche Religionen und Kulturen), b) eine geistige Erneuerung (wissenschaftliche Aufarbeitung der Prophetenzeit, Dialog mit anderen Religionen und Weltanschauungen, Verbindung von Wissenschaft und Ethik, Stärkung befreiungstheologischer Ansätze) und c) Situation von Muslimen in Minderheitensituationen (dies fordert besonders die Reflexion über den Beitrag der Religionen im Feld politischer, sozialer und ökonomischer Probleme). Im Rahmen von „Reich Gottes" als Zuspruch von Friede und Gerechtigkeit im persönlichen und sozialen Rahmen ergibt sich der Anspruch, einen Dialog mit allen Menschen zu führen, damit die Hoffnung auf ein besseres Jenseits mit einem Eintreten für Salám auch auf dieser Welt korrespondiert.

„Reich Gottes" im tibetischen Buddhismus

Obgleich der Buddhismus eine nichttheistische Religion ist, gibt es doch Anknüpfungspunkte für die Vision von „Reich Gottes". Die wichtigsten seien genannt[239]:

1. Reines Land: Als Pendant zum christlichen Symbol eines „Königreiches Gottes" könnte aus buddhistischer Sicht an die Vorstellung vom „reinen Land" erinnert werden.[240] In der Vergangenheit hat Buddha Amithaba ein solches reines Land geschaffen: das reine Buddhaland. Aus buddhistischer Sicht ist es möglich, in ein solches reines Land zu gelangen, in dem bezo-

---

[239] Ich beziehe mich in den folgenden Ausführungen auf Referate zu „Reich Gottes" von Gelong Dschampa Tendsin (Oliver Petersen) vom 4. Dezember 1996 und von Geshe Thubten Ngawang vom 22. Januar 1997. Siehe aber auch. A. Bareau, Der indische Buddhismus, in: Die Religionen Indiens, III Buddhismus-Jinismus-Primitivvölker (hg.v. A. Bareau, W. Schubring, Chr. v. Fürer-Haimendorf), Stuttgart 1964; R. Kiely (ed.), The Good Heart. His Holiness the Dalai Lama explores the heart of Christianity – and of humanity, London/Sydney/Auckland/Johannesburg 1996. Siehe auch E. Zürcher, Art. Amithaba, in: The Encyclopedia of Religion (Hg. M. Eliade), Vol. 1, New York/London 1987, 235-237; J. A. MacCulloch, Art. Western Paradise, in: Encyclopedia of Religion and Ethics (Hg. J. Hastings), Vol. II, 3. Aufl. New York 1953, 701f sowie den Artikel Reines Land, in: Lexikon der östlichen Weisheitslehren. Buddhismus, Hinduismus, Taoismus, Zen, Bern/München/Wien 1986, 306f.

[240] Vgl. hierzu auch A. Bareau, a.a.O., 151f.

gen auf Körper und Geist ein unreiner Zustand überwunden wird. Im Buddhazustand entwickelt sich um einen herum ein solches reines Land. Es ist möglich, in das reine Land des Buddha Amithaba wiedergeboren zu werden.

Symbol für das Haus des Göttlichen ist das Mandala. Es ist als Palast und Zeichen der Vollkommenheit eine bildhafte Vorstellung des Buddhazustandes. Das Mandala hat einen systematischen Aufbau. Es kann interpretiert werden und man kann sich seiner Bedeutung in Meditation nähern. Das Mandala ist ein Ursymbol, das dazu auffordert, das eigene – neurotische – Selbstbild abzulegen, um zur Gottheit in der eigenen Person vorzudringen. Das Mandala verkörpert auf mikrokosmischer Ebene Vollkommenheit und weist auf die makrokosmische Vollkommenheit hin. In diesem umfassenden Anspruch ist es zu vergleichen mit „Reich Gottes".

2. Persönliches und gesellschaftliches Nirwana: Ein anderes Ziel, das nicht ganz so weit geht wie die Vorstellung des „reinen Landes", ist die Überwindung der Unreinheit (Befleckung des Geistes) in der Dimension persönlicher Befreiung: das *Nirwana.* Es reicht nicht aus, die Welt äußerlich zu verändern; auch die Wahrnehmung der Welt muß geändert werden, wofür intensive geistige Arbeit notwendig ist. Hierfür müssen die Störungen in Geist und Körper überwunden und das klare Licht, das auch bei größten Störungen bei jedem vorhanden ist, gestärkt werden. Der Weg zum Nirwana konzentriert sich darin, anderen keinen Schaden zuzufügen und die Lehre des Buddha zu verstehen und sich in Meditation anzueignen. Zunächst geht es darum, anderen keinen Schaden zuzufügen, dann bemüht man sich, anderen zu helfen. Anderen Glück wünschen und Leid abhalten wollen, stehen in Korrelation zueinander. Wenn äußere Dinge nicht stören können und äußerer Einfluß nicht schaden kann, ist der Weg frei für Liebe und Mitgefühl: dies ist ein Zustand gleich dem „Reich Gottes".

Der Mensch und die Gesellschaft sind entwicklungsfähig. Auch innerhalb eines Lebens sind starke Veränderungen zum Guten hin möglich. Wenn Einzelne sich ändern, wird auch die Gesellschaft verändert. In allen Religionen hat es Heilige gegeben, die auf Einzelne wie auf Gesellschaften großen Einfluß hatten. Die Entwicklung des Einzelnen auf dem Weg hin zum Nirwana hat ihre Entsprechung für Prozesse in der Gesellschaft. Der Buddhismus zielt auch stark auf das Gemeinwohl;

aber zur Erleuchtung bzw. zur Erkenntnis des Nirwana kann nur der Einzelne durch persönliche Entwicklung gelangen.

Der Buddhismus ist spirituell auf den Einzelnen, aber auch äußerlich auf die Verbesserung der Welt orientiert. Deshalb gibt es im Buddhismus nicht nur ein individuelles, sondern auch ein „gesellschaftliches Nirwana" (Dalai Lama). Das „gesellschaftliche Nirwana" zielt auf die Beseitigung sozio-politischer Störungen, die einem geregelten Frieden entgegenstehen. In diesem Rahmen geht es um die Umkehrung dominanter, destruktiver Entwicklungen. Hierfür gibt es nach buddhistischer Vorstellung Hoffnung im Rahmen von auf Befreiung zielenden Ansätzen. Diese stellen aber nicht ein letztes Ziel dar, weil Alter, Krankheit und Tod bleiben. Das letzte Ziel ist das Nirwana, in dem Haß, Leiden und Unwissenheit überwunden sind und der unfreiwillige Kreislauf von Geburt und Tod durchbrochen ist.

3. Vertrauen, Erleuchtung und Vervollkommnung im Horizont von „Reich Gottes": Im Blick auf das letzte Ziel geht es um eine Revision der Auffassung von Wirklichkeit.

– Der Mensch muß die Fixierung auf sich selber überwinden. Im Zentrum steht nicht das ego, sondern das „alter": statt Egoismus Altruismus.

– Die Ethik steht nicht für sich und ist nicht zu verabsolutieren. Aber sie ist Wegbereiter der Erkenntnis, wenn sie im Zusammenhang mit höheren Bemühungen (Buddhaschaft) steht. Im Tantra liegt der Weg zur Erkenntnis der letzten, höheren Realität innerhalb eines Lebens.

– Nicht die Welt ist zuvorderst zu verändern, sondern die Wahrnehmung der Welt. Erleuchtung verschafft die Zufriedenheit mit dem, was ist. Hoffnung kann zwar Notlagen erträglicher machen, kann aber auch ein Hindernis sein, die Welt zu akzeptieren.

– Nicht die Zukunft, sondern die Jetztzeit steht im Zentrum. Wichtiger als die auf Zukunft bezogene Hoffnung ist der gegenwärtige Augenblick. Alles, worauf gehofft werden könnte, ist schon vorhanden. Deswegen ist nicht an der Zukunft, sondern an der Gegenwart anzusetzen.

– Gegenwart und Zukunft von Hoffnung sind in der Dimension des Vertrauens zu verbinden.

Ein ausschließlich an der Zukunft orientierter, überdimensionierter, auf Fortschritt hin angelegter Hoffnungsbegriff führt nach buddhistischer Auffassung zu Enttäuschung und Destruktion. Es gilt, aus der Gegenwart erwachsende Hoffnungsansätze mit Hoffnungsvisionen zu verbinden. Hierbei sind nicht allein äußere Hoffnungen, sondern auch die inneren Dimensionen von Hoffnung entscheidend (wie im Christentum: Das Reich Gottes ist mitten unter Euch/in Euch). Im Buddhismus ist die Dimension des Vertrauens in den Weg zur Erleuchtung und damit zur Befreiung stärker als die der Hoffnung.

In seinem Kommentar zu einem der neutestamenlichen Reich-Gottes-Gleichnisse betont der Dalai Lama die Vergleichbarkeit mit der buddhistischen Vorstellung der zunehmenden Reinigung und Vervollkommung. Das Gleichnis vom Sämann in Mk 4, 26-34 weist für den Dalai Lama darauf, daß das spirituelle Wachstum von Mensch zu Mensch variiert.[241] „Reich Gottes" bildet für ihn den Horizont, in dem das Ziel der Vollkommenheit und die Unterschiede von einzelnen Menschen und auch Religionen, auf diese Erfüllung zuzugehen, beschrieben werden kann.

4.) „Reich Gottes" im interreligiösen Dialog und im Unterricht

Interreligiöser Dialog

Der Stand der Forschung erlaubt uns nicht, einen religionswissenschaftlichen Vergleich von Reich-Gottes-Vorstellungen in verschiedenen Religionen vorzunehmen. Bei allen unterschiedlichen Verankerungen und Akzentsetzungen können wir aber auf der Grundlage des vorangehenden Abschnittes sagen, daß im Judentum und Islam terminologisch und inhaltlich Überschneidungen mit dem christlichen Symbol des Reiches Gottes vorliegen und daß auch im Buddhismus ein Zugehen auf diesen Begriff möglich ist. Eignet sich damit das Symbol des Reiches Gottes für den interreligiösen Dialog?

Der US-amerikanische Theologe Paul F. Knitter, der einen der profiliertesten Ansätze im Rahmen einer pluralistischen Religionstheologie vertritt, hat versucht, auf diese Frage eine klare Antwort zu geben. Er geht davon aus, daß alle Religio-

---

[241] Vgl. R. Kiely (ed.), a.a.O., 71ff.

nen darauf abzielen, „menschliches Wohlergehen herzustellen
oder zu fördern."[242] Im Rahmen eines befreiungstheologischen
Ansatzes gelangt Knitter zu der Auffassung, daß sich alle Religionen gegen eine Begrenzung des Gegebenen und auf eine
umfassende Befreiung und auf Erlösung, auf die Soteria, richten (215). Der aus christlicher Sicht zentrale Begriff für dieses
Grundanliegen ist für ihn der des Reiches Gottes. Nach Knitters Auffassung ermöglicht das Reich-Gottes-Symbol sowohl
eine für Christen absolute Verbindlichkeit der Vision des
Evangeliums von der Gerechtigkeit und dem Reich Gottes als
auch das Eingeständnis, daß es für diese zentrale Hoffnungsvision auch in anderen Religionen Anstöße und möglicherweise Wahrheit gibt. „Reich Gottes", so Knitter, ziele auf eine
umfassende Erlösung, für die Christus eine wichtige, aber
nicht die einzige Ausdrucksform sei. Das Absolute dieser Visi-
son liege nicht in Christus und „noch nicht einmal in Gott. Es
ist vielmehr Soteria – menschliche Erlösung, besonders für
diejenigen, die wegen der herrschenden Ungerechtigkeit das
Heil besonders nötig haben" (217). Das Abrücken von einem
christlichen Absolutheitsanspruch sieht Knitter auch darin begründet, daß das Reich Gottes noch nicht in seiner ganzen
Fülle offenbar ist und somit nicht gegen Vorstellungen anderer Religionen abgegrenzt werden kann. Die Priorität dieses
Ansatzes liegt nicht in der Suche nach einer Füllung des Begriffes: „Von vorrangiger Bedeutung ist, daß die Gottesherrschaft vorangebracht wird, nicht daß Jesus an erster Stelle steht
... ‚Trachte zuerst nach dem Reich Gottes [und seiner Gerech-
tigkeit] und alles andere wird dir zufallen' (Mt 6, 33) – einschließlich eines besseren Verstehens anderer Religionen"
(219).

Knitters Ansatz ist beeindruckend in der Dialektik von Ab-
solutem und Relativem, die sowohl eine Verankerung in der je
eigenen Religion als auch eine Öffnung auf andere Religionen
erlaubt. Mit dem Vorschlag, sich in erster Linie um das Vor-
ankommen der Gottesherrschaft zu bemühen und darin eine

---

[242] Vgl. zu diesem soteriologischen Ansatz: Paul F. Knitter, Religion und
Befreiung. Soteriozentrismus als Antwort an die Kritiker, in: R. Bern-
hardt (Hg.), Horizontüberschreitung. Die Pluralistische Theologie der
Religionen, Gütersloh 1991, 203ff, Zitat 212. Die folgende Darstellung
nimmt zentrale Gedanken dieses Beitrages auf. Die jeweiligen Belege finden sich im Text durch in Klammern gesetzte Seitenzahlen.

Gemeinsamkeit der Angehörigen aller Religionen zu sehen, formuliert er eine wichtige, sozialethisch ausgerichtete These. Sie bedarf allerdings der Überprüfung. Auf dem Hintergrund der – vom Anspruch begrenzten – Darstellung im voraufgehenden Abschnitt könnte diese These zum Teil gestützt werden. Im Judentum, Islam und Christentum ist im Rückgriff auf prophetische Traditionen und die Visionen des Shalom/Salam eine sozialethische Ausrichtung auf Gerechtigkeit, Frieden und Schöpfungsbewahrung vorgegeben. Im Buddhismus findet sich eine solche Akzentuierung in der Zusammenschau von persönlichem und gesellschaftlichem Nirwana. Die unterschiedlichen Vorstellungen, in die diese Ausrichtung eingebunden ist, mahnen allerdings auch zur Vorsicht: „Reich Gottes" ist wohl ein Begriff, der auf Befreiung zielt, ist aber gleichzeitig mehr als jede denkbare Form von sozialer Freiheit. „Reich Gottes" birgt in christlicher Tradition ein unerschöpfliches Potential und fordert im interreligiösen Dialog, auf innerste Vorstellungen in anderen Religionen zuzugehen, auf die hin eine Annäherung möglich, ein vollständiges Erfassen aber unmöglich ist.

„Reich Gottes" ist als Symbol für die in Religionen verankerten Sehnsüchte nach Vollkommenheit, Gerechtigkeit und Erlösung ein im interreligiösen Gespräch unverzichtbarer und produktiver Begriff. Er ist wichtig, weil er über einen abstrakten Religionsvergleich hinausgeht und mit dem Insistieren auf Befreiung und Gerechtigkeit eine für die menschliche Entwicklung notwendige Ausrichtung ins Bewußtsein rückt, die sich mit unterschiedlicher Akzentuierung und Intensität in allen Weltreligionen findet. Er sollte allerdings nicht durch die Erwartung auf Vereinheitlichung z. B. hinsichtlich sozialethischer Prioritäten abgeschliffen werden, sondern – bei aller Legitimität einer befreiungstheologischen Akzentuierung – die Vielfalt seines in christlichen Traditionen verankerten und in anderen Religionen zum Vorschein kommenden Potentials wahren. Das Hoffnungssymbol des „Reiches Gottes" fordert eine lebendige Rückbesinnung auf unterschiedliche religiöse Traditionen und ist gleichzeitig auf Zukunft hin geöffnet. „Reich Gottes" eignet sich somit nicht als festgeformter Kampfbegriff gegen andere Traditionen, sondern ist vielmehr Suchbegriff. Bildlich gesprochen ist er der in dem Prisma verschiedener Religionen und Positionen unterschiedlich gebrochene Lichtstrahl in einem Horizont, der zu einer Öffnung hin auf sinnerfüllte, tragfähige Lebensperspektiven Einzelner und ein aktives Eintreten für Gerechtigkeit, Frieden und Schöpfungsbewahrung im gesellschaftlichen Rahmen ermutigt.

Kinder – „Reich Gottes" – Unterricht

Man könnte auf unterschiedliche Gebiete eingehen, in denen eine stärkere Beachtung von „Reich Gottes" notwendig und möglich ist.[243] Ein Bereich sei abschließend herausgegriffen, in dem die ökumenische Diskussion über das Reich Gottes eine stärkere Impulskraft gewonnen hat, und das ist die Religionspädagogik. Im Rahmen der oben skizzierten Studienarbeit der Evangelischen Kirche der Union, die durch die Melbourne-Konferenz veranlaßt war, bearbeitete man auch die Frage, was Kinder und Jugendliche mit dem Reich-Gottes-Begriff verbinden.

Eine in diesem Zusammenhang durchgeführte Umfrage erbrachte zwei wichtige Ergebnisse:

– „Reich Gottes" besitzt für Kinder und Jugendliche eine starke Anziehungskraft und wird als Ursymbol menschlicher Hoffnung empfunden.

– „Reich Gottes" wird von Schülern weniger als private, innerliche Dimension, sondern *überwiegend* als gesellschaftlich bezogene Hoffnung gesehen.

Diese Umfrageergebnisse veranlaßten die Verfasser der Studie zu der folgenden Einschätzung: *„Das Symbol ‚Reich Gottes' ist für viele Kinder und Jugendliche gleichbedeutend mit einem ‚Frieden, der für alle gut ist' oder einer ‚herrschaftsfreien Gesellschaft'. Selbstverständlich bleibt in dieser positiven Akzeptanz des Reich-Gottes-Begriffs vieles unbestimmt und ungeklärt. Aber heutiges Nachdenken über diesen Begriff wird an dieser Akzeptanz nicht vorbeigehen dürfen, sondern ihr zu einem sachgemäßen und klaren Bewußtsein verhelfen müssen".[244]

---

[243] Wichtig wäre u. a. die Frage nach den anthropologischen Voraussetzungen von Reich-Gottes-Vorstellungen, denen z. B. das folgende Buch nachgeht: H. Schmidt/H. Damaschun (Hgg.), Ist der Mensch paradiesfähig? Eine interdisziplinäre wissenschaftliche Debatte zu einer streitbaren Frage, Leipzig/Berlin 1994.
[244] Vgl. diese Aussage in: Die Bedeutung der Reich-Gottes-Erwartung, a.a.O., 48f.

Vorsichtig ist hier ein Sachverhalt ausgedrückt, der so zugespitzt werden könnte: Insofern "„Reich Gottes" bei Schülern und Jugendlichen eine auffällige Resonanz findet und gesellschaftlich verstanden wird, befindet sich dieser Ansatz im direkten Gegensatz zur weitgehenden Privatisierung und Entleerung des Reich-Gottes-Begriffs in unserer Theologie und Kirche. Damit bilden die am neutestamentlichen Grundbegriff des Reiches Gottes orientierten, wesentlich durch die ökumenische Diskussion eröffneten und von Kindern und Jugendlichen aufgegriffenen grundlegenden Hoffnungen unumgängliche Anfragen, denen sich unsere Theologie – auch in ihrem eigenen Interesse – zu stellen hat.

Wie kann man sich die Ergebnisse dieser Schülerumfrage erklären? Hierfür sei auf Überlegungen von Klaus-Peter Hertzsch aus Jena zurückgegriffen[245], die sich wie folgt zusammenfassen lassen:

Möglicherweise ist die von der erwachsenen Bevölkerung ausgehende Erwartung auf das Kommen des Reiches Gottes so schwach, weil diese vor den eigentlich notwendigen grundlegenden Veränderungen Angst hat und aus den gegenwärtigen Lebensbedingungen insgesamt so viele Vorteile zieht (oder zu ziehen meint), daß deswegen kein radikaler Neuanfang gewagt wird. Ganz anders ist es bei Kindern und Jugendlichen, die auf vitalen Gebieten keine gute Zukunft sehen. Deshalb wächst bei ihnen die Hoffnung auf grundlegende Veränderung, und deshalb gewinnt bei ihnen die Perspektive des Reiches Gottes an Bedeutung.

Akzeptieren wir diese Erklärung als *einen* wichtigen Grund für die unterschiedliche Intensität der Reich-Gottes-Erwartung, so scheint sich eine gemeinsame Hoffnungsperspektive von Christen in der Dritten Welt und Kindern bei uns abzuzeichnen. Diese Konstellation könnte so gekennzeichnet werden: Gegenwärtiger Theologie bei uns ist aus Gründen theologischer Tradition und durch psycho-soziale Faktoren ein vitaler Zugang zu wichtigen Dimensionen des Reiches Gottes verwehrt. Anstöße für eine erneute Aufnahme dieser Grunddimension jesuanischer Verkündigung kommen aus dem Be-

---

[245] Vgl. Klaus-Peter Hertzsch, Dein Reich komme – worauf wartet die christliche Gemeinde, in: Die Bedeutung der Reich-Gottes-Erwartung, a.a.O., 195ff, bes. 198-200.

reich der Ökumene. Diese Anstöße haben Mut gemacht, nach der Bedeutung von „Reich Gottes" für Kinder und Jugendliche zu fragen. Kinder gewinnen mit der umfassenden Zusage, die in der Reich-Gottes-Erwartung liegt, eine für sie überlebenswichtige Perspektive.[246]

Was in der Umfrage zufällig sein könnte[247], erscheint religionspädagogisch als grundlegend. Wie die Theologie, so hat die Religionspädagogik das Leiden von Menschen und ihre Hoffnungen auf „Gott und Sein Reich" in den Mittelpunkt zu rücken. Dann bleiben Texte nicht stumm und lösen sich aus traditionaler Selbstverfangenheit. Aus der Perspektive der Leidenden gewinnen die Texte der Bibel Sprache, Hörbarkeit und Dringlichkeit.[248]

Den umfangreichsten Entwurf zur Thematik des Reiches Gottes für den Unterricht hat Ingo Baldermann vorgelegt.[249] Die Erfahrungen von Christen in der Dritten Welt bilden für ihn den entscheidenden Hintergrund für eine angemessene, lebendige Beschäftigung mit der Bibel und der Frage nach dem Reich Gottes. Das Wahrnehmen der Leiden und der Hoffnungen von Menschen im Horizont der Ökumene erscheint ihm auch deswegen als notwendig, weil die Situation von Menschen in der Dritten Welt im Blick auf Armut, Unterdrückung und eine vitale Hoffnung auf Gottes Heilshandeln große Ähnlichkeiten mit den biblischen Verhältnissen aufweise. Die Erfahrungen von Christen in den armen Ländern der Welt bilden somit den Kontext, der Licht auf biblische Geschichten wirft. Die dadurch freigelegte Hoffnungs-

---

[246] Vgl. dazu auch F. Steffensky, Wider den Luxus der Hoffnungslosigkeit, in: ders.: Wo der Glaube wohnen kann, Stuttgart 1989, 52ff.

[247] In der Tat ist die Grundlage der Umfrage schmal. Vgl. die ungedruckten, lediglich vervielfältigten Referate von Ulrike Berger (Auswertung einer Umfrage: Im Vaterunser heißt es: „Dein Reich komme...". Wie wäre es, wenn es käme?, Februar 1982) und Henning Schröer (Konfirmanden zum „Reich Gottes", März 1982), die der EKU-Studie als Grundlage dienten.

[248] Der Religionspädagoge Ingo Baldermann schrieb in einem anderen Zusammenhang: „... die Theologie muß sich gefallen lassen, daß ihre Fragestellungen von den Fragen der Leidenden und Hoffenden her selbst in Frage gestellt werden.". Vgl. I. Baldermann, Einführung in die Bibel, Göttingen 1988, 18.

[249] Vgl. Ingo Baldermann, Gottes Reich – Hoffnung für Kinder. Entdeckungen mit Kindern in den Evangelien, Neukirchen-Vluyn 1991.

perspektive ist auf die Alltagsperspektive von Kindern hin zu öffnen, auf ihre Erfahrungen von Macht- und Hoffnungslosigkeit, die in der Vision von „Reich Gottes" einen Gegenpol erfahren. Die Träume von Kindern auf ein besseres Leben, ihr Hoffen auf eine ganz andere Welt, auf das ganz Andere des Reiches Gottes, sind deshalb nicht als Vorfragen oder kindliche Illusionen, sondern als tragfähige, elementare Hoffnungsperspektiven zu verstehen.

Hoffnung gegen Hoffnungslosigkeit: Dies ist ein religionspädagogischer Ansatz, der sich im Horizont der ökumenischen Auseinandersetzungen über das Reich Gottes entwickelt hat. Im Zeichen von „Reich Gottes" ist vielleicht auch ein Dialog im Klassenzimmer zwischen Schülerinnen und Schülern ganz unterschiedlicher religiöser Ausrichtung möglich. Visionen eines erfüllten Lebens und einer gerechten Gesellschaft könnten dem Gespräch im Klassenzimmer einen Hintergrund geben, der über unverbindliches Kennenlernen der Weltreligionen hinausgeht. Reich Gottes – Hoffnungen könnten Kindern eine Sprache leihen, die in ihrer persönlichen Lebenserfahrung ansonsten eher Lieblosigkeit erfahren. Das Symbol des Reiches Gottes und die Wirkungsmächtigkeit der Träume von einer besseren Welt sind nicht nur ein Thema für Schülerinnen und Schüler mit religiösem Hintergrund, sondern können den Hoffnungen aller Kinder eine Gestalt leihen, die mit der eigenen Lebenswirklichkeit aktiv verbunden werden kann. Die Möglichkeiten und Grenzen, die wir weiter oben zur Frage von „Reich Gottes" in den Religionen und im interreligiösen Dialog aufgezeigt haben, gelten tendenziell auch für den Dialog im Klassenzimmer.[250] Sofern dort Kinder und Jugendliche mit heterogenem religiösem und weltanschaulichem Hintergrund zusammen im Unterricht sitzen, kann das Symbol des „Reiches Gottes" Hintergrund, Stimulanz und Vertrauen schaffendes Element sein, über die Erfahrungen einer von Konsum, Lieblosigkeit und Ellenbogenmentalität geprägten Gesellschaft hinauszugreifen und auf Hoffnung gegen Hoffnungslosigkeit zuzugehen.

---

[250] Vgl. hierzu W. Weiße (Hg.), Vom Monolog zum Dialog. Ansätze einer interkulturellen dialogischen Religionspädagogik, 2. Aufl. Münster 1997.

5.) Unterbrechung: Erster Schritt hin auf das „Reich Gottes"

Die Erfahrungen von Christen in der Ökumene mögen uns „anstecken", im Reich Gottes bei allem Schwanken der Akzente und Aspekte mehr als einen traditionell unterschiedlich gedeuteten theologischen Zentralbegriff zu sehen, sondern vielleicht am ehesten auf die Barrieren zu achten – z. B. im Blick auf eine Fortschrittsideologie –, die einem Gewahrwerden der Potenz von „Reich Gottes" im umfassenderen Lebenszusammenhang entgegenstehen. Michael Welker hat dafür in Überbietung eines Vorschlages von Wolfgang Huber auf die Notwendigkeit einer „freien Selbstzurücknahme" verwiesen.[251] Dieser Ansatz fordert die Bereitschaft, sich „auf die Erneuerung der Welt durch die Kraft der freien Selbstzurücknahme zugunsten anderer ein[zu]lassen".[252] Er trifft damit einen Punkt, der auf die Vorbedingung eines Lebensideals bei uns kritisch gerichtet ist, das sich am Wachstum von – abgekürzt gesagt – Macht und Geld orientiert. Sein Plädoyer wendet sich zudem an eine Christenheit bei uns, die nicht nur innerlich auf „freie Selbstzurücknahme" angesprochen werden kann, sondern auch äußerlich dazu in der Lage sein müßte.

Und doch erscheint es notwendig, über diesen Ansatz hinauszugehen. Ich schlage vor, ihn zu ergänzen durch den Begriff der „Unterbrechung". „Unterbrechung" ist der notwendige schärfere Gegenbegriff zu ungebremstem Wachstum und Fortschritt. Im Angesicht der Verkündigung des Reiches Gottes ist heute m. E. ein „Ethos der Unterbrechung" erforderlich. Es ist unabdingbar im Blick auf die Überlebensfragen der Menschheit, und es ist konstitutiv für christliches Leben und Hoffen. Dies soll in Form einer Skizze verdeutlicht werden, die diesen Ansatz charakterisieren soll, ihn allerdings nicht differenziert erläutern kann.

Der Begriff „Unterbrechung" – wie er hier verstanden werden soll – bedeutet nicht passives Abwarten, Lähmung oder unbegründetes Hoffen, daß die Zeit die Wunden heilt. Unterbrechung meint aber auch nicht Abbruch oder Destruktion.

---

[251] Vgl. M. Welker, Das Reich Gottes, in: Evangelische Theologie 52 (6/1992), 497-512.
[252] A.a.O., 512.

Unterbrechung hat eine radikale Entschiedenheit und einen scharfen Stachel gegen Entwicklungen, die zu Strukturen der Hoffnungslosigkeit führen. Unterbrechung ist aber auch ein Begriff, dem eine Bescheidenheit eignet: In ihm ist das Wissen um die Grenzen des Menschenmöglichen angelegt und er zielt darauf,

– Distanz zu dem zu gewinnen, was mit struktureller Eigenmächtigkeit unabänderlich zu sein scheint, es aber nicht ist;

– Spielraum zu finden für grundsätzliches Nachdenken, um tragfähigen Boden unter die Füße zu bekommen und auf radikal neue Optionen zugehen zu können;

– zu einer erhöhten Wahrnehmung der Wirklichkeit zu gelangen und dabei nicht zu überdecken, daß das ganz Andere Gottes zur Geltung kommen kann.

„Unterbrechungen" in diesem Sinne sind zweifelsohne erforderlich im Blick auf die Themenbereiche des *Konziliaren Prozesses*. Der konziliare Prozeß ist Ausdruck der Reaktion auf die zunehmende Kraft destruktiver Beschleunigungsprozesse in modernen Gesellschaften. Er sieht die Gefangenheit des Individuums in Strukturen, deren systemische Abläufe unterbrochen werden müssen (und wo der Bezug auf den selbstgesteuerten individuellen Willen nicht hinreicht), nimmt aber auch die Ebenen in den Blick, auf denen individuelles Gegensteuern notwendig und möglich ist (und wo auch als *ein* wichtiges Element „freie Selbstzurücknahme" geltend gemacht werden kann). Im folgenden seien die Felder des konziliaren Prozesses und die Bedeutung sowie die Möglichkeit von Unterbrechung auf diesen Gebieten angegeben.

• Die weltwirtschaftlichen und binnenstaatlichen Strukturen haben ein Ausmaß von Elend erzeugt, das unvorstellbare Dimensionen angenommen hat. Die gegenwärtige Entwicklung weist überwiegend auf eine Verschärfung von Ungerechtigkeit. Es gibt m. E. keine Patentrezepte oder Hebelpunkte, die diese Tendenzen umkehren können. Aber Unterbrechungen sind notwendig und möglich. Unterbrechungen, die in einzelnen Bereichen zeigen, daß wir es auf dem Gebiet sozioökonomischer Strukturen nicht mit Naturgesetzen oder unumstößlichen Ordnungen zu tun haben. Als Beispiel können hier die Moratoriums-Debatte im Rahmen kirchlicher Entwicklungspolitik und der Früchteboykott der Evangelischen Frauenarbeit gelten. Nicht Abbruch und Destruktion, sondern Unterbrechung setzte hier an, um die Möglichkeiten zu Veränderungen zu reflektieren und zu erproben.

• Der Frieden ist gegenwärtig alles andere als gesichert. Die Gewalt nimmt zu. Sicherlich wäre es vermessen zu meinen, Gewalt in ihren verschiedenen Dimensionen ganz abschaffen zu können, aber: Eine Unterbrechung von Gewaltspiralen ist nötig und möglich.[253] Die christliche Tradition birgt eine Fülle derartiger Ansätze, z. B. bei Franz von Assisi. Und die Gegenwart weist auch auf derartige Möglichkeiten, z. B. auf die Rolle, die Christen im Rahmen der Truth-Commission im Übergang von der Apartheid zur Demokratie in Südafrika spielen.

• Die Bewahrung der Schöpfung zeigt für uns vielleicht am deutlichsten, wo Unterbrechungen notwendig sind. Die Menschen in unserem Land sind zunehmend – auch durch Aktivitäten im Rahmen des konziliaren Prozesses – dafür sensibilisiert, daß Destruktionstendenzen auf diesem Gebiet – wenn sie nicht gleich angehalten oder umgekehrt werden können – doch unterbrochen werden müssen, um an Alternativen arbeiten und in Alternativen leben zu können.

Unterbrechung in diesem Sinne ist nicht „bloße Unterbrechung"[254], nach der es schlicht so weitergeht wie vorher. Unterbrechung ist Innehalten, Gewahrwerden, Buße und Umkehr. Sie bildet einen ersten Schritt, der Umkehr im Sinne von Metánoia möglich macht. Sie ist somit vielleicht ein gegenwärtiges Äquivalent zu dem, was früher als „contritio" (Zerknirschung) bezeichnet wurde.

Die Verkündigung des Gottesreiches ist in Mk 1,15 mit dem Bußruf des Matanoieite (kehrt um) verbunden. Im Zusammenhang mit dem bei Markus folgenden Ruf in die Nachfolge und in Anlehnung an die Interpretation von Visser't Hooft, die im Rahmen des universalistischen Ansatzes ökumenischer Diskussion angeführt worden ist, erscheint es als berechtigt, die geforderte Umkehr nicht nur auf den einzelnen Menschen, sondern auch auf die Gemeinschaft (Koinonia)

---

[253] Vgl. hierzu D. Sölle, Gewalt. Ich soll mich nicht gewöhnen, Düsseldorf 1994; hier vor allem das dritte Kapitel mit der Überschrift „Entwöhnung und Unterbrechung".
[254] Vgl. J. Moltmann, Das Kommen Gottes. Christliche Eschatologie, Gütersloh 1995, 40.

sowie die Gesellschaft zu beziehen. „Unterbrechung" würde dann der Tatsache Rechnung tragen, daß in unserer komplexen Wirklichkeit das, was individuelle und soziale Umkehr sein könnte, nicht einfach definiert werden kann. Unterbrechung ist insofern der erste Schritt im Rahmen von Umkehr.

Unterbrechung mag als störend und fremd erscheinen, ist aber doch tief in christliche Tradition und in andere Weltreligionen eingebettet.[255] Schleiermacher hat so den Gottesdienst als „Unterbrechung" des übrigen Lebens bezeichnet.[256] Und was sind Sabbath, Fastenzeit und Jubeljahr anderes als Unterbrechungen, die tief in jüdischer und christlicher Tradition verankert sind? Diese Traditionen sind von uns stärker aufzunehmen und im (Glaubens-)Leben so zu verankern, wie es in einer der chassidischen Geschichten zum Ausdruck kommt:

Die Unterbrechung
Rabbi Hirsch, der «Diener», erzählte: «Wenn mein heiliger Lehrer, sein Verdienst sei zum Leben der kommenden Welt, am Vortag des Neuen Jahrs vorm Pult die Sühnungsliturgie sprach, pflegte er sich, nachdem er gesagt hatte: ,Wenn wahrhaftig sie alle umgekehrt sind mit Herz und Seele, dich zu begütigen', zu unterbrechen und eine Weile im Schweigen zu verharren, wonach er das Gebet wiederaufnahm. Viele wähnten, er befasse sich in jener Zeit mit den Künsten der Lettervertauschung in den Gottesnamen. Aber die Eingeweihten wußten: er wartete, bis er merkte, daß ein jeder in der Gemeinde willens geworden war, mit Herz und Seele umzukehren.»[257]

„Unterbrechung" ist ein Begriff, der nicht nur in jüdischer und christlicher Tradition, sondern auch im Umkehrgebot des Islam und im Buddhismus auf Resonanz stößt. Er ist ein „griffiger, ungewohnter Begriff für ein altes Wissen", wie ein Buddhist formulierte.[258]

---

[255] J. B. Metz schreibt sogar: „Kürzeste Definition von Religion: Unterbrechung", in: ders., Glauben in Geschichte und Gesellschaft. Studien zu einer Praktischen Fundamentaltheologie, Mainz 1977, 150.
[256] vgl. E. Jüngel, Unterbrechungen. Predigten IV, München 1989, 9.
[257] Aus: M. Buber (Hg.), Die Erzählung der Chassidim, Zürich, o. J., 597.
[258] Gelong Dschampa Tendsin in der Diskussion am 20.11.1996 in dem oben erwähnten interreligiösen Seminar, vor dem der Autor entsprechende Überlegungen zur Bedeutung von „Unterbrechung" und „Reich Gottes" vorgestellt hatte.

Ohne weitere Details aufzuführen, kann jetzt folgendermaßen zugespitzt und résumiert werden: Im Angesicht der Verheißung des Reiches Gottes ist Umkehr geboten, die in einem ersten Schritt „Unterbrechung" in all den Dimensionen erfordert, die oben aufgeführt sind.

Unterbrechung zielt auch gegen die Selbstgenügsamkeit religiöser Rede, weist auf die Notwendigkeit der Abstinenz religiöser Sprache, die sich von Lebensvollzügen abgespalten hat. Unterbrechung fordert Kirche und Ökumene in doppelter Weise: Kirche muß in prophetischer Funktion bereit sein, aktiv zu unterbrechen; und Kirche muß bereit sein, sich unterbrechen zu lassen. Unterbrechung zielt damit auf *strukturelle* Veränderungen und setzt an auf der Ebene kommunikativer Prozesse durch die Bereitschaft, sich unterbrechen zu lassen (so wie sich Jesus durch Kinder hat unterbrechen lassen).[259]

Unterbrechung ist die Voraussetzung für eine notwendige Umorientierung in Kirche und Gesellschaft, damit Gemeinschaft und Solidarität statt Vereinzelung und Konkurrenz wieder stärker zum Tragen kommen. Hier geht es z. B. darum, das Augenmerk auf kleine, hoffnungsgeladene Anfänge von Kommunitäten zu richten, die in Parallele zur urchristlichen Gemeinde Hab und Gut unter sich und mit Anderen teilen, die in ihren Gemeinschaften spirituelles Leben und soziales Engagement miteinander verbinden.[260] Aus diesen Ansätzen könnten sich – wie im Gleichnis vom Senfkorn – Lebensmodelle für viele entwickeln, die eine Alternative zur Gesellschaft der Konkurrenz, der Ausgrenzung und Unterdrückung suchen. Unterbrechung wäre auch ein notwendiger Einschnitt für Kirche, sich nicht an die vorherrschenden politisch-sozialen Gegebenheiten anzupassen, sondern – trotz möglicher Kritik und wahrscheinlicher Anfeindungen – im öffentlichen Bereich eine prophetische Funktion aus der Perspektive der Armen

---

[259] Das lateinisch-englische Wort „interlocutor" kann im übrigen sowohl mit „Gesprächspartner" als auch mit „Unterbrechung" übersetzt werden.
[260] Vgl. hierzu z. B. die ökumenische Gemeinschaft „Laurentiuskonvent", „Diakonische Basisgemeinschaften", „Häuser der Gastfreundschaft" etc.; vgl. zu einem dieser Ansätze J. Schild, Netzwerke der Gastfreundschaft. Die Arbeit christlicher „Dienst- und Widerstandsgemeinschaften" in den USA mit Obdachlosen und Flüchtlingen: eine beispielhafte Lebensform prophetischer Diakonie, in: Junge Kirche 1994, 157-161.

heraus auszuüben. Das vorherrschende Bild von Kirche hätte sich damit von Grund auf zu verändern, nämlich von einer zumeist in die Gesellschaft eingepaßten, auf Wahrung des Eigenen gerichteten Kirche hin zu einer „Kirche als Kontrastgesellschaft", zu einer „Kirche der Anderen".[261]

Unterbrechung zielt auf grundlegende Veränderungen in den entscheidenden Bereichen, den „Durchbruchstellen" (Ragaz) der Gesellschaft. Eines dieser Gebiete ist die global und national steigende Arbeitslosigkeit. Hier ist die rasant zunehmende Destruktion einer ökonomischen „Logik" dringend zu unterbrechen, wonach die Gewinnmaximierung der Betriebe mit weitem Abstand vor dem Wohlergehen der Menschen rangiert. Im Horizont der Verkündigung von Reich Gottes sind ganz neue Ansätze zu entwickeln, „damit alle sinnvoll leben und arbeiten können."[262]

Unterbrechung bezieht sich nicht zuletzt auf eine zeitliche Dimension. Mit großer Radikalität hat Walter Benjamin auf die Notwendigkeit verwiesen, neuzeitliches Kontinuum „aufzusprengen", die gegenwärtige Epoche aus dem homogenen Verlauf „herauszusprengen", zu einer „Stillstellung des Geschehens" und d.h. zur „Jetztzeit" zu gelangen, die das Hindurchschimmern messianischer Zeit erlaubt.[263] Unterbrechung weist sowohl auf die notwendige aktive Unterbrechung von Menschen als auch auf den, der allein Unterbrechung in Richtung auf Sein Reich bewirken kann. Auf beides hat schon Albert Schweitzer aufmerksam gemacht, der bekanntlich davon ausgegangen ist, daß das Reich Gottes nicht in die Welt komme, wenn es nicht in unseren Herzen sei. Zwei Sätze seien von ihm am Schluß zitiert:

---

[261] Vgl. zur „Kirche als Kontrastgesellschaft" N. Lohfink, Das jüdische Christentum. Die verlorene Dimension, Freiburg 1989, 30ff. Vgl. auch ders., Gottes Reich und die Wirtschaft in der Bibel, in: Internationale katholische Zeitschrift »Communio«, 15 (1986), 110ff.
[262] So der Untertitel des inspirierenden Buches „Revolution der Arbeit" von Matthew Fox (München 1996), dessen Orginaltitel (The Reinvention of Work. A New Vision of Livelihood for our Time, New York 1994) für den Inhalt aufschlußreicher ist.
[263] W. Benjamin, Über den Begriff der Geschichte, in: ders.: GS I,2, Frankfurt/M. 1974, Thesen XIV-XVII, 691ff.

„Wenn das Reich Gottes durch die Menschen verwirklicht werden müßte, käme es nicht zustande."[264]

Und: *„Nicht mehr können wir, wie die Geschlechter vor uns, in dem Glauben an das am Ende der Zeit von selbst kommende Reich Gottes verbleiben. Für die Menschheit, wie sie heute ist, handelt es sich darum, das Reich Gottes zu verwirklichen oder unterzugehen."*[265]

Die jüngere ökumenische Diskussion über das Reich Gottes stößt uns darauf, diese beiden Pole, zu denen Albert Schweitzer im Laufe seines Lebens gefunden hat, nicht aus den Augen zu verlieren, sie zusammen zu sehen und – wenn möglich – zusammenzuhalten.

[264] Vgl. A. Schweitzer, Die ersten Gleichnisse Jesu, in: ders., Gespräche über das Neue Testament (hg. v. W. Döbertin), München 1988, 119ff, 124. Dies ist der Nachdruck eines Artikels von A. Schweitzer, der in der Zeit zwischen 1901 und 1904 im Evangelisch-protestantischen Kirchenboten für Elsaß und Lothringen erschienen ist.

[265] Vgl. A. Schweitzer, Die Idee des Reiches Gottes im Verlaufe der Umbildung des eschatologischen Glaubens in den uneschatologischen, in: ders., Gesammelte Werke Bd. 5 (hg. v. R. Grabs), München o. J., 341ff, 372f. Dieser Aufsatz ist der Abdruck eines unter demselben Titel erschienenen Beitrages in: Schweizerische Theologische Umschau Jg. 23, Nr. 1/2 (Febr. 1953).

ABKÜRZUNGSVERZEICHNIS

EMW	Evangelisches Missionswerk in Deutschland
EK	Evangelische Kommentare
EKD	Evangelische Kirche in Deutschland
EKU	Evangelische Kirche der Union
Faith and Order	(Bewegung für) Glauben und Kirchenverfassung
Life and Work (L+W)	(Bewegung für) Praktisches Christentum
NG Kerk	Nederduitse Gereformeerde Kerk
ÖR	Ökumenische Rundschau
ÖRK	Ökumenischer Rat der Kirchen
ÖRPCh	Ökumenischer Rat für Praktisches Christentum

LITERATURVERZEICHNIS (Auswahl)

Ausführlichere Literaturangaben finden sich in den Anmerkungen. Im Buch verwendete Abkürzungen sind durch Kursivdruck gekennzeichnet.

Aagaard, A. M., „Kirche und Welt". Zu einer Studie der Kommission für Glauben und Kirchenverfassung, in: ÖR 41 (2/92), 137ff.

Appell an die Kirchen der Welt. Dokumente der Weltkonferenz für Kirche und Gesellschaft, hg. v. ÖRK, 3.Aufl. Stuttgart/Berlin 1968.

Die Bedeutung der Reich-Gottes-Erwartung für das Zeugnis der christlichen Gemeinde. Votum des Theologischen Ausschusses der Evangelischen Kirche der Union, Neukirchen-Vluyn 1986.

Boesak, A., Gerechtigkeit erhöht ein Volk. Texte aus dem Widerstand, Neukirchen-Vluyn 1985.

Boff, L.,Vater unser. Das Gebet umfassender Befreiung, 4. Aufl. Düsseldorf 1986.

Buber, M., Königtum Gottes, 3. Aufl. Heidelberg 1956.

Burgos, E., Rigoberta Menchú. Leben in Guatemala, 7. Aufl. Göttingen 1992.

Ciobotea, D.-I., Die ekklesiologische Dimension sozialen Handelns, in: ÖR 36 (1987), 183-194.

Dein Reich komme. Bericht der Weltkonferenz für Mission und Evangelisation in Melbourne 1980, hg. v. M. Lehmann-Habeck, Frankfurt/M. 1980.

Deißmann, A. (Hg.), Die Stockholmer Weltkirchenkonferenz. Vorgeschichte Dienst und Arbeit der Weltkonferenz für Praktisches Christentum, 19. – 30. August 1925. *Amtlicher Deutscher Bericht* im Auftrage des Fortsetzungsausschusses, Berlin 1926.

de Gruchy, J., Befreiung der reformierten Theologie. Ein südafrikanischer Beitrag zur ökumenischen Diskussion, Gütersloh 1995.

Herrschaft Gottes/Reich Gottes, Art., I. Biblisch-theologisch: E. Haag/H. Merklein, II. Theologiegeschichtlich u. III. Systematisch-theologisch: M. Knapp, IV. Praktisch-theologisch: E. Feifel, in: LThK, 3. völlig neu bearbeitete Auflage, Bd. 5 (1996), 26-38.

Herrschaft Gottes/Reich Gottes, Art., I. Religionsgeschichtlich: A. V. Ström, II. Altes Testament: E. Zenger, III. Judentum: L. Jacobs, IV. Neues Testament und spätantikes Judentum: A. Lindemann, V. Alte Kirche bis Reformationszeit: R. Mau, VI. Neuzeit: M. Beintker, VII. Systematisch-theologisch: C. Walther, in: TRE 15 (1986), 173-244.

Houtepen, A., Ökumenische Hermeneutik. Auf der Suche nach Kriterien der Kohärenz im Christentum, in: ÖR 39 (3/1990), 279ff.

King, Martin Luther, Testament der Hoffnung, Gütersloh 6. Aufl. 1989.

Lohfink, G., Die Not der Exegese mit der Reich-Gottes-Verkündigung Jesu, ThQ 168 (1988), 1-15.

Matthey, J., Art., Reich Gottes, in: Ökumenelexikon. Kirchen, Religionen, Bewegungen, Frankfurt/M. 1983, 1024-1028.

Moltmann, J., Das Kommen Gottes. Christliche Eschatologie, München 1995.

Patelos, C. G. (Hg.), The Orthodox Church in the Ecumenical Movement. Documents and Statements 1902-1975, Genf 1978.

Ragaz, L., Eingriffe ins Zeitgeschehen. Reich Gottes und Politik. Texte von 1900-1945, hg. v. R. Brassel/W. Spieler, Luzern 1995.

Raiser, K., Ökumene im Übergang. Paradigmenwechsel in der ökumenischen Bewegung, München 1989.

Ratzinger, J./Auer, J., Eschatologie, Tod und ewiges Leben. Kleine katholische Dogmatik IX, Regensburg 1977.

Reich Gottes, Art., I. Altes Testament: H. Spieckermann, II. Neues Testament: W. Pratscher, III. Theologiegeschichte: P. Steinacker, in: EKL, 3. Aufl. (Neufassung), Bd. 3 (1992), 1526-1536.

Schüssler-Fiorenza, E., Zu ihrem Gedächtnis. Eine feministisch-theologische Rekonstruktion der christlichen Ursprünge, München 1988.

Staehelin, E., Die Verkündigung des Reiches Gottes in der Kirche Jesu Christi. Zeugnisse aus allen Jahrhunderten und allen Konfessionen, Bde. 1-7, Basel 1951-1964.

Stierle, W./ Werner, D./ Heider, M. (Hgg.), Ethik für das Leben. 100 Jahre ökumenische Wirtschafts- und Sozialethik. Quellenedition ökumenischer Erklärungen. Studientexte und Sektionsberichte des ÖRK von den Anfängen bis 1996, Rothenburg o. d. Tauber 1996.

Schweitzer, A., Geschichte der Leben-Jesu-Forschung, 2. neu bearbeitete und vermehrte Auflage des Werkes „Von Reimarus zu Wrede", Tübingen 1913.

Visser't Hooft, W. A., Die Welt war meine Gemeinde. Autobiographie, München 1972.

Weiße, W., Praktisches Christentum und Reich Gottes. Die ökumenische Bewegung Life and Work 1919-1937, Göttingen 1991.

Wendland, H.-D., Die Eschatologie des Reiches Gottes bei Jesus. Eine Studie über den Zusammenhang von Eschatologie, Ethik und Kirchenproblem, Gütersloh 1931.

Wörterbuch der Feministischen Theologie (hg. v. E. Gössmann, E. Moltmann-Wendel, H. Pissarek-Hudelist, I. Praetorius, L. Schottroff, H. Schüngel-Straumann), Gütersloh 1991.

Zweites Vatikanisches Konzil, Konstitution über die Kirche, 7./8. Aufl. Münster 1966.

SACHREGISTER

PERSONENREGISTER

Ökumenische Studienhefte

Im Auftrag des Konfessionskundlichen Instituts
hg. von Hans-Martin Barth und Reinhard Frieling

Die Bensheimer Ökumenischen Studienhefte (ÖSt) sind eine große Hilfe für Unterricht und Gemeindepraxis. Sie führen in die ökumenischen Dialoge der letzten Jahrzehnte ein. Texte, Kommentare und Perspektiven vermitteln eine Bilanz der Ökumene, die jeder ökumenisch Interessierte kennen muß.

1 **Abendmahl:** Eckhard Lessing, Münster (BenshH. 72)
2 **Spiritualität:** Hans-Martin Barth, Marburg (BenshH. 74)
3 **Gerechtigkeit:** Wolfgang Lienemann, Bern (BenshH. 75)
4 **Ökumenische Zielvorstellungen:** Harding Meyer, Straßburg (BenshH. 78)
5 **Taufe:** Erich Geldbach, Bochum (BenshH. 79)
6 **Reich Gottes:** Wolfram Weiße, Hamburg (BenshH. 83)
Wort Gottes, Schrift und Tradition: Hubert Kirchner, Berlin
Rechtfertigung: Ernstpeter Maurer, Dortmund
Kirche: Jörg Haustein, Bensheim
Amt: Reinhard Frieling, Bensheim
Bekennen und Bekenntnis: Hans-Georg Link, Köln
Friede: Wolfgang Lienemann, Bern
Schöpfung: Heinrich Bedford-Strohm, Heidelberg
Mission und interreligiöser Dialog: Christine Lienemann-Perrin, Basel

Interessenten: Die Ökumenischen Studienhefte sollen im universitären Lehrbetrieb, aber auch im Religionsunterricht und in der Erwachsenenbildung (Ökumenische Arbeitskreise) Verwendung finden, sowie Pfarrer/Pfarrerinnen und Mitglieder von kirchlichen Gremien ansprechen.

Aufbau: Jedes der Hefte enthält bei ca. 150 Seiten Unfang drei Teile:
A Konfessions- und kontextspezifische Positionen (Darstellung/Dokumentation)
B Ökumenische Prezesse und Dialoge (Darstellung/Dokumentation)
C Bilanz und Perspektiven

Bei Bestellung der ganzen Reihe 10 % Nachlaß als Subskriptionspreis!